■2025年度中学受験用

宝仙学園中学校
順天堂大学系属理数インター

3年間スーパー

入試問題と解説・解答の収録内容

2024年度　２月１日午前	算数・社会・理科・国語
2024年度　公立一貫入試対応	適性検査Ⅰ・適性検査Ⅱ （解答のみ）
2023年度　２月１日午前	算数・社会・理科・国語
2023年度　公立一貫入試対応	適性検査Ⅰ・適性検査Ⅱ （解答のみ）
2022年度　２月１日午前	算数・社会・理科・国語
2022年度　公立一貫入試対応	適性検査Ⅰ・適性検査Ⅱ （解答のみ）

～本書ご利用上の注意～　以下の点について，あらかじめご了承ください。

★別冊解答用紙は巻末にございます。本書に収録している試験の実物解答用紙は，弊社サイトの各校商品情報ページより，一部または全部をダウンロードできます。
★編集の都合上，学校実施のすべての試験を掲載していない場合がございます。
★当問題集のバックナンバーは，弊社には在庫がございません（ネット書店などに一部在庫あり）。

合格を勝ち取るための
『スーパー過去問』の使い方

本書に掲載されている過去問をご覧になって，「難しそう」と感じたかもしれません。でも，多くの受験生が同じように感じているはずです。なぜなら，中学入試で出題される問題は，小学校で習う内容よりも高度なものが多く，たくさんの知識や解き方のコツを身につけることも必要だからです。ですから，初めて本書に取り組むさいには，点数を気にしすぎないようにしましょう。本番でしっかり点数を取れることが大事なのです。

過去問で重要なのは「まちがえること」です。自分の弱点を知るために，過去問に取り組むのです。当然，まちがえた問題をそのままにしておいては意味がありません。

本書には，長年にわたって中学入試にたずさわっているスタッフによるていねいな解説がついています。まちがえた問題はしっかりと解説を読み，できるようになるまで何度も解き直しをしてください。理解できていないと感じた分野については，参考書や資料集などを活用し，改めて整理しておきましょう。

このページも参考にしてみましょう！

◆どの年度から解こうかな　「入試問題と解説・解答の収録内容一覧」

本書のはじめには収録内容が掲載されていますので，収録年度や収録されている入試回などを確認できます。

※著作権上の都合によって掲載できない問題が収録されている場合は，最新年度の問題の前に，ピンク色の紙を差しこんでご案内しています。

◆学校の情報を知ろう!!「学校紹介ページ」

このページのあとに，各学校の基本情報などを掲載しています。問題を解くのに疲れたら息ぬきに読んで，志望校合格への気持ちを新たにし，再び過去問に挑戦してみるのもよいでしょう。なお，最新の情報につきましては，学校のホームページなどでご確認ください。

◆入試に向けてどんな対策をしよう？「出題傾向＆対策」

「学校紹介ページ」に続いて，「出題傾向＆対策」ページがあります。過去にどのような分野の問題が出題され，どのように対策すればよいかをアドバイスしていますので，参考にしてください。

◇別冊「入試問題解答用紙編」

本書の巻末には，ぬき取って使える別冊の解答用紙が収録してあります。解答用紙が非公表の場合などを除き，（注）が記載されたページの指定倍率にしたがって拡大コピーをとれば，実際の入試問題とほぼ同じ解答欄の大きさで，何度でも過去問に取り組むことができます。このように，入試本番に近い条件で練習できるのも，本書の強みです。また，データが公表されている学校は別冊の１ページ目に過去の「入試結果表」を掲載しています。合格に必要な得点の目安として活用してください。

本書がみなさんの志望校合格の助けとなることを，心より願っています。

株式会社　声の教育社　編集部

宝仙学園中学校順天堂大学系属理数インター

所在地 〒164-8628 東京都中野区中央2-28-3
電　話 03-3371-7109
ホームページ https://www.hosen.ed.jp/jhs/
交通案内 都営地下鉄大江戸線・東京メトロ丸ノ内線「中野坂上駅」より徒歩3分

くわしい情報はホームページへ

トピックス
★各イベントは予約制となっております。学校HPよりご予約ください。
★2025年度入試より「医学部進学コース入試（仮称）」を実施予定。

創立年 平成19年　男女共学　高校募集あり

応募状況

年度	募集数			応募数	受験数	合格数	倍率
2024	2科・4科	2/1前	15名	102名	76名	56名	1.4倍
		2/2後	15名	261名	133名	76名	1.8倍
	新4	2/1後	15名	148名	129名	94名	1.4倍
	公立	2/1前	15名	386名	363名	269名	1.3倍
		2/2前	15名	251名	175名	113名	1.5倍
		2/4前	15名	231名	131名	59名	2.2倍
	リベ	2/1後	2/1 10名 2/4 10名	17名	16名	13名	1.2倍
		2/4後		18名	12名	4名	3.0倍
	AAA	2/1後		1名	1名	1名	1.0倍
		2/4後		3名	2名	1名	2.0倍
	グロ	2/1後		3名	3名	2名	1.5倍
		2/4後		6名	3名	2名	1.5倍
	読書	2/1後		2名	2名	2名	1.0倍
		2/4後		18名	9名	8名	1.1倍
	理数	2/1後	5名	18名	16名	11名	1.5倍
		2/2後	5名	12名	6名	3名	2.0倍
	英AL	2/2後	5名	17名	13名	8名	1.6倍
	オピ	2/1後	若干	2名	1名	1名	1.0倍

2024年春の主な大学合格実績

＜国立大学・大学校＞
東京大，東京工業大，筑波大，千葉大，東京外国語大，横浜国立大，防衛大，東京都立大
＜私立大学＞
慶應義塾大，早稲田大，上智大，国際基督教大，東京理科大，明治大，青山学院大，立教大，中央大

入試情報（参考：昨年度）

【２科・４科入試】
試 験 日：2024年２月１日午前／２月２日午後
試験科目：国・算または国・算・理・社
【新４科特別総合入試】
試 験 日：2024年２月１日午後
試験科目：４科総合(国・算・理・社)
【公立一貫型入試】
試 験 日：2024年２月１日午前／２月２日午前／２月４日午前
試験科目：適性検査Ⅰ・適性検査Ⅱ・調査書
【リベラルアーツ入試】，【AAA(世界標準)入試】
試 験 日：2024年２月１日午後／２月４日午後
試験科目：日本語リスニング・学習歴(AAAは全国レベル)をもとにしたプレゼンテーション
【グローバル入試】
試 験 日：2024年２月１日午後／２月４日午後
試験科目：日本語リスニング・学習歴をもとにした英語プレゼンテーション
【読書プレゼン入試】
試 験 日：2024年２月１日午後／２月４日午後
試験科目：日本語リスニング・好きな本を１冊選んでプレゼンテーション
【入試『理数インター』】
試 験 日：2024年２月１日午後／２月２日午後
試験科目：日本語リスニング・教科『理数インター』
【英語ＡＬ入試】
試 験 日：2024年２月２日午後
試験科目：日本語リスニング・英語
※ほかに，２月１日午後に【オピニオン入試】，２月２日に【国際生入試】を実施。

編集部注―本書の内容は2024年5月現在のものであり，変更されている場合があります。正確な情報は，学校のホームページ等で必ずご確認ください。

算数 出題傾向＆対策

◆基本データ（2024年度２月１日午前）

試験時間／満点	40分／100点
問題構成	・大問数…３題 計算１題（６問）／応用小問１題（９問）／応用問題１題 ・小問数…18問
解答形式	解答のみを記入する形式で，必要な単位などはあらかじめ印刷されている。
実際の問題用紙	Ａ４サイズ，小冊子形式
実際の解答用紙	Ａ４サイズ

◆出題傾向と内容

▶過去３年の出題率トップ３
１位：四則計算・逆算25％　２位：比の性質８％　３位：辺の比と面積の比・相似６％
▶今年の出題率トップ３
１位：四則計算・逆算24％　２位：角度・面積・長さ12％　３位：計算のくふうなど６％

１題めは計算問題で，整数・小数・分数の四則計算のほかに，逆算や単位の計算，比例式もふくまれます。２題めは応用小問で，数の性質，食塩水の濃度，場合の数，和差算，相当算，過不足算，つるかめ算，周期算，旅人算，仕事算などが出題されていて，数量分野と特殊算がよく出される傾向にあります。

３題め以降は応用問題で，公式をあてはめるだけでは解けない問題も出されます。図形の問題を中心として，規則性に関するものや条件を整理する必要のあるものなども出されており，やや難しい問題も見られます。

◆対策～合格点を取るには？～

計算問題に関しては，特に小数や分数が多く出題されているので，細かい部分まで正確な計算技術を身につけられるように，意識して練習しましょう。

応用小問や応用問題では，数の性質や規則性，特殊算，図形問題などがはば広く出題されるので，基本的なパターンをひと通り身につけておきましょう。なかでも，図形や速さの問題は，出題率が高く，注意が必要です。

また，本校は途中の考え方や計算をかくときもあるので，ふだんからノートに考え方，図，式などをかく習慣をつけておきましょう。

分野＼年度		2024	2023	2022
計算	四則計算・逆算	●	●	●
	計算のくふう	○		○
	単位の計算			
和と差	和差算・分配算		○	
	消去算	○	○	
	つるかめ算			○
	平均とのべ			
	過不足算・差集め算	○		
	集まり	○		
	年齢算	○	○	
割合と比	割合と比	○		
	正比例と反比例			
	還元算・相当算			○
	比の性質		◎	○
	倍数算	○		
	売買損益			○
	濃度	○	○	
	仕事算		○	
	ニュートン算			
速さ	速さ	○	○	
	旅人算			○
	通過算			
	流水算			
	時計算			
	速さと比			
図形	角度・面積・長さ	◎	○	
	辺の比と面積の比・相似		◎	○
	体積・表面積			○
	水の深さと体積			
	展開図			
	構成・分割			
	図形・点の移動	○		○
表とグラフ				
数の性質	約数と倍数			
	N進数			
	約束記号・文字式			
	整数・小数・分数の性質	○		○
規則性	植木算			○
	周期算		○	
	数列			
	方陣算			
	図形と規則			
場合の数				
調べ・推理・条件の整理				
その他				

※　○印はその分野の問題が１題，◎印は２題，●印は３題以上出題されたことをしめします。

社会　出題傾向＆対策

◆基本データ（2024年度２月１日午前）

試験時間／満点	理科と合わせて40分／50点
問題構成	・大問数…２題 ・小問数…22問
解答形式	記号選択と適語の記入がほとんどだが，記述問題も出題されている。
実際の問題用紙	Ａ４サイズ，小冊子形式
実際の解答用紙	Ａ３サイズ

◆出題傾向と内容

　２つの大問とも，地理・歴史・政治に関わる幅広いテーマから，総合問題として出題されているのが大きな特ちょうです。

●地理…各都道府県の自然や気候，産業の特ちょうはもちろん，地形図の読み取り問題などにも注意が必要です。また，年度によっては出題数が少ないものの，時事に関わる問題が比較的多く出題されています。

●歴史…あるテーマをもとに各時代の政治や外交，文化などから，はば広く出題されています。歴史上のことがらをばらばらに暗記するだけでなく，一つの流れとしてとらえる能力が問われるところです。

●政治…日本の憲法や納税制度に関するものなどが出題されています。大問としてではなく，時事問題や歴史などと関連づけた総合問題の中の小問として出題されることもあります。政治のしくみや経済の基本を身につけるとともに，社会的なできごとに関心を持っておく必要があります。

分野		2024	2023	2022
日本の地理	地図の見方	○	○	○
	国土・自然・気候	○	○	○
	資源	○		
	農林水産業	○	○	○
	工業	○	○	○
	交通・通信・貿易			○
	人口・生活・文化		○	
	各地方の特色			
	地理総合			
世界の地理		○		
日本の歴史（時代）	原始～古代	○	○	○
	中世～近世	○	○	○
	近代～現代	○	○	○
日本の歴史（テーマ）	政治・法律史		○	○
	産業・経済史			
	文化・宗教史			○
	外交・戦争史		○	
	歴史総合	○		
世界の歴史				
政治	憲法	○	○	○
	国会・内閣・裁判所		○	
	地方自治			○
	経済			
	生活と福祉			
	国際関係・国際政治			○
	政治総合			
環境問題				○
時事問題		○		○
世界遺産				
複数分野総合		★	★	★

※　原始～古代…平安時代以前，中世～近世…鎌倉時代～江戸時代，近代～現代…明治時代以降

※　★印は大問の中心となる分野をしめします。

◆対策～合格点を取るには？～

　全分野に共通することとして，形式面では，①基礎的知識としての数字（地理では，国土の面積，歴史では，重要なできごとが起こった年，政治では，重要事項を規定した憲法の条文の番号など）にかかわる問題，②地名，人名，憲法上の用語などを漢字で書く問題，③基本的な資料の空所を補充させる問題などに慣れておくことが必要です。内容面では，基本的事項はもちろんのこと，時事とからめたものや，わが国と諸外国との関係まで視野を広げ，整理しておきましょう。

　地理的分野については，ふだんから地図に親しんでおき，学習した地名は必ず地図で確認し，白地図の上に主な平野，山脈，火山帯，川，都市などをかきこめるようにしておきましょう。

　歴史的分野については，歴史の流れを大まかにとらえる姿勢が大切です。そのためには，つねに年表を見ながら勉強する態度を，日ごろから身につけておくべきです。重要な事件が起こった年の前後の流れを理解するなど，単純に暗記するだけでなく，くふうして覚えていきましょう。

　政治的分野では，日本国憲法が中心になります。主権，戦争の放棄，基本的人権，三権分立などの各事項を教科書で理解するほか，憲法の条文を確認しておくとよいでしょう。

理科 出題傾向＆対策

◆基本データ（2024年度２月１日午前）

試験時間／満点	社会と合わせて40分／50点
問題構成	・大問数…４題 ・小問数…20問
解答形式	記号選択と適語・数値の記入が中心だが，記述問題なども見られる。
実際の問題用紙	Ａ４サイズ，小冊子形式
実際の解答用紙	Ａ４サイズ

分野＼年度		2024	2023	2022
生命	植物		★	○
	動物	○		
	人体	★		★
	生物と環境			
	季節と生物			
	生命総合			
物質	物質のすがた			
	気体の性質	★		
	水溶液の性質			
	ものの溶け方		★	
	金属の性質			
	ものの燃え方			★
	物質総合			
エネルギー	てこ・滑車・輪軸			
	ばねののび方			
	ふりこ・物体の運動			
	浮力と密度・圧力		★	
	光の進み方			★
	ものの温まり方			○
	音の伝わり方			
	電気回路			○
	磁石・電磁石	★		
	エネルギー総合			
地球	地球・月・太陽系			
	星と星座			
	風・雲と天候			★
	気温・地温・湿度			
	流水のはたらき・地層と岩石		★	
	火山・地震	★		
	地球総合			
実験器具				
観察				
環境問題				
時事問題				
複数分野総合				

※　★印は大問の中心となる分野をしめします。

◆出題傾向と内容

グラフ・図・表の読み取りと実験・観察・観測をもとにした，基本的なことがらを問うものが各分野から取り上げられています。暗記していないと解けない問題はあまりなく，理解力，推理力，判断力を見ようとする出題意図が感じられます。目的・方法（器具の使用方法もふくむ）・経過などもふくめて，結果の関連性が理解できているかなどが問われます。

●生命…花のつくりとはたらき，ヒトや動物の呼吸，ヒトのからだのつくり，種子の発芽などについて出題されています。

●物質…気体の性質，ものの溶け方，水溶液の性質，塩酸と水酸化ナトリウム水溶液の中和，ものの燃え方などが取り上げられています。

●エネルギー…電磁石，圧力，光の進み方，力のつり合い，ものの温まり方，電気回路などが出されています。

●地球…地震，惑星の公転と自転，季節と天気，岩石と地層，火山，流水のはたらきなどが見られます。

◆対策～合格点を取るには？～

本校の理科は，各分野からまんべんなく出題されていますから，基礎的な知識をはやいうちに身につけ，そのうえで，問題集で演習をくり返すのがよいでしょう。

「生命」は，身につけなければならない基本知識の多い分野です。ヒトのからだのしくみ，動物や植物のつくりと成長などを中心に，ノートにまとめながら知識を深めましょう。

「物質」は，気体や水溶液，金属などの性質に重点をおいて学習するとよいでしょう。中和反応や濃度，気体の発生など，表やグラフをもとに計算させる問題にも積極的に取り組むように心がけてください。

「エネルギー」では，計算問題としてよく出される力のつり合いに注目しましょう。てんびんとものの重さ，てこ，輪軸，ふりこの運動，かん電池のつなぎ方や豆電球の明るさなどについての基本的な考え方をマスターし，さまざまなパターンの計算問題にチャレンジしてください。

「地球」では，太陽・月・地球の動き，季節と星座の動き，天気と気温・湿度の変化，地層のでき方・地震などが重要なポイントです。

国語 出題傾向＆対策

◆基本データ（2024年度２月１日午前）

試験時間／満点	40分／100点
問題構成	・大問数…５題 文章読解題２題／知識問題３題 ・小問数…28問
解答形式	記号選択，文章中のことばの書きぬき，語句などの記入，記述問題など，バラエティーに富んでいる。
実際の問題用紙	Ａ４サイズ，小冊子形式
実際の解答用紙	Ａ３サイズ

◆出題傾向と内容

▶近年の出典情報（著者名）
説明文：古田徹也　森　達也　吉野　弘
小　説：八重野統摩　古内一絵　眞島めいり

●読解問題…説明文・論説文が１題，小説または随筆が１題という出題がほぼ定着しています。設問は，適語の補充，文脈理解，指示語の内容，内容理解などです。説明文・論説文では筆者の主張の理解，小説・物語文では登場人物の心情の読み取りが中心となっています。本文中のことばを使った記述問題が複数出題されていて，読む力だけでなく書く力をふくめた国語の総合的な力を見ようとする意図がうかがえます。

●知識問題…漢字の書き取り・読みのほか，四字熟語やことわざ・慣用句，対義語，漢字の知識などが問われています。

◆対策～合格点を取るには？～

入試で正しい答えを出せるようにするためには，なるべく多くの読解問題にあたり，出題内容や出題形式に慣れることが大切です。問題集に取り組むさいは，指示語の内容や接続語に注意しながら，文章がどのように展開しているかを読み取るように気をつけましょう。また，答え合わせをした後は，漢字やことばの意味を辞書で調べてまとめるのはもちろん，正解した設問でも解説をしっかり読んで解答の道すじを明らかにし，本番で自信を持って答えられるようにしておきましょう。

知識問題については，分野ごとに短期間に集中して覚えるのが効果的です。ただし，漢字は毎日少しずつ練習するとよいでしょう。

分野 ＼ 年度			2024	2023	2022
読解	文章の種類	説明文・論説文	★	★	★
		小説・物語・伝記	★	★	★
		随筆・紀行・日記			
		会話・戯曲			
		詩			
		短歌・俳句			
	内容の分類	主題・要旨	○	○	
		内容理解	○	○	○
		文脈・段落構成			
		指示語・接続語	○	○	
		その他	○	○	○
知識	漢字	漢字の読み	★	★	★
		漢字の書き取り	★	★	★
		部首・画数・筆順			
	語句	語句の意味			○
		かなづかい			
		熟語		★	
		慣用句・ことわざ	○	○	★
	文法	文の組み立て			
		品詞・用法			
		敬語			
	形式・技法				○
	文学作品の知識				
	その他		★		
	知識総合				
表現	作文				
	短文記述				
	その他				
放送問題					

※　★印は大問の中心となる分野をしめします。

カコを追いかけ
ミライをつかめ

2024年度 宝仙学園中学校共学部理数インター

【算　数】〈2月1日午前試験〉(40分)〈満点：100点〉

【注意事項】定規・分度器・コンパスは使わないでください。

1 次の□にあてはまる数を答えなさい。

(1) $9 \times 6 - 42 \div (46 - 8 \times 4) = \square$

(2) $3.5 : 4\frac{2}{3} = 3 : \square$

(3) $1.68 - (1.7 - 0.4) \div 2.5 + 0.34 = \square$

(4) $2024000 \times \frac{1}{125} - 20240 \times \frac{1}{10} - 202400 \times \frac{1}{25} = \square$

(5) $6\frac{1}{4} \div \left\{ 2\frac{1}{2} \times \left(\frac{5}{6} - \frac{1}{2} \right) - \frac{5}{8} \right\} = \square$

(6) $7\frac{1}{6} - (5.8 - \square) \div \frac{3}{5} = 6\frac{2}{3}$

2 次の問いに答えなさい。

(1) $\frac{2}{5}$より大きくて$\frac{5}{8}$より小さい数のうち，分母が40でこれ以上約分できない分数をすべてたすといくつになりますか。

(2) 半径が4cmの円の面積と半径が6cmのおうぎ形の面積が同じになるとき，おうぎ形の中心角は何度ですか。

(3) 箱の中に10個の白玉が入っています。この箱に,「白玉1個と赤玉2個を入れる」という操作をくり返します。箱の中の白玉と赤玉の個数の比が3:4になったとき,箱の中には全部で何個の玉が入っていますか。

(4) 父,母,兄,弟の4人家族がいます。兄は弟より5歳(さい)年上で,父は母より2歳年上です。また,父の年齢(ねんれい)は弟の年齢の5倍です。9年前は,まだ弟が生まれていなかったため3人家族で,このときの3人の年齢の合計は64歳でした。現在の母の年齢は何歳ですか。

(5) あるクラスの生徒が長いすに座るのに,1つの長いすに6人ずつ座ると3人が座れなくなりました。そこで,1つの長いすに7人ずつ座ると最後の長いすには4人が座ることになりました。このクラスの生徒は何人ですか。

(6) 家から1800mはなれた駅に分速60mで向かっている途中(とちゅう)で忘れ物に気づき,分速120mで家にもどりました。その3分後,家から駅まで分速100mで向かったところ予定していた時間に着くことができました。忘れ物に気づいたのは家から何mの地点ですか。

(7) 子どもへの誕生日プレゼントとして,お父さんは本と1400円のケーキを買い,お母さんはぬいぐるみを買いました。ぬいぐるみの値段は本の値段の2倍より300円高く,2人の支払う金額は同じになりました。このぬいぐるみの値段はいくらですか。

(8) ある中学校の修学旅行で持ち物を調べたところ,ばんそうこうを持ってきた生徒は全体の$\frac{1}{2}$で,酔(よ)い止めの薬を持ってきた生徒は全体の$\frac{5}{12}$でした。両方とも持ってきた生徒は24人で,両方とも持ってこなかった生徒は全体の$\frac{1}{6}$でした。修学旅行に行った生徒は全部で何人ですか。

(9) 濃度(のうど)が4%の食塩水が170g入った容器Aと，濃度が9%の食塩水が200g入った容器Bがあります。AとBのそれぞれから同じ量の食塩水を取り出し，Bから取り出した食塩水をすべてAに入れたところ，容器Aに入っている食塩水は170gで濃度が7%になりました。容器A，Bから何gの食塩水を取り出しましたか。

3 下の図のように，直線上におうぎ形ABCとおうぎ形DEFがあります。2つのおうぎ形はともに半径が12cm，中心角が45°です。また，弧ABを3等分した点をそれぞれG，Hとします。おうぎ形ABCを矢印の方向に直線にそって動かしたとき，2つのおうぎ形が重なっている部分の面積を考えます。このとき，次の問いに答えなさい。ただし，円周率は3.14とします。

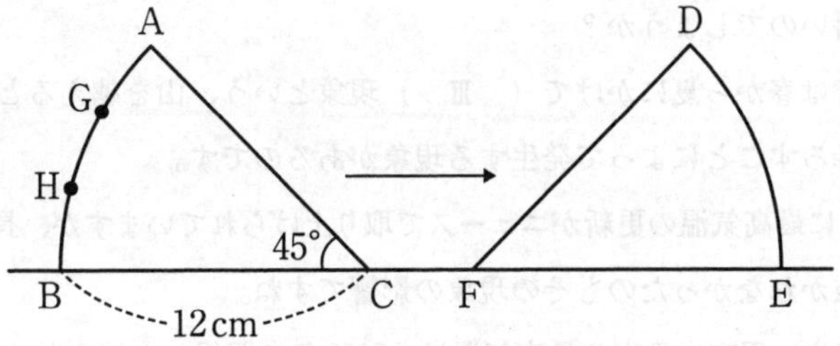

(1) 点CとEが重なったとき，2つのおうぎ形の重なっている部分の面積は何cm²ですか。

(2) 点AとDが重なったとき，2つのおうぎ形の重なっている部分の面積は何cm²ですか。

(3) 弧ABと弧DEがHで交わったとき，2つのおうぎ形の重なっている部分の面積は何cm²ですか。

【社　会】〈2月1日午前試験〉（理科と合わせて40分）〈満点：50点〉

【注意事項】 特別な指示がないかぎり，問われている語句は漢字で記入してください。

1 次の会話文を読んで、あとの各問いに答えなさい。

宝田先生　：昨年の夏は猛暑（もうしょ）でしたね。

なみえさん：とても暑かったです。特に東京都心では、郊外に比べて気温が高くなる（　Ⅰ　）現象が最近話題になっていますね。

ひろきくん：この現象がおこるとゲリラ豪雨（ごうう）が発生しやすいといわれていますが、昨年はゲリラ豪雨の発生も少なかったですね。

宝田先生　：世界的に見れば、南米のペルー沖で貿易風が弱まり、海水温が上昇する（　Ⅱ　）現象が発生していました。このような場合、日本では冷夏になることが多いですが、昨年は違（ちが）いましたね。

なみえさん：私のおばあちゃんは富山県に住んでいるのですが、「昨年の夏は暑くて、クーラーを一日中つけていないと生活できなかったよ。」といっていました。宝田先生、どうして富山県はそんなに暑いのでしょうか？

宝田先生　：日本海側では春から夏にかけて（　Ⅲ　）現象という、山を越えるときに高温・乾燥（かんそう）した風が吹き降ろすことによって発生する現象があるのです。

ひろきくん：毎年のように最高気温の更新がニュースで取り上げられていますが、長い間、山形県山形市の気温が抜かれなかったのもその現象の影響ですね。

宝田先生　：その通りです。現在、日本の最高気温は、2018年に記録した埼玉県熊谷市と2020年に記録した（　Ⅳ　）県浜松市の41.1℃です。

なみえさん：ところで、ゲリラ豪雨は東京都心部に大雨をもたらし、洪水（こうずい）がおこります。このような場合は、どのような対応をとればよいのでしょうか？

宝田先生　：行政で作成している「ハザードマップ」を調べるといいと思います。どれぐらい浸水（しんすい）するかや避難（ひなん）場所はどこかなどが記載（きさい）されているので、大変役に立ちますよ。地域によっては、洪水だけでなく、地震（じしん）や噴火（ふんか）などによる災害のハザードマップもありますよ。

ひろきくん：次に地震について考えてみたいです。昨年の９月１日に防災訓練をしました。毎年この日に私たちの学校で実施しています。理由はどうしてですか？

宝田先生　：それは、相模湾北西部を震源とするマグニチュード7.9の大規模地震である「関東大震災（だいしんさい）」がおこった日だからです。この地震はプレートが動くことによる地震で、プレートとプレートの間のトラフと呼ばれるところと関係がありました。ここに、（　Ⅳ　）県御前崎（おまえざき）を示した**（地形図１）**があります。みんなで見てみましょう。

(地形図1)

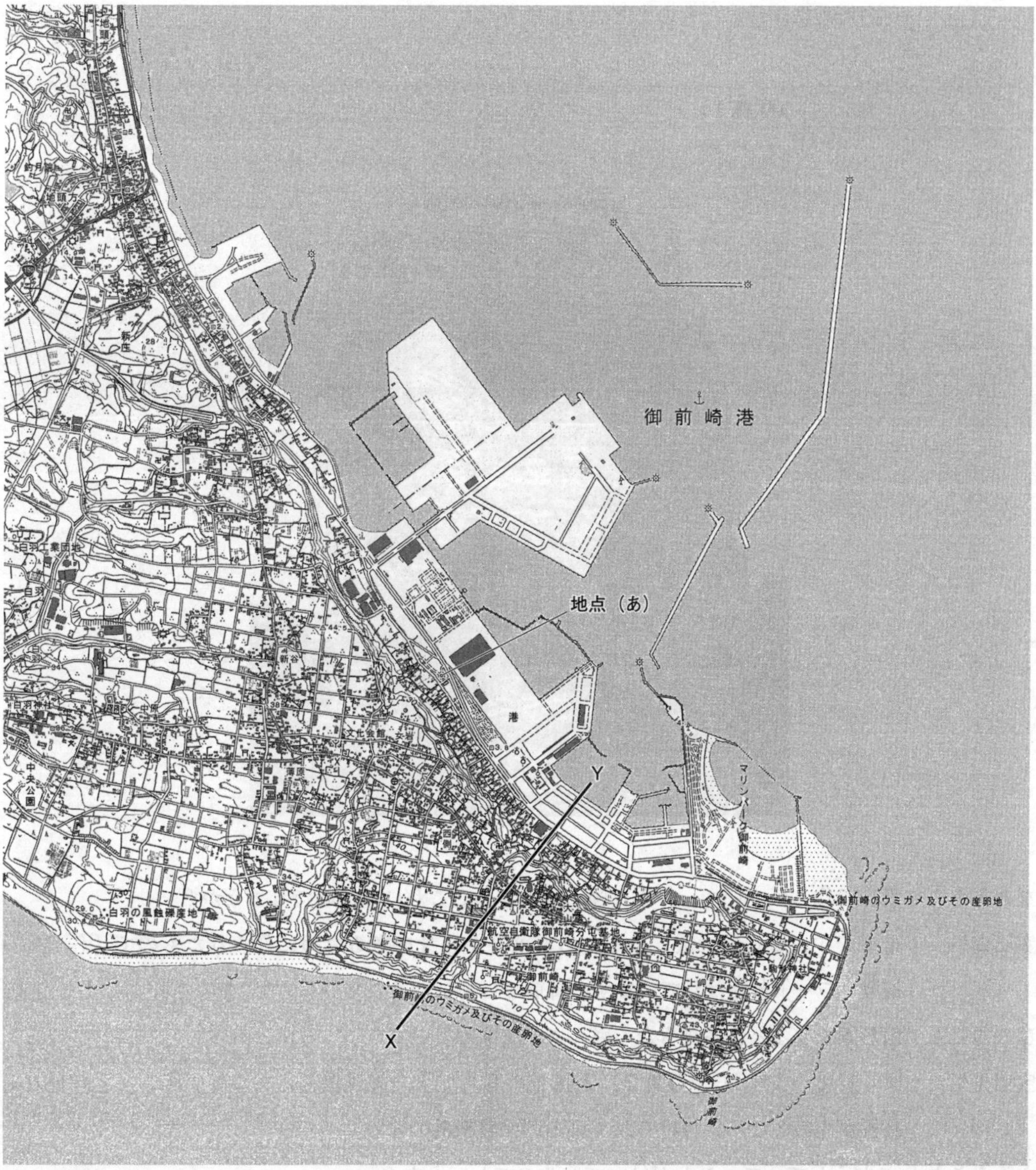

(地形図「御前崎港」 出題のため一部改変)

〈編集部注：編集上の都合により実際の入試問題の70%に縮小してあります。〉

宝田先生　：**（地形図１）**中の**地点（あ）**のところで、**（写真１）**のような建造物を見ました。これは、何のために作られたものだと思いますか？

（写真１）

なみえさん：鉄筋で作られていて、非常に強そうですね。これに登るのでしょうか？

宝田先生　：そうです。これは地震による、ある災害から身を守るために作られたもので「（　Ｖ　）避難（ひなん）タワー」と呼ばれています。御前崎は海に囲まれているので、たくさんありましたよ。

ひろきくん：地形図を見ると、茶畑もたくさんありますね。

宝田先生　：よく見ていますね。**（写真２）**が茶畑の写真です。扇風機（せんぷうき）みたいな「ファン」と呼ばれる装置（そうち）が高いところに付けられているのが特徴的ですね。

なみえさん：<u>(A)どうして「ファン」が付いているのでしょうか？</u>

（写真２）

ひろきくん：この地形図には書かれていませんが、西側には(B)浜岡原子力発電所がありますよね。以前、行ったことがあります。

宝田先生　：その通りです。東日本大震災をきっかけに、日本の原子力発電所の稼働（かどう）と発電量は減少しましたが、世界には原子力発電に依存（いぞん）している国もあります。震災といえば、昨年の２月に(C)トルコで大きな地震がありましたね。この地震は関東大震災とは違って、断層がずれることによっておこったものです。

ひろきくん：地震が多い国と少ない国があるように思うのですが、地震はどのようなところで発生しやすいのでしょうか？

宝田先生　：新期造山帯と呼ばれるところです。トルコが属するアルプス・ヒマラヤ造山帯と日本が属する環太平洋（かんたいへいよう）造山帯があり、そこに位置する国では地震や噴火が多いです。日本も100以上の活火山がありますよね。

ひろきくん：火山の近くに住む人たちは、いつ噴火がおこるかわからないから、怖いのではないでしょうか？

なみえさん：だからハザードマップがあるのよ。さっき、宝田先生から教えてもらったじゃない。

宝田先生　：火山が多い日本ですが、どうして日本には多くの人たちが火山の近くに住んでいるのでしょうか？　何かしらのメリットがあるからですよ。

ひろきくん：温泉がある、地下水が湧（わ）き出る、地熱発電所が立地できる、地下資源が産出される、などがあげられると思います。

宝田先生　：その話を（　Ⅳ　）県の伊豆半島を事例に話しましょう。西伊豆の土肥（とい）では江戸時代に多くの(D)金が取れました。これらは貨幣に用いられ、町も潤っていました。昨年の８月のニュースで、この博物館にある250kgの金塊（きんかい）が時価総額25億円を上回り、金の価格があがっていると取り上げられていました。

なみえさん：地下水は富士山のふもとの柿田川湧水が有名ですね。また、(E)中伊豆では、地下水を使って農産物を作っているそうです。(F)熊本県では、阿蘇山からの地下水が熊本市周辺に湧き出すことにより、九州にいち早く(G)ＩＣ産業（半導体工場）が進出したとも聞きました。

ひろきくん：地下水は、人々の生活を大きく支えてきた存在ともいえると思います。

宝田先生　：今日はいろいろな災害と人々の生活について学びました。生きる知恵を今後も学んでいきましょう。

問１　次のア～エのうち、（地形図１）中のＸ－Ｙの断面図として最もふさわしいものを１つ選び、記号で答えなさい。

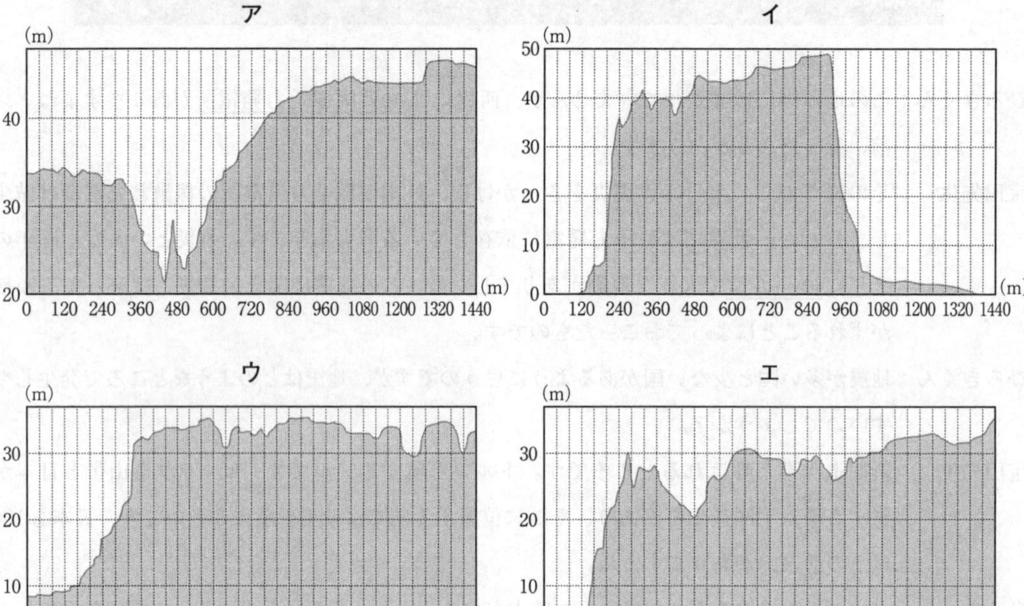

問２　下線部(A)に関して、その理由を40字程度で説明しなさい。

問３　下線部(B)に関して、次の表は2021年度の日本の発電方式別発電電力量の上位５都道府県を示したものであり、表中のア～エには「火力」、「原子力」、「水力」、「地熱」のいずれかがあてはまる。このうち、「原子力」にあてはまるものを１つ選び、記号で答えなさい。

（単位：百万kWh）

	ア		イ		ウ		エ	
１位	富山県	9,300	大分県	823	千葉県	83,902	福井県	33,553
２位	岐阜県	8,870	秋田県	399	神奈川県	81,821	佐賀県	18,156
３位	長野県	7,373	鹿児島県	376	愛知県	65,502	鹿児島県	13,696
４位	新潟県	7,346	岩手県	204	福島県	47,416	愛媛県	2,362
５位	福島県	6,353	北海道	87	茨城県	40,576		

（『データでみる県勢2023』より作成）

問４　下線部(C)に関して、次のア～エは「トルコ」、「イギリス」、「ベトナム」、「メキシコ」のいずれかの伝統的な料理である。このうち、「トルコ」の料理を１つ選び、記号で答えなさい。

ア

イ

ウ

エ

問5　下線部(D)に関して、次の表のア～エは「金」(2018年)、「原油」(2020年)、「鉄鉱石」(2018年)、「銅」(2017年) のいずれかの産出量の上位5か国とその割合を示している。このうち、「金」にあてはまるものを1つ選び、記号で答えなさい。

(単位：%)

	ア		イ		ウ		エ	
1位	オーストラリア	36.7	中国	12.1	チリ	27.5	アメリカ合衆国	15.4
2位	ブラジル	19.3	オーストラリア	9.5	ペルー	12.2	ロシア	13.3
3位	中国	13.8	ロシア	9.4	中国	8.6	サウジアラビア	12.7
4位	インド	8.3	アメリカ合衆国	6.8	アメリカ合衆国	6.3	イラク	5.5
5位	ロシア	3.7	カナダ	5.5	コンゴ民主共和国	5.5	中国	5.4

(『データブック オブ・ザ・ワールド 2023』より作成)

問6　下線部(E)に関して、次の写真は「中伊豆」での様子である。この地域は「世界農業遺産」に指定されているところでもあり、1年を通して豊かできれいな地下水が湧き出していることから、昔からある農産物を生産しているところである。その農産物の名前を、下のア～エから1つ選び、記号で答えなさい。

ア　しょうが　　イ　じゃがいも　　ウ　やまいも　　エ　わさび

問7　下線部(F)に関して、2016年の熊本地震により甚大な被害を受けた熊本城は、全国からの支援によって復旧が進められている。その支援にも活用された、自分の意思で応援したい自治体を選んで寄附を行い、その寄附金額の一部が税金から控除される制度を何というか答えなさい。

問8　下線部(G)に関して、次のア～エは日本の「自動車工場」、「製紙工場」、「セメント工場」、「半導体工場」のいずれかの分布を示している。このうち「半導体工場」にあてはまるものを1つ選び、記号で答えなさい。

ア

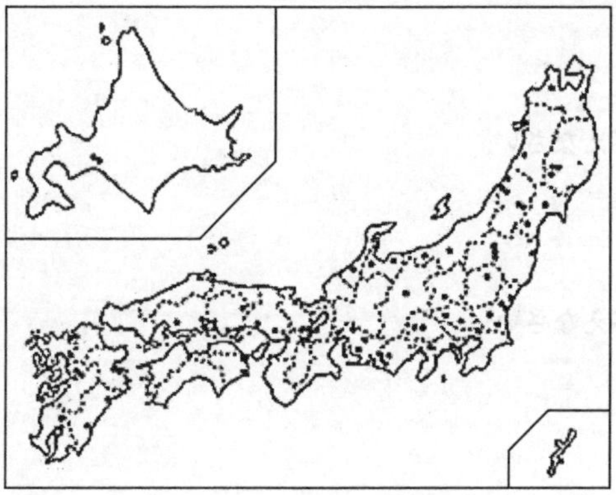

イ

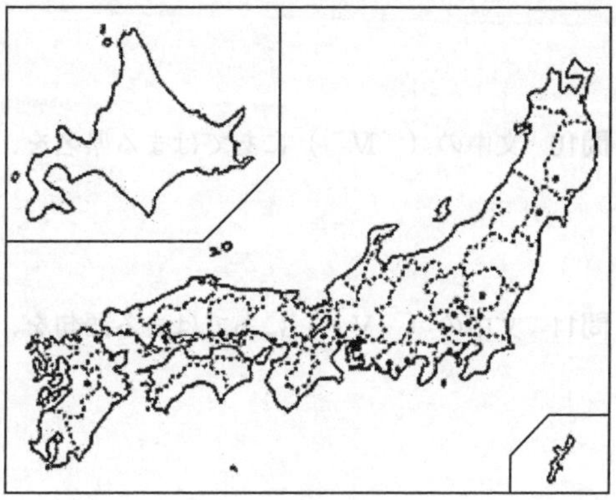

ウ

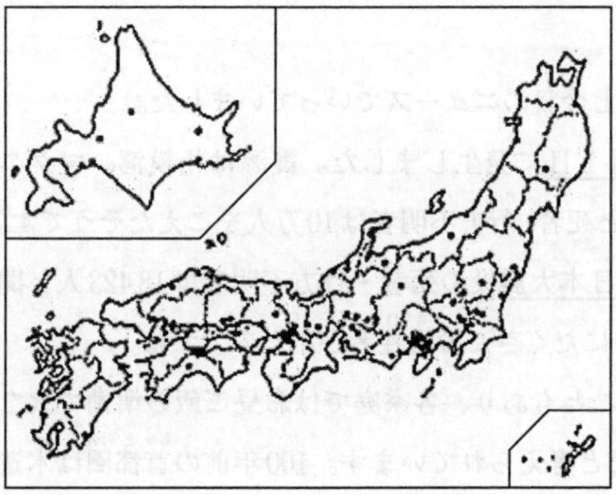

エ

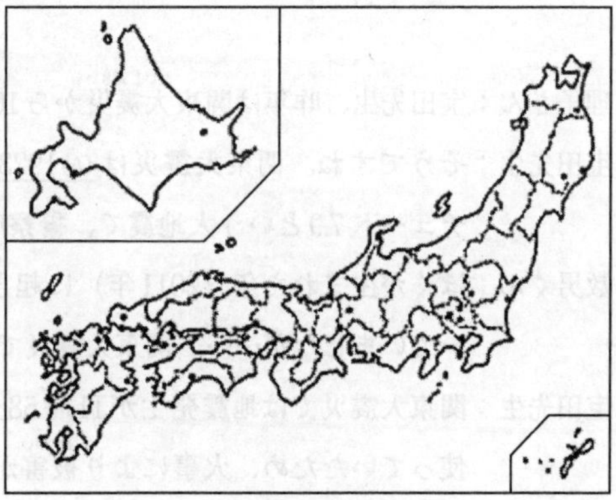

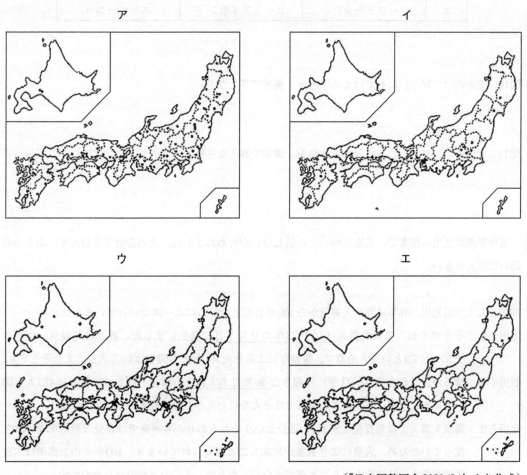

(『日本国勢図会2023/24』より作成)

問9 文中の（ Ⅰ ）～（ Ⅲ ）にあてはまる語句の組合せとして正しいものを、次の**ア**～**カ**から1つ選び、記号で答えなさい。

	Ⅰ	Ⅱ	Ⅲ
ア	エルニーニョ	ヒートアイランド	フェーン
イ	エルニーニョ	フェーン	ヒートアイランド
ウ	ヒートアイランド	エルニーニョ	フェーン
エ	ヒートアイランド	フェーン	エルニーニョ
オ	フェーン	エルニーニョ	ヒートアイランド
カ	フェーン	ヒートアイランド	エルニーニョ

問10 文中の（ Ⅳ ）にあてはまる県名を、**漢字**で答えなさい。

問11 文中の（ Ⅴ ）にあてはまる語句を、**漢字**で答えなさい。

2 宝仙学園の歴史の授業で、災害についての話し合いが行われました。次の会話文を読んで、あとの各問いに答えなさい。

理子さん：宝田先生、昨年は関東大震災(だいしんさい)から100年目だと今日のニュースでいっていました。

宝田先生：そうですね。関東大震災は(A)1923年の９月１日に発生しました。震源は相模湾、マグニチュード7.9という大地震で、警察庁によると死者・行方不明者は10万人をこえたそうです。

数男くん：ぼくが生まれた年（2011年）に起きた(B)東日本大震災の死者・行方不明者は18,423人と聞いていましたが……。関東大震災ではそんなにたくさんの犠牲(ぎせい)者が出たのですね。

宝田先生：関東大震災では地震発生が11時58分ということもあり、各家庭ではお昼ご飯の準備で火を使っていたため、火事により被害(ひがい)が拡大したと考えられています。100年前の首都(しゅと)圏(けん)は木造住宅が多く、延焼を止めることができなかったため、多くの方が焼死したのです。

理子さん：そうだったのですね……。日本では、それ以外にも大地震が起こったことはあるのですか？

宝田先生：近代に入ってからだと1896年の(C)明治三陸地震が大規模な地震として知られています。その他にも多くの地震が日本列島各地で起きているのです。

数男くん：なぜ、日本は地震が多いのですか？

宝田先生：日本で地震が多い原因は、地理の時間でおしえましょう。この歴史の時間では、記録に残っている過去の地震を調べてみましょう。

【前近代（明治時代より古い時代）の日本で起きた地震・噴火(ふんか)などの災害】

西暦	時代	地震	内容
紀元前4〜 紀元前3世紀	弥生時代	宮城県気仙沼 大谷海岸	地震調査委員会の調査によると、約600年周期で大津波(つなみ)が起こった痕跡(こんせき)が検出される。
5〜6世紀	<u>(D)古墳時代</u>		
684年	飛鳥時代	白鳳の地震	高知県で津波。南海トラフが震源か。『日本書紀』
701年	飛鳥時代	大宝元年の地震	京都府北部の地震。『続日本紀(しょくにほんぎ)』
734年	奈良時代	天平六年の地震	生駒断層直下型地震。誉田御廟山古墳(こんだごびょうやまこふん)の墳丘一部崩壊(ほうかい)。『続日本紀』
864年	<u>(E)平安時代</u>	富士山の噴火	この噴火で流れ出た溶岩(ようがん)が青木ヶ原樹海となった。『日本三大実録』
1293年	<u>(F)鎌倉時代</u>	鎌倉大地震	死者2万人以上。建長寺などで火災発生。『鎌倉大日記』
1495年	<u>(G)室町時代</u>	明応の大地震	鎌倉大仏殿が津波で破壊されたと『鎌倉大日記』に記されているが、3年後にも大地震があり信ぴょう性が疑われている。
1498年	室町時代	明応の大地震	浜名湖は淡水(たんすい)湖だったが陸地が崩(くず)れて海とつながったとされる。『林叟院創記(りんそういんそうき)』
1596年	桃山時代	慶長伏見地震	<u>(H)豊臣秀吉</u>が伏見城で被災。伏見城の天守閣や石垣が損壊。『義演准后日記(ぎえんじゅんこう)』など。
1707年	<u>(I)江戸時代</u>	宝永の大地震	南海トラフ全域が震源。太平洋側に大津波。49日後に宝永の富士山噴火が起こる。富士山最後の噴火。『楽只堂年録(らくしどうねんろく)』など。
1771年	江戸時代	八重山の大地震	<u>(J)沖縄県</u>八重山諸島に大津波。
1834年	江戸時代	石狩地震	北海道の石狩地方が震源。
1854年	江戸時代	安政の大地震	東海・南海トラフを震源。愛媛県の道後温泉が106日間にわたり湧出(ゆうしゅつ)しなくなる。『松山市要』

宝田先生：２人ともよく調べました。立派な年表ができましたね。

数男くん：宝田先生、調べてみると年表以外にも数えきれないほど古い記録があります。やっぱり日本は地震が多く起きる位置にあるのですね。

理子さん：私が調べていて気になった点は、太平洋側に何度も津波が襲(おそ)ってきていることです。この地域の人々は、やはり津波に対する防災意識が高いのかしら。

宝田先生：津波が起きるような大地震は100年以上の間隔(かんかく)で起きることがほとんどです。人生において１回経験するかどうか、という間隔ですね。人間は１度経験したことは気を付けますが、未経験のことに正しく対処することは難しいのです。だから過去の被害を学ぶことは大切であるし、防災訓練などを通じて日々防災意識を高めていくことが必要なのですよ。

数男くん：だから私の小学校では毎年９月１日に防災訓練をしていたのですね。関東大震災の起こった日に。

宝田先生：「ここまで水が来た」という石碑(せきひ)が各地に残されています。古い時代の人が、後世の人たちにぜひ伝えたかったからこそ残っているのです。阪神・淡路(あわじ)大震災や東日本大震災の(K)被災地では今でも後世に伝える資料を展示しています。次回はその資料の学習をしていきましょう。

問１　下線部(A)に関して、次のア～エのうち、1923年（大正12年）より前に起こった出来事について述べた文として正しいものを１つ選び、記号で答えなさい。

ア　関東軍が柳条湖付近で事件を起こし、中国軍との戦いを始めた。

イ　外務大臣陸奥宗光が、領事裁判権の撤廃に成功した。

ウ　三種の神器と呼ばれた電化製品が各家庭に普及した。

エ　日本はドイツ・イタリアと三国同盟を結んだ。

問２　下線部(B)に関して、東日本大震災で大きな被害が発生した「東北地方」の歴史について述べた次の文Ⅰ・Ⅱの正誤の組合せとして適当なものを、下のア～エから１つ選び、記号で答えなさい。

Ⅰ．青森県の三内丸山遺跡には大きな前方後円墳が築かれていた。

Ⅱ．東北地方を支配した坂上田村麻呂によって中尊寺金色堂が築かれた。

ア　Ⅰ－正しい　Ⅱ－正しい　　イ　Ⅰ－正しい　Ⅱ－誤り

ウ　Ⅰ－誤り　Ⅱ－正しい　　エ　Ⅰ－誤り　Ⅱ－誤り

問3　下線部(C)に関して、この地震が起こった明治時代について述べた次の文Ⅰ～Ⅲを時代の古い順に並べ替えたとき、その組合せとして適当なものを下の**ア**～**カ**から1つ選び、記号で答えなさい。

Ⅰ．官営模範(かんえいもはん)工場として富岡製糸場がつくられた。

Ⅱ．大日本帝国憲法が制定された。

Ⅲ．日清戦争に勝利して台湾を支配した。

ア　Ⅰ→Ⅱ→Ⅲ　　**イ**　Ⅰ→Ⅲ→Ⅱ　　**ウ**　Ⅱ→Ⅰ→Ⅲ

エ　Ⅱ→Ⅲ→Ⅰ　　**オ**　Ⅲ→Ⅰ→Ⅱ　　**カ**　Ⅲ→Ⅱ→Ⅰ

問4　下線部(D)に関して、記録では538年に、下の地図中のある朝鮮半島の国の聖明王が、日本の欽明天皇に仏教を伝えたとされる。その国の名前と位置の組合せとして正しいものを、下の**ア**～**エ**から1つ選び、記号で答えなさい。

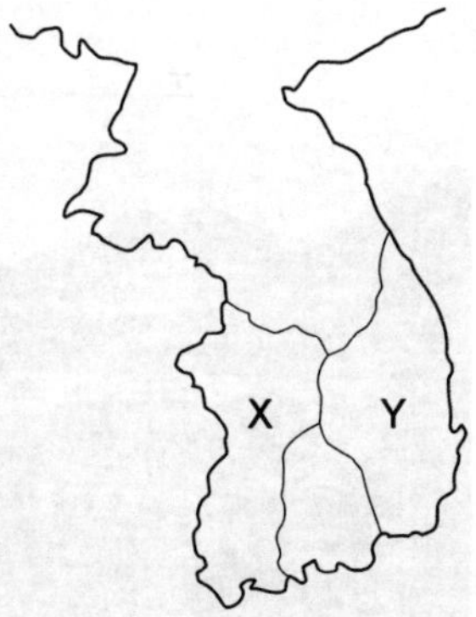

ア　名前－百済　　位置－X

イ　名前－百済　　位置－Y

ウ　名前－新羅　　位置－X

エ　名前－新羅　　位置－Y

問5　下線部(E)に関して、平安時代について述べた文として正しいものを、次の**ア**～**エ**から1つ選び、記号で答えなさい。

ア　桓武天皇は794年に平城京をつくった。

イ　最澄は高野山に金剛峰寺を建てて、真言宗を広めた。

ウ　藤原氏が摂政・関白につく政治が藤原道長・頼通父子の時に全盛期をむかえた。

エ　平安時代に禅宗が広まり、貴族たちは書院造の屋敷を建てた。

問６　下線部(F)に関して、承久の乱が起こり北条氏が後鳥羽上皇をたおすと、鎌倉幕府は朝廷を監視する機関をあらたに京都に置いた。その機関を**漢字**で答えなさい。

問７　下線部(G)に関して、室町時代につくられた建物として正しいものを、次の**ア**～**エ**から１つ選び、記号で答えなさい。

ア

イ

ウ

エ

問８　下線部(H)に関して、豊臣秀吉は天下を統一して戦国時代を終わらせた人物である。戦国時代にヨーロッパから鉄砲（てっぽう）が伝わったことは、戦国大名たちにどのような変化をもたらしたか。次の２つの語句を必ず用いて、40字程度で説明しなさい。

【　戦法　・築城　】

問9　下線部(I)に関して、財政難に苦しむ江戸幕府は参勤交代の江戸にいる期間を短縮するかわりに、大名へ米を上納させる上米の制を実施した。この制度を実施した将軍を**漢字**で答えなさい。

問10　下線部(J)に関して、次の**ア**～**エ**のうち、沖縄について述べた文として**まちがっているもの**を1つ選び、記号で答えなさい。

ア　1429年に尚巴志が琉球王国をつくり、中継貿易で繁栄した。
イ　琉球王国は江戸時代に松前藩が征服して、琉球使節が松前藩に派遣された。
ウ　1945年4月、アメリカ軍が沖縄本島に上陸して激戦となり、多くの県民が犠牲となった。
エ　太平洋戦争後にアメリカの統治下に置かれていた沖縄は、1972年に日本復帰が実現した。

問11　下線部(K)に関して、震災は人々の生活基盤(きばん)に大きな被害を与(あた)え、その復興は「人間らしく生きる」権利を守るために不可欠である。次の日本国憲法の条文中の［ X ］・［ Y ］にあてはまる語句を、それぞれ**漢字**で答えなさい。

> 第25条　すべて国民は、［ X ］で［ Y ］的な最低限度の生活を営む権利を有する。
> ②　国は、すべての生活部面について、社会福祉(ふくし)、社会保障及(およ)び公衆衛生の向上及び増進に努めなければならない。

【理　科】〈2月1日午前試験〉（社会と合わせて40分）〈満点：50点〉

【注意事項】定規・分度器・コンパスは使わないでください。

1 エナメル線を巻いてコイルを作り、中に太い鉄の棒を入れたところ、棒が磁石のように鉄でできた小さなくぎを引きつけるようになりました。あとの各問いに答えなさい。なお、エナメル線の抵抗（ていこう）は無視できるとします。

まず、図1，2の装置を用いて、巻き数が同じコイルに流す電流の大きさを変えたときに鉄の棒がくぎを引きつける強さが変わるかを調べました。

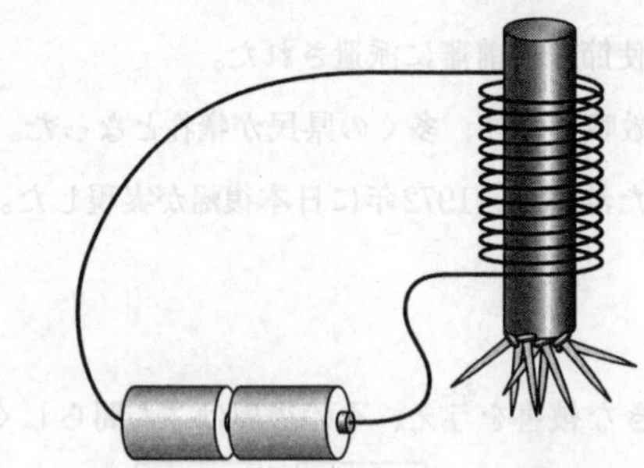

図1　電池を直列につないだ装置

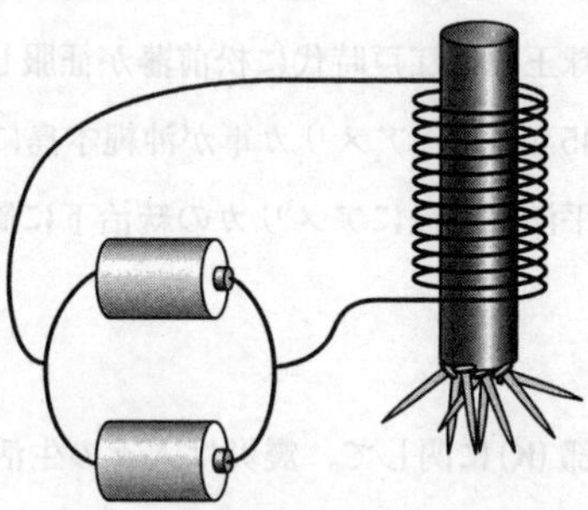

図2　電池を並列につないだ装置

問1　図1，2のコイルに流れる電流の大きさについて書かれた文章のうち、最も適当なものを、次のア～ウの中から一つ選び、記号で答えなさい。

ア　電池を直列につないだコイル（図1）に流れる電流の方が大きい。
イ　どちらも同じ大きさの電流が流れる。
ウ　電池を並列につないだコイル（図2）に流れる電流の方が大きい。

問2　図1，2の鉄の棒が引きつけるくぎの本数について書かれた文章のうち、最も適当なものを、次のア～ウの中から一つ選び、記号で答えなさい。

ア　電池を直列につないだ鉄の棒（図1）の方が多くのくぎを引きつける。
イ　どちらも同じくらいのくぎを引きつける。
ウ　電池を並列につないだ鉄の棒（図2）の方が多くのくぎを引きつける。

次に、図3の装置を用いて、コイルの巻き数を変えたときに鉄の棒がくぎを引きつける強さが変わるかを調べました。

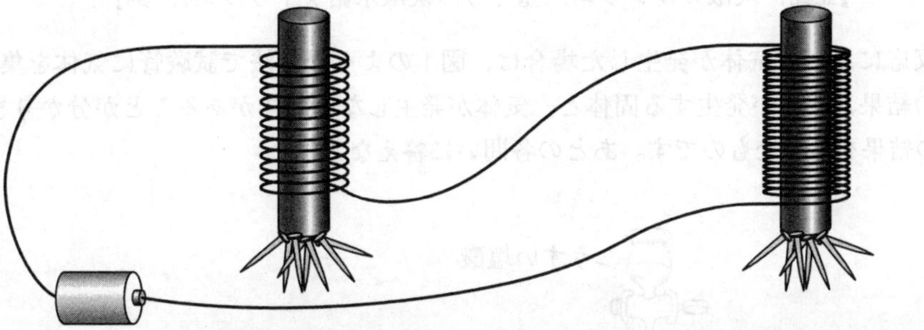

図3　50回巻きのコイルと100回巻きのコイルを直列につないだ装置

問3　図3のコイルに流れる電流の大きさについて書かれた文章のうち、最も適当なものを、次のア～ウの中から一つ選び、記号で答えなさい。

ア　50回巻きのコイルに流れる電流の方が大きい。
イ　どちらも同じ大きさの電流が流れる。
ウ　100回巻きのコイルに流れる電流の方が大きい。

問4　図3の鉄の棒が引きつけるくぎの本数について書かれた文章のうち、最も適当なものを、次のア～ウの中から一つ選び、記号で答えなさい。

ア　50回巻きのコイルの鉄の棒の方が多くのくぎを引きつける。
イ　どちらも同じくらいのくぎを引きつける。
ウ　100回巻きのコイルの鉄の棒の方が多くのくぎを引きつける。

問5　コイルの中の鉄の棒を他の金属でできた同じ太さの棒に変えて、金属の棒がくぎを引きつけるかを確かめました。くぎが引きつけられなかった金属はどれですか。適当なものを、次のア～エの中からすべて選び、記号で答えなさい。また、その金属を選んだ理由を答えなさい。

ア　ニッケル　　イ　銅　　ウ　アルミニウム　　エ　コバルト

2 図1のような装置を使い、4種類の固体A～Dを用いて、うすい塩酸と固体の反応の違い(ちが)を調べました。用いた固体A～Dはそれぞれ次のいずれかです。

【亜鉛(あえん)，炭酸カルシウム，重そう（炭酸水素ナトリウム），銅】

また、反応によって気体が発生した場合は、図1のような方法で試験管に気体を集めました。実験の結果、気体が発生する固体と、気体が発生しない固体があることが分かりました。表1はその結果を示したものです。あとの各問いに答えなさい。

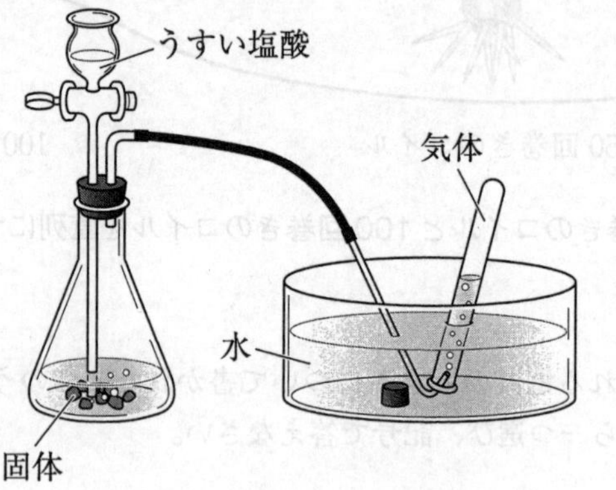

図1

表1

固体の種類	固体A	固体B	固体C	固体D
気体の種類	気体X	発生なし	気体Y	気体X

問1　図1のような気体の集め方を何といいますか。

問2　固体Bと気体Yはそれぞれ何ですか。

問3　気体Xの性質として正しいものを、次のア～オの中からすべて選び、記号で答えなさい。

ア　気体Xには、鼻をさすような特有のにおいがある。
イ　私たちの生活している温度や圧力では、固体状態のXは昇華(しょうか)してしまう。
ウ　気体Xは、水酸化ナトリウム水よう液に吸収されやすい。
エ　気体Xの水よう液に赤色リトマス紙をつけると、青色に変化する。
オ　気体Xに火のついた線香を近づけると、音を立てて燃える。

問４　固体Ａを加熱すると、気体が発生しました。この気体を水よう液Ｚに通すと、固体Ｄが生じて水よう液Ｚが白くにごりました。固体Ａと水よう液Ｚの組み合わせとして正しいものを、次のア～カの中から一つ選び、記号で答えなさい。

	固体Ａ	水よう液Ｚ
ア	炭酸カルシウム	食塩水
イ	炭酸カルシウム	砂糖水
ウ	炭酸カルシウム	石灰水
エ	重そう（炭酸水素ナトリウム）	食塩水
オ	重そう（炭酸水素ナトリウム）	砂糖水
カ	重そう（炭酸水素ナトリウム）	石灰水

3 図1は、ヒトの呼吸器官を示したものです。これについて、あとの各問いに答えなさい。

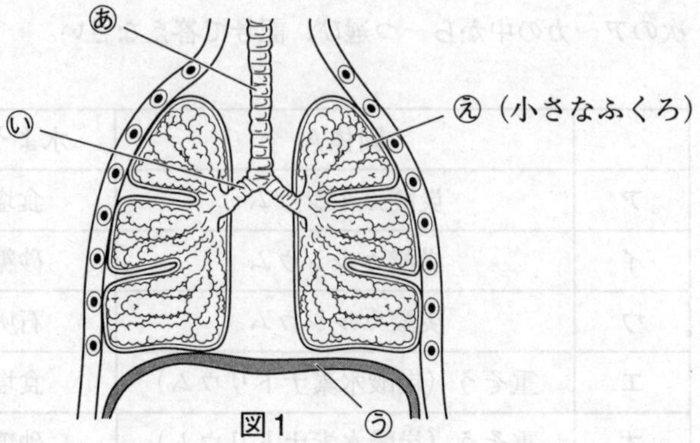

図1

問1 図1のあ～えをそれぞれ何といいますか。なお、えは小さなふくろを示しています。

問2 息をすうとき、うと胸の容積はどのようになりますか。最も適当なものを、次のア～エの中から一つ選び、記号で答えなさい。

ア うがのびて上がると、胸の容積が小さくなり肺に空気が入る。
イ うがのびて下がると、胸の容積が大きくなり肺に空気が入る。
ウ うが縮んで上がると、胸の容積が小さくなり肺に空気が入る。
エ うが縮んで下がると、胸の容積が大きくなり肺に空気が入る。

問3 すう息とはく息を比べたとき、はく息の方が多くなっている成分を二つ答えなさい。

問4 魚は口から取りこんだ水にふくまれている酸素を呼吸器官で体内に取りこんでいます。これについて、次の各問いに答えなさい。

(1) 魚の呼吸器官を何といいますか。

(2) 魚が陸上で呼吸できない理由について説明した次の文章の空らんに入る文を答えなさい。

口から水を取りこめず酸素を体内へ取りこめないのと同時に、水がないため水にとけやすい［　　　　　　　　　　］から。

問5 生物は体内に酸素を取り入れて呼吸を行っていますが、酸素を取り入れることで生きるために必要な何を得ていますか。得ているものの名前を答えなさい。

4 右の図１は地震の発生した地点（×の地点）と観測した地点（●の地点）を表した断面図です。次の各問いに答えなさい。

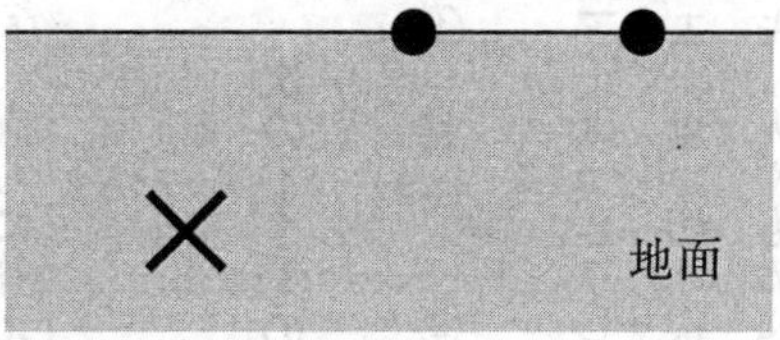

図１

問１　地震の発生した地点の呼び方を答えなさい。なお、ひらがなで答えてもよいものとします。

地震は最初に小刻みなゆれを感じ、次に大きなゆれを感じます。これは地震が発生したときに違う種類の地震波が伝わるためです。最初のゆれはＰ波、あとのゆれはＳ波が伝わっています。

問２　地震の発生した地点からＡ市まで30km離れています。Ｐ波がＡ市に伝わるまでに６秒かかりました。Ｐ波の速度は秒速何kmか答えなさい。

問３　Ｂ市は地震の発生した地点から60km離れています。Ｐ波が伝わってからＳ波が伝わるまでの時間は何秒か答えなさい。ただし、Ｓ波の伝わる速さは秒速３kmとします。

問４　Ａ市とＢ市ではＰ波が伝わってからＳ波が伝わるまでの時間はどちらが長いですか。最も適当なものを、次のア～ウの中から一つ選び、記号で答えなさい。

ア　Ａ市
イ　Ｂ市
ウ　同じ

問５　Ｃ市ではＰ波が伝わってからＳ波が伝わるまでの時間は12秒でした。Ｃ市の地震が発生した地点からの距離は何kmか答えなさい。

問６　Ｐ波が伝わってからＳ波が伝わるまでの時間から、Ｓ波による大きなゆれの前にスマートフォンやテレビで大きなゆれが来ることを伝える情報が出ることがあります。このような情報を何というか答えなさい。なお、ひらがなで答えてもよいものとします。

三

次の①〜⑤の傍(ぼう)線部のカタカナを漢字で答えなさい。

① 薬でイチョウをととのえる。
② 記録をエイゾウに残す。
③ 人工エイセイを飛ばす。
④ オウチャクな態度をとる。
⑤ キビしい指導を受ける。

四

次の①〜⑤の傍線部の漢字の読み方をひらがなで答えなさい。

① 看過できない。
② 郷里に帰る。
③ 点呼をとる。
④ 健康な子を育む。
⑤ 直ちに答える。

五

次の①〜⑤の漢字が表す意味を、後のア〜コの中から二つずつ選び、記号で答えなさい。

① 覚　② 額　③ 箇　④ 品　⑤ 果

ア はっきりした状態に戻(もど)る。
イ かねの数量。
ウ 商売の対象となるもの。
エ 思い切りよくする。
オ 記憶(きおく)する。
カ 手紙。
キ 人やものにそなわっている値打ち。
ク たやすい。
ケ 書画などを入れ、壁(かべ)などに掲(かか)げておくもの。
コ 食用になる木や草の実。

問七　本文に関する説明のうち、最も適当なものを次の中から**二つ**選び、記号で答えなさい。

ア　ハルは哲じいの前では冷静で自分の感情をコントロールしているが、自分が苦手だと思っている両親の前では思ったことがすぐに言葉に出てしまうといった幼さが描(えが)かれている。

イ　ハルの父親はハルの母親とは異なり、すぐにハルのお願いを拒絶(きょぜつ)するのではなく、聞こうとする姿勢を見せており、少なからずハルにとって信頼できる人物として描かれている。

ウ　本文において「　」（カギカッコ）を使用したハルの台詞(せりふ)は一か所しかないが、それによってハルが最もかしこまって話した台詞だということを分かりやすく描く効果がある。

エ　ハルの母親はハルの父親と対照的な描かれ方をしているが、それは本文がハルの一人称(しょう)の視点で描かれているためにそう見えるだけであり、実際は二人ともよく似た性格の人物だと言える。

オ　ロケットを制作することがどれだけ重要なものかについてはハルの心情を通して分かるようになっており、大人たちへは言葉に出さないもののその情熱が伝わっていることが描かれている。

カ　哲じいは冗談(じょうだん)を交えながらも、突然(とつぜん)のお願いを拒絶することなくハルと向き合い、ハルにとってより良い方向を示そうとしてくれる人物として描かれている。

問三　傍線部③「少しだけ目頭が熱くなりかけた」とありますが、ここからハルのどのような心情が読み取れますか。最も適当なものを次の中から選び、記号で答えなさい。

ア　自分は真面目に話しているのに、からかうような態度で話されていることに悔(くや)しさを覚えている。

イ　哲じいが自分のことを大切に思い、理解してくれているということを実感し、嬉しく思っている。

ウ　真剣(しんけん)に気持ちを伝えた結果、哲じいが交渉(こうしょう)に応じてくれたことに安心して泣きそうになっている。

エ　哲じいはこれまでの大人とは違って全て自分の言うとおりにしてくれると分かり、嬉しく思ってる。

問四　傍線部④「なんとも愉快そうな表情」とありますが、なぜ哲じいはこのような表情を浮かべているのですか。五十字以内で答えなさい。

問五　傍線部⑤「おれの心は自分でも驚くほどに急激に冷えていく」とありますが、ハルはなぜそう感じたのですか。七十字以内で答えなさい。

問六　傍線部⑥「そんなこと」とありますが、それはどのようなことですか。最も適当なものを次の中から選び、記号で答えなさい。

ア　母親の発言に対してすぐに感情的になってしまうこと。

イ　母親に対する父親の寛容さにいら立ってしまうこと。

ウ　両親からお金を借りたいあまりに焦(あせ)ってしまうこと。

エ　自分には両親を説得できるはずがないと諦(あきら)めてしまうこと。

何故、いまおれは三十万という金を必要としているか。
それはもちろん、風船ロケット三号を作るためではあるけれど、でもそれは手段であって目的ではない。
それではその目的とは何なのかと言えば……そう、結局おれは、伝えたいのだろう。
どうしても。
鳴沢に伝えたいことが、あるのだ。

（八重野統摩『ペンギンは空を見上げる』一部改変）

問一 傍線部①「意識して、おれは申し訳なさそうな顔をしない」とありますが、それはなぜですか。最も適当なものを次の中から選び、記号で答えなさい。

ア 申し訳なさそうな顔をしてしまうと哲じいに良くない印象を与えてしまい、お金を借りられなくなってしまうかもしれないから。
イ 自分がどれだけ馬鹿げたお願いをしているのか思い知らされたが、借りたお金は絶対に返すという自信があるから。
ウ 思ってもいないのにうわべだけ申し訳なさそうな顔をしたとしても、哲じいには見透かされると分かっているから。
エ 自分にも譲れない信念があってお願いに来ており、申し訳なさそうな顔をすることでごまかしたくないから。

問二 傍線部②「驚愕のあまりなんと返すこともできないでいる」とありますが、ハルは何に驚いたのですか。最も適当なものを次の中から選び、記号で答えなさい。

ア これまでの自分の行動のせいで信用されていないと思っていたのに、哲じいが自分のことを高く評価してくれていたこと。
イ お願いしたのはあまりに大金であるため貸してもらえるはずがないと思っていたのに、哲じいが貸してくれると言ってくれたこと。
ウ 子どもの言うことなど信用できないという考え方は当然だと思っていたのに、自分のことだけは信用すると哲じいが発言したこと。
エ 急に今までにしたことのないようなお願いをしたので驚かれると思っていたのに、哲じいが冷静に話を聞いてくれたこと。

瞬間、母さんの眉間に深いしわが刻まれる。そのすぐ隣で、父さんもわずかに驚いたような顔をしながら、
「一体、どのくらい必要なんだい？」
尋ねられ、おれは思わず視線を伏せる。
しかし、そうしたところで用件が伝えやすくなるわけでもない。おれは猛烈な反対を食らうことを承知ですぐに顔を上げ、やはりストレートに返した。
「十五万」
「――なっ」
直後、目の前の母さんの顔が、目に見えて赤くなる。そして、
「そんな大金、出せるわけないでしょう！」
予想通り、反射的に遮断されてしまう。
そんなふうに、すぐさま感情的になる母さんを前にして、⑤おれの心は自分でも驚くほどに急激に冷えていく。
……ほらね。
無理なんだよ、哲じい。
せめてさ、否定する前に理由くらい訊いて欲しいもんだ。
おれだって、新しいゲーム機が欲しくてこんなことを話してるわけじゃないんだから。そのくらいどうして理解してもらえないのかな？
などと、捨て鉢になっているおれの心を透かし見るように、
「ハル」
父さんはおれの名前を呼び、どこか諭すような表情で、
「人に何かものを頼むとき、そんなふうな顔をしていてはいけないね」
次いで、左隣に座る母さんのほうを向いて、穏やかな声音で言う。
「母さんも、落ち着いて。そんなふうに頭ごなしに感情的になるのはよくないな。何よりもまずは、理由を聞こうじゃないか」
そう言われた母さんは、父さんを見て、斜向かいに座るおれにも視線を向けて、
「……そうね。まずは、理由を聞いてからよね」
不承不承という感じではあるものの、そう言って頷いた。
父さんの態度が寛容的なせいで、そんな母さんの発言にすら思わず腹が立ってしまいそうになるが、⑥そんなことではいけないとおれは自分に言い聞かせる。父さんの言う通りだ。お願いするときは、まずは自分が素直にならないと。
そのまま十秒ほど目を閉じて、目の前の二人に伝えるべき言葉を慎重に選ぶ。

訊けば、哲じいはにやりと口の片端を上げて、

「普通に十五万を稼ぐのに比べたら、それこそ屁でもない」

その④なんとも愉快そうな表情のまま、告げた。

「今からお前のパパとママに事情を説明して、同じように十五万もらってこい。そしたら残りの十五万を、俺が出してやる」

…………。

……簡単じゃない。

哲じい、それはあまりにも、全然、ちっとも簡単じゃないぞ。

十分後、居間。

時刻は夜九時半を回っている。

そこではすでに夕食も風呂も終えた父さんと母さんが、ソファに肩を並べてバラエティ番組を見ていた。この人達は、大した興味もない番組をだらだらと見るのが好きなんだ。

おれは深呼吸をひとつしてから、そんな二人の視界の端に入るように近づいて、相談したいことがあると持ちかけた。

「なに、どうしたの？」

おれの様子が普段とは大きく違っていたからだろう。母さんはこちらを見るなり、なんとも不安そうな表情を見せるのだから、堪らない。

「そんな改まって……何か、悪いことでもしたの？」

別に悪いことをするつもりはない。ただ、良いことだとも言えないだろう。

目に見えて表情を曇らせている母さんの横で、父さんはリモコンに手を伸ばしてテレビを消すと、ソファから静かに立ち上がって、

「どうやら何か訳ありのようだし、そっちのテーブルでちゃんと聞こうか」

おれ達家族三人は、居間のダイニングテーブルに集まった。食事以外の理由で、家族でこのテーブルを囲んだのは一体どのくらいぶりだろうか。ちなみに、残念ながら哲じいはここにいない。何でも「俺が仲介に入ったら何の意味もない」のだそうだ。

「それで、どうしたの」

繰り返すように尋ねる母さんの顔には、いつの間にか警戒するような色がありありと浮かんでいて、おれにはそれが辛い。まあ、普段あまり話しかけてこない子どもが、こうも畏まって近づいてきたら、そういう対応になるのは無理ないのかもしれないけれど。

思わずささくれ立ちそうになる心を落ち着かせるべくまたひとつ深呼吸をしてから、その行為に何の意味もないと知りつつも乾いた唇を舐めて、切り出した。

単刀直入に、お金を貸して欲しい、と。

言ってから、ひとつ頷いて、

「条件次第では、半分の十五万なら貸して……いや、くれてやらんでもない」

……十五万！

そのあまりにも理解のある返答に思わず飛び上がりそうになるが、しかし十五万ではまだ足りないのだ。

それに、くれなくていい。貸してもらえるだけで構わない。小学生の言うことなんて信用ならないだろうけど、中学の間には必ず返す。それこそ新聞配達でもなんでもして、必ず。

そう伝えれば、哲じいは小さく頷いて、

「確かに、小学生の言うことなんぞ信用ならん。それどころか、中学生の言うことだって正直なところ信用ならんさ」

歯に衣着せることなく返してくる。

その言葉はあまりにも正論だ。それを理解しているがゆえに、口の奥でどうにもならない苦さを感じていると、哲じいは、

「だが俺はな、佐倉ハルという自分の孫のことは大いに信用しているんだ」

そんなふうに真顔で続けて、おれの目を丸くさせる。おれが②驚愕のあまりなんと返すこともできないでいるところに、哲じいはゆったりと言葉を繋ぐ。

「俺はなにも、お前を信用していないから金を貸さないわけではない。お前なら、貸した金は何があっても、多少の時間はかかるかもしれんが返すだろうさ」

それならどうして、とおれが尋ね返すよりも早く哲じいは、

「俺は、孫に借金をさせる爺にはなりたくない」

その言葉を前に、一瞬、呼吸ができなくなりそうだった。

「金は大事だ。考えようによっては、あえて大きな金を貸すことでその大事さをわからせることもできるだろう。だがお前は賢い子だ。俺が今まで見てきたどんな子どもよりも、お前は賢い。俺はな、そんなお前が金の大事さを理解していない子どもだとは思っていない。そんなふうに育てたつもりもねえしな。そして、お前がいま金を必要としている理由も、間違っていない。ならお前に金を貸す必要は、少なくとも俺の中にはねえんだよ。金を棺桶に入れても仕方がないからな」

まあ、焚き付けくらいにはなるかもしれんがな、などと最後に言い添えながら哲じいは口の片端を引き上げるようにして笑う。そんな皮肉っぽい哲じいの笑みを前にして、おれは情けなくも③少しだけ目頭が熱くなりかけた。

おれは眼球に浮かびかけた熱を引っ込めるためにひとつ大きく深呼吸をしてから、目の前の哲じいに改めて尋ねる。哲じいの言うところの条件次第というのが、果たして何であるかを。

「なあに、簡単なことだ」

二　次の文章を読んで、あとの問いに答えなさい。

宇宙が好きで、自作のロケットを飛ばすことが趣味の中学生「ハル」は、転校生の鳴沢にロケットの打ち上げを通じて伝えたいことがあるために、制作資金の三十万円を祖父である「哲じい」に借りようとしている。

それから、十分ほどかけて。
おれは哲じいに、それこそありとあらゆる事情を説明した。
最初、三十万という額を伝えた瞬間は、そのあまりの常識知らずの桁に哲じいもひょっとこみたいな顔をしていたものの、全ての説明を終えたあとは、
「なるほどな」
と、一方的に否定するようなことはしないで、まずはひとつ大きく頷いた。
「ハル。お前の考え、全くもってわかりかねるとは言わない。しかしな、だからといっておいそれと三十万は渡せねえ」
毅然とした態度でそう返し、哲じいはひどく真面目な顔で続ける。
「三十万ってのは、本当にとんでもない大金だ。シャツ一枚、業者に洗いを頼んで、俺がアイロンをかけて、それで一体どのくらいの利益が出るかくらい、お前だって大体はわかるだろう?」
わかる。
それはもちろん、わかっている。
哲じいが言うように、店で一番安い価格設定である一枚二百三十円のワイシャツにアイロンをかけて、うちに入る純粋な利益というのはそれこそ百円程度だ。もし仮に百円と計算しても、三十万円を稼ぐのに哲じいは三千枚のシャツにアイロンをかけなくてはいけない。
季節を問わず熱気に包まれるボイラー室でシャツにアイロンをかけ続けるという行為が、どれだけの重労働かは理解している。夏場であればそれこそ滝のように汗を流しながら、けれどその汗が布の上に落ちることがないよう常に細心の注意を払って、アイロンを滑らせ続ける哲じいの姿は、いつだって尊敬の対象だ。
その労力を考えると、おれがいまいかに馬鹿げたお願いをしているか、痛いくらいに身に染みる。
しかしだからといって、そうだよね馬鹿なこと言ってごめんなさいと大人しく引き下がることもできなかった。
①意識して、おれは申し訳なさそうな顔をしない。その行為には、何の意味もないことだから。そんなおれを前にしたまま、哲じいは思案するようにしばらくの間、口を結んであごをさすっていたのだが、
「そうさな」

問六　次の〈ノート〉は二重傍線部「『土足で踏み込む』～独特の意味をもちうる」についてまとめたものです。これを踏まえ、あとの(1)・(2)の問いに答えなさい。

〈ノート〉

問題提起

「土足で踏み込む」「土足で入ってくる」という表現はなぜ日本において「独特の意味をもちうる」のか？

① 日本には［　Ⅰ　］という文化がある

↓

② 日本に暮らす人々は家などのプライベート空間に土足のまま入ることに対する抵抗（ていこう）を覚えるようになる

↓

③ 「土足で踏み込む」「土足で入ってくる」という表現が「他人のプライバシーや事情を考慮せずに無遠慮に立ち入り、口出ししたり詮索したりする」という意味をもつものとして成り立つ

答え

「土足で踏み込む」「土足で入ってくる」を含め、［　Ⅱ　］から。

(1) 空欄［Ⅰ］にあてはまる言葉を本文中から十一字で抜（ぬ）き出しなさい。

(2) 空欄［Ⅱ］にあてはまる言葉を本文中の語句を使って五十字以内で書きなさい。

(注)※ 喧伝……世間に盛んに伝えること。

問一 空欄(らん) A ～ C にあてはまるものとして最も適当なものを次の中からそれぞれ選び、記号で答えなさい。

ア また　イ すなわち　ウ ところが　エ たとえば

問二 傍(ぼう)線部①「私たちが生活する世界は比喩的な表現に満ちている」とありますが、この例として適当でないものを次の中から選び、記号で答えなさい。

ア 二つの職業に就くことを「二足のわらじをはく」と表現する
イ 知り合いが多いことを「顔が広い」と表現する
ウ 物の表と裏を合わせた呼び方を「両面」と表現する
エ 悪事に関わらなくなることを「足を洗う」と表現する

問三 傍線部②「生ける文化遺産だと言える」とありますが、それはなぜですか。五十字以内で説明しなさい。

問四 空欄 ＊ にあてはまるものとして最も適当なものを次の中から選び、記号で答えなさい。

ア 不便　イ 不完全　ウ 不可逆　エ 不規則

問五 傍線部③「手こずる」に最も近い意味をもつ語句を次の中から選び、記号で答えなさい。

ア 手間取る　イ 手をこまねく　ウ 手を染める　エ 手塩にかける

う文化のうちで生活しているという、普段は気にも留めない事実を意識する機会になった。考えてみれば当たり前のことだが、たとえば「土足で踏み込む」とか「土足で入ってくる」といった表現は、家などのプライベートスペースに土足のまま入ることに対して強い拒否反応を示す文化内でのみ、独特の意味をもちうる。［C］、他人のプライバシーや繊細な事情などを考慮せず、そこに無遠慮に立ち入って口を出したり詮索したりする、という意味である。

日本語であれ何であれ、自然言語の言葉を話すというのは生活形式（生活のかたち）の一部である、という点は先にも説明した。「土足で踏み込む」という言葉ひとつとっても、そこには、日本語圏の人々が長年どのように生活し、どのような文化をかたちづくってきたか、ということが背景にある。自然言語の言葉を深く知ることは、多くの場合、当該の言語が根を張ってきた文化のことを深く知ることでもあるのだ。その点で、個々の自然言語は、それぞれの歴史に培われた（おそらく最も巨大で複雑な）文化遺産という側面をもっている。しかも、それらは今現在も使われ、絶えず変容を続けているという意味で、②生ける文化遺産だと言えるのである。

文化の形成には、人間共通の能力や特性といったもののほかに、個々の地域の地理的な条件や偶発的な出来事等々、実に多様な要素が与っている。たとえば、日本語におけるものの個数や呼び方と日数の数え方とを比べてみると、それぞれ

「ひとつ」、「ふたつ」、「みっつ」、「よっつ」、「いつつ」、「むっつ」、「ななつ」、「やっつ」、「ここのつ」、「とう」

「ついたち」、「ふつか」、「みっか」、「よっか」、「いつか」、「むいか」、「なのか」、「ようか」、「ここのか」、「とうか」

という風に、共通している箇所とそうでない箇所が見出せる。なぜ「一日」は「ひとか」ではなく「ついたち」なのか、なぜ「六日」は「むっか」ではなく「むいか」なのか等々のことには、それぞれ、人間が発音しやすい音の特徴や、日本語の音便（連音変化）の経緯、語源に遡る言葉の長い歴史といった、多様で複雑な背景が存在する。たとえば、「ついたち」は元々は月のはじめ頃を指す「月立ち」であり、それが連音変化したかたちだという（角川古語大辞典）。

ものの数え方のこうした［＊］性は、日本語の言葉を子どもに（あるいは外国人などに）教える際に皆が③手こずることのひとつだが、それは数え方の単位も同様だ。なぜ、リスやハムスターは「一匹、二匹」と数えるのに、ウサギは「一羽、二羽」と数えることがあるのか。烏賊はなぜ「一杯」なのか。豆腐はなぜ「一丁」なのか。なぜ、「パンツ一枚！」ではなく「パンツ一丁！」なのか、等々。——こうした疑問にはすべて一定の説明（あるいは、諸説）を与えることができるが、そのためには日本語圏の文化の歴史に、場合によっては相当深く分け入っていかなければならない。

言葉は、文化のなかに根を張り、生活のなかで用いられることで、はじめて意味をもつ。言葉について考えることは、それが息づく生活について考えることでもある。

（古田徹也『いつもの言葉を哲学する』一部改変）

2024年度 宝仙学園中学校共学部理数インター

【国　語】〈二月一日午前試験〉（四〇分）〈満点：一〇〇点〉

【注意事項】設問に字数制限がある場合には、句読点・記号も字数に数えます。

一　次の文章を読んで、あとの問いに答えなさい。

とある地方の道の駅でトイレを探していた際のことだ。「お手洗い場」という看板を見つけ、早速行ってみると、そこには洗面台しかなかった。つまり、文字通り、手を洗う場所だったわけだ。

①私たちが生活する世界は比喩的な表現に満ちている。「お手洗い」は普通、手を洗うことが主目的の場所ではない。（さらに言えば、公衆トイレの「洗面台」で実際に顔を洗っている人もまず見かけない。）［A］、「はらわたが煮えくりかえっている」ときも本当にはらわたが煮えているわけではないし、「断腸の思いでいる」ときも、本当に腸が断ち切れているわけではない。

そして、比喩的な表現は多くの場合、個別の習慣や生活形式（生活のかたち）、文化といったものと深く結びついている。［B］、「成金」、「高飛車」、「駄目」、「一目置く」といった表現は、将棋や囲碁というゲームが生活に根差した文化以外では生まれえないものだ。また、「ガチャ」が比喩として成り立つのも、街中にガチャガチャ（ガチャポン）が設置されているという状況や、多くの人がスマホのゲームで「ガチャ」を回しているという状況があってのことだし、「お手洗い」も、トイレの後に手を洗う習慣が存在しなければ、トイレやそこで用を足すことを指す言葉にはならなかっただろう。

昨今の新型コロナ禍において、この点を私があらためて実感したのは、「土足」に関してである。

世界がパンデミックの様相を呈し始めた頃、欧米と比べて日本の感染者数が比較的低く抑えられている要因がさまざまに推測されていた。そのひとつとしてよく挙がっていたのは、〈日本をはじめとする特定の国や地域では、家に入るときに靴を脱ぐ文化がある〉というものだ。そのような文化の方が、外で履いていた靴でそのまま家中を歩き回ったりベッドに寝転がったりする文化よりも、部屋のなかが清潔に保たれ、ウイルスの飛散や付着の危険性も低下するのではないか、というわけだ。

この憶測が——本当に妥当なものかどうかはともかくとして——盛んに※喧伝されたことは、私自身にとっては、自分が〈住居内は土足禁止〉とい

2024年度
宝仙学園中学校共学部理数インター ▶解説と解答

算数 ＜2月1日午前試験＞（40分）＜満点：100点＞

解答

[1] (1) 51　(2) 4　(3) 1.5　(4) 6072　(5) 30　(6) 5.5　[2] (1) 2　(2) 160度　(3) 70個　(4) 38歳　(5) 39人　(6) 360m　(7) 2500円　(8) 288人　(9) 102 g　[3] (1) 36cm^2　(2) 41.04cm^2　(3) 1.68cm^2

解説

[1] 四則計算，比の性質，計算のくふう，逆算

(1) $9\times6-42\div(46-8\times4)=54-42\div(46-32)=54-42\div14=54-3=51$

(2) $3.5:4\frac{2}{3}=\frac{7}{2}:\frac{14}{3}=\frac{21}{6}:\frac{28}{6}=21:28=3:4$ だから，□＝4となる。

(3) $1.68-(1.7-0.4)\div2.5+0.34=1.68-1.3\div2.5+0.34=1.68-0.52+0.34=1.16+0.34=1.5$

(4) $2024000\times\frac{1}{125}-20240\times\frac{1}{10}-202400\times\frac{1}{25}=2024\times\frac{1000}{125}-2024\times\frac{10}{10}-2024\times\frac{100}{25}=2024\times8-2024\times1-2024\times4$ となる。ここで，$A\times B+A\times C=A\times(B+C)$ となることを利用すると，$2024\times8-2024\times1-2024\times4=2024\times(8-1-4)=2024\times3=6072$ となる。

(5) $6\frac{1}{4}\div\left\{2\frac{1}{2}\times\left(\frac{5}{6}-\frac{1}{2}\right)-\frac{5}{8}\right\}=\frac{25}{4}\div\left\{\frac{5}{2}\times\left(\frac{5}{6}-\frac{3}{6}\right)-\frac{5}{8}\right\}=\frac{25}{4}\div\left(\frac{5}{2}\times\frac{2}{6}-\frac{5}{8}\right)=\frac{25}{4}\div\left(\frac{5}{6}-\frac{5}{8}\right)=\frac{25}{4}\div\left(\frac{20}{24}-\frac{15}{24}\right)=\frac{25}{4}\div\frac{5}{24}=\frac{25}{4}\times\frac{24}{5}=30$

(6) $7\frac{1}{6}-(5.8-□)\div\frac{3}{5}=6\frac{2}{3}$ より，$(5.8-□)\div\frac{3}{5}=7\frac{1}{6}-6\frac{2}{3}=7\frac{1}{6}-6\frac{4}{6}=6\frac{7}{6}-6\frac{4}{6}=\frac{3}{6}=\frac{1}{2}$，$5.8-□=\frac{1}{2}\times\frac{3}{5}=\frac{3}{10}$　よって，$□=5.8-\frac{3}{10}=5.8-0.3=5.5$

[2] 分数の性質，面積，倍数算，年齢算，過不足算，速さと比，消去算，集まり，濃度

(1) $\frac{2}{5}<\frac{□}{40}<\frac{5}{8}$ の□にあてはまる数を考える。分母を40にそろえると，$\frac{16}{40}<\frac{□}{40}<\frac{25}{40}$ となり，このうち約分できないのは，□が{17，19，21，23}のときである。よって，このような分数をすべてたすと，$\frac{17}{40}+\frac{19}{40}+\frac{21}{40}+\frac{23}{40}=\frac{80}{40}=2$ となる。

(2) 半径が4cmの円の面積は，$4\times4\times$(円周率)$=16\times$(円周率)(cm^2)である。よって，半径が6cmのおうぎ形の中心角を□度とすると，$6\times6\times$(円周率)$\times\frac{□}{360}=16\times$(円周率)と表すことができる。したがって，$36\times\frac{□}{360}=16$，$\frac{□}{10}=16$ より，$□=16\times10=160$(度)とわかる。

(3) この操作をくり返すと，白玉の個数と赤玉の個数は1：2の割合で増える。そこで，増えた白玉の個数を①，増えた赤玉の個数を②とすると，右の図1のように表すことができる。図1で，②にあたる個数と[4]にあたる個数が等しいから，①と，[4]÷2＝[2]が等しくなる。すると，[3]－[2]＝[1]にあたる個数が10個とわかる。よって，このとき箱に入っている個数の合計は，[3]＋[4]＝[7]にあたる，$10\times7=70$(個)と求められる。

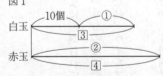

図1

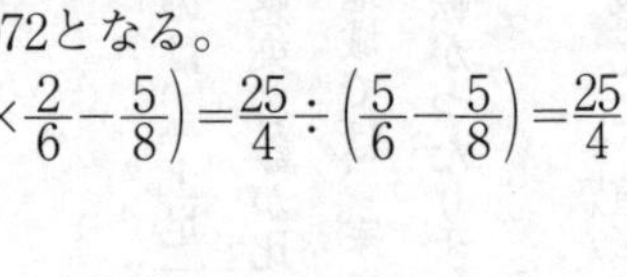

(4) 9年前の父，母，兄の年齢の合計が64歳だから，この3人の現在の年齢の合計は，$64+9\times3$

＝91(歳)とわかる。よって，現在の弟の年齢を①とすると，右の図２のように表すことができる。図２で，母の年齢を２歳増やし，兄の年齢を５歳減らすと，父，母，兄の年齢の合計は，91＋２－５＝88(歳)になる。これが，⑤＋⑤＋①＝⑪にあたるので，①にあたる年齢は，88÷11＝８(歳)と求められる。よって，現在の父の年齢は，８×５＝40(歳)だから，現在の母の年齢は，40－２＝38(歳)である。

図２

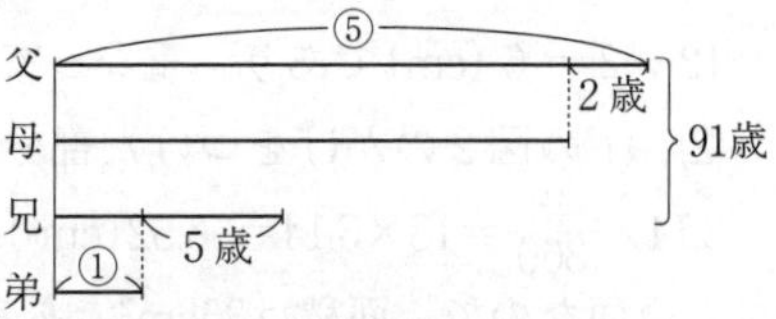

⑸　１つの長いすに６人ずつ座ると３人余り，１つの長いすに７人ずつ座るのに，７－４＝３(人)不足しているといえるので，１つの長いすに６人ずつ座るときと７人ずつ座るときの座れる人数の差は，３＋３＝６(人)とわかる。これは，７－６＝１(人)の差が長いすの数だけ集まったものだから，長いすの数は，６÷１＝６(脚)とわかる。したがって，生徒の人数は，６×６＋３＝39(人)である。

⑹　予定していた時間は，出発してから，1800÷60＝30(分後)なので，グラフに表すと右の図３のようになる。分速100mで進んだ時間(ウ)は，1800÷100＝18(分)だから，分速60mと分速120mで進んだ時間の合計(アとイの合計)は，30－18－３＝９(分)とわかる。また，分速60mと分速120mの比は，60：120＝１：２なので，アとイの比は，$\frac{1}{1}$：$\frac{1}{2}$＝２：１となる。この合計が９分だから，ア＝９×$\frac{2}{2+1}$＝６(分)とわかり，家から忘れ物に気づいた地点までの距離は，60×６＝360(m)と求められる。

図３

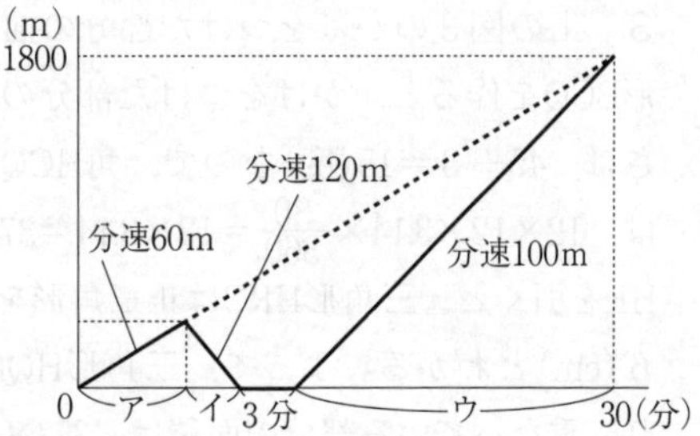

⑺　本の値段を①とすると，ぬいぐるみの値段は(②＋300)円と表すことができる。２人の支払う金額が同じだから，①＋1400＝②＋300となり，②－①＝①にあたる金額が，1400－300＝1100(円)になる。よって，ぬいぐるみの値段は，1100×２＋300＝2500(円)と求められる。

⑻　全体の人数を１とすると，下の図４のように表すことができる。図４で，太線部分の割合は，$1-\frac{1}{6}=\frac{5}{6}$だから，両方とも持ってきた生徒の割合は，$\frac{1}{2}+\frac{5}{12}-\frac{5}{6}=\frac{1}{12}$とわかる。これが24人なので，(全体の人数)×$\frac{1}{12}$＝24(人)より，全体の人数は，24÷$\frac{1}{12}$＝288(人)となる。

図４

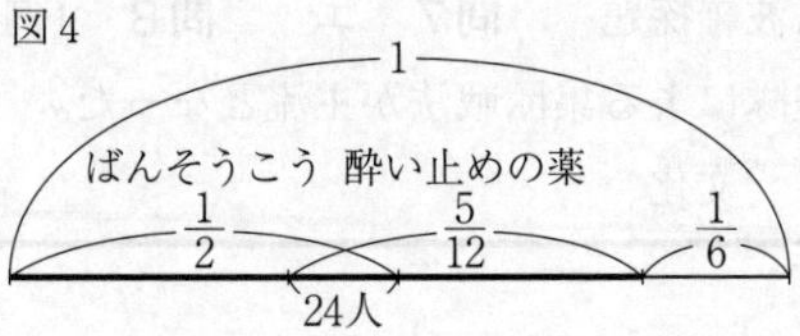

図５

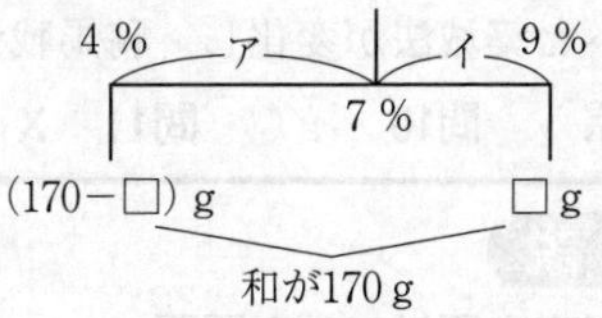

⑼　ＡとＢのそれぞれから取り出した食塩水の重さを□ｇとすると，容器Ａの食塩水のようすは上の図５のように表すことができる。図５で，ア：イ＝(７－４)：(９－７)＝３：２だから，混ぜた食塩水の重さの比は，$\frac{1}{3}$：$\frac{1}{2}$＝２：３とわかる。よって，この和が170ｇなので，□＝170×$\frac{3}{2+3}$＝102(ｇ)と求められる。

3　平面図形―図形の移動，面積

⑴　下の図１のかげをつけた部分の面積を求める。これは直角二等辺三角形だから，アの長さは，12÷２＝６(cm)であり，重なっている部分の面積は，12×６÷２＝36(cm²)とわかる。

⑵　下の図２のかげをつけた部分の面積を求める。はじめに，おうぎ形ABCの面積は，12×12×3.14×$\frac{45}{360}$＝18×3.14＝56.52(cm²)となる。また，三角形APCは図１のかげをつけた部分の三角形と合同なので，面積は36cm²である。よって，斜線(しゃせん)部分の面積は，56.52－36＝20.52(cm²)だから，重なっている部分の面積は，20.52×２＝41.04(cm²)と求められる。

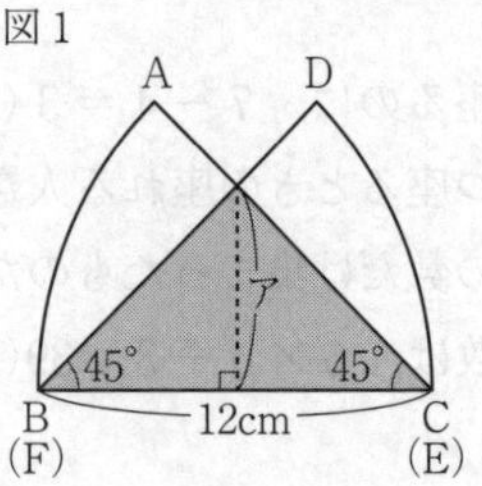

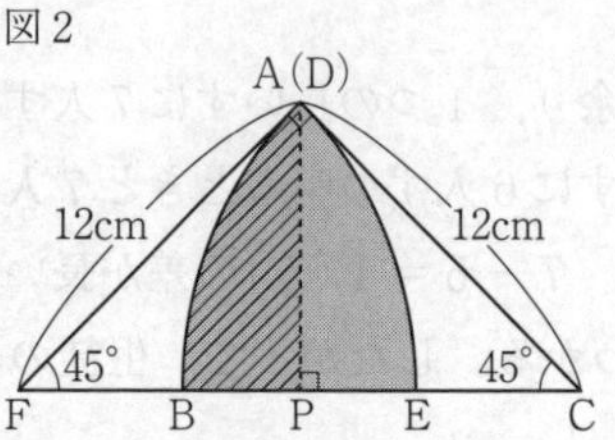

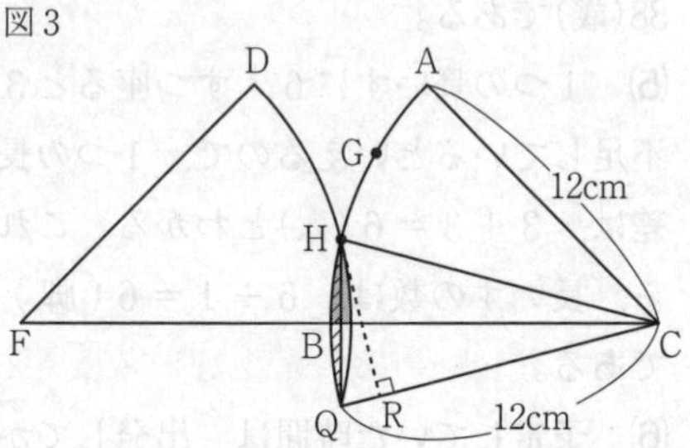

⑶　上の図３のかげをつけた部分の面積を求める。図３のように，おうぎ形BCHと合同なおうぎ形BCQを作ると，かげをつけた部分の面積は斜線部分の面積と等しくなる。また，角HCBの大きさは，45÷３＝15(度)なので，角HCQの大きさは，15×２＝30(度)となり，おうぎ形HCQの面積は，12×12×3.14×$\frac{30}{360}$＝12×3.14＝37.68(cm²)と求められる。また，点Ｈから線分QCに垂直な線HRを引くと，三角形HRCは正三角形を半分にした形の三角形になるから，HRの長さは，12÷２＝６(cm)とわかる。よって，三角形HQCの面積は，12×６÷２＝36(cm²)なので，斜線部分，つまり，重なっている部分の面積は，37.68－36＝1.68(cm²)と求められる。

社　会　＜２月１日午前試験＞（理科と合わせて40分）＜満点：50点＞

解　答

１　**問１**　イ　**問２**　(例)　上空の暖かい空気を地表面近くに送ることにより，茶畑に霜が降りるのを防ぐため。　**問３**　エ　**問４**　ア　**問５**　イ　**問６**　エ　**問７**　ふるさと納税　**問８**　ア　**問９**　ウ　**問10**　静岡　**問11**　津波　**２**　**問１**　イ　**問２**　エ　**問３**　ア　**問４**　ア　**問５**　ウ　**問６**　六波羅探題　**問７**　エ　**問８**　(例)　山城から平城へと築城法が変化し，騎馬戦から足軽鉄砲隊による集団戦法が主流となった。　**問９**　徳川吉宗　**問10**　イ　**問11**　**X**　健康　**Y**　文化

解　説

１　**自然災害を題材にした問題**

問１　ＸとＹが海上にあることから，両地点の標高は０ｍであることがわかる。また，ＸからＹに向かったとき，陸に上がってすぐに等高線が細かい間隔(かんかく)で複数本引かれていることから，Ｘ側の海岸付近は傾(かたむ)きが急になっていることが読み取れる。一方，Ｙの海岸付近には等高線が引かれていないので，しばらく平坦(へいたん)な低地が続く地形とわかる(イ…○)。

問２　茶の新芽は水分を多くふくんでいるので，新芽が出る春先に霜(しも)が降りると新芽が凍(こお)って枯(か)れ

てしまう。そのため，防霜ファンと呼ばれる大きな扇風機(ファン)を使って上空の暖かい空気を地表に送り，霜が降りないようにしている。

問３　冷却用の水が必要であるため，日本の原子力発電所は地盤の強固な海岸沿いにつくられている。東日本大震災の福島第一原子力発電所の事故以来，原子力発電所の多くは停止しており，稼働中の発電所は福井県の若狭湾沿岸に集中している(エ…○)。なお，北陸や内陸県に多いアは水力，火山が多い東北や九州の県が上位のイは地熱，臨海地域の県に多いウは火力発電を示している。

問４　アのドネルケバブは，肉を回転させながら焼き，外側からそぎ切りにするトルコの伝統的な料理である。近年は，日本でも屋台や移動販売などでよく見られるようになった。なお，イはベトナムのフォー(米からつくられた麺料理)，ウはメキシコのタコス(とうもろこしの粉を練って焼いた生地で野菜や肉を挟んだ料理)，エはイギリスを代表する料理の１つであるフィッシュ・アンド・チップスである。

問５　金鉱(2018年)は中国の産出量が世界一多く，世界全体の産出量の10％以上を占めている。また，オーストラリアとロシアがこれに続き，埋蔵量ではオーストラリアが中国を上回る(イ…○)。なお，アは鉄鉱石(2018年)，ウは銅鉱(2017年)，エは原油(2020年)の産出量を示している。

問６　多量の降水と豊かできれいな湧き水に恵まれた静岡県は，わさびの栽培に適している。伊豆半島や静岡市を中心に生産量は日本一多く，産出額では全国の70％以上を占めている。静岡県では約400年前に水わさび栽培が始まり，その後，写真にあるような畳石式と呼ばれるわさびの棚田が中伊豆で考案された。「静岡水わさびの伝統栽培」は，2018年に世界農業遺産に認定されている(エ…○)。

問７　ふるさと納税とは，2008年から総務省によって始められた寄附金税制の１つである。生まれ育ったふるさとや応援したい自治体を選び，その自治体に寄附を行うと，税金の還付や控除(差し引かれること)が受けられるというもので，都市と地方の格差是正や地方創生を目的に始められた。寄附金の使い道について，ふるさと納税を行った本人が選択できる自治体も，寄附に対して返礼品を送る自治体もある。

問８　半導体工場は，開発が進められる三大都市圏のほか，シリコンロードと呼ばれる東北地方やシリコンアイランドと呼ばれる九州地方に工場が多い(ア…○)。なお，愛知県や関東内陸部に工場が多いイは自動車，北海道や静岡県，愛媛県に工場が多いウは製紙，埼玉県と山口県に工場が多いエはセメントの工場分布を示している。

問９　ヒートアイランド現象とは，都市部の気温がその郊外の気温に比べて高くなる現象である。エルニーニョ現象はペルー沖の海水温が上昇する現象であり，エルニーニョ現象が起きると日本では夏の日照時間が少なくなり，気温が例年よりも下がる傾向がある。また，湿った空気が山を越えて反対側に吹き降ろすとき，風下側の地域にはフェーンと呼ばれる高温の乾燥した風が吹く。この風によって風下側の地域の気温が上昇することをフェーン現象という。夏は南東の季節風が山地や山脈を越えて吹き降ろすため，日本海側の地域でフェーン現象が起きて高温になる(ウ…○)。

問10　静岡県の浜松市は2020年に41.1℃を記録し，観測史上１位であった埼玉県熊谷市と最高気温が並んだ。浜松市は静岡県西部に位置する都市で，県内最多の人口を有する。また，静岡県東部の伊豆半島にあった土肥金山は，日本一の金山であった新潟県の佐渡金山に次ぐ生産量を誇った。

問11　津波避難タワーは，津波が発生した際に，高台や浸水域外の避難場所までの避難に時間を要する地域において，緊急的に一時避難をするために設けられた施設である。東日本大震災以降その数は増えており，特に南海トラフ地震の被害想定地域での建設が進められている。御前崎のある静岡県は津波避難タワーの設置数が全国１位で，次いで高知県，宮城県，和歌山県，三重県の順となっている(2021年)。

2　地震・噴火などの災害を題材にした各時代の歴史的ことがらについての問題

問１　外務大臣の陸奥宗光はイギリスとの交渉を進め，日清戦争開戦直前の1894年に領事裁判権(治外法権)の撤廃に成功した(イ…○)。なお，アは1931年(満州事変の始まり)，ウは1950年代後半から1960年代前半(家電製品の普及)，エは1940年(日独伊三国同盟の締結)の出来事である。

問２　青森県の三内丸山遺跡は，縄文時代を代表する大規模集落跡である。たくさんの竪穴住居跡や掘立柱建物跡のほか，土器や石器，骨角器などの道具が多数発見された。大人や子どもの墓も出てきているが，古墳は築かれていない。前方後円墳は，３～７世紀ごろの古墳時代を代表する古墳の形式である(Ⅰ…誤)。中尊寺金色堂は，平安時代後期に平泉を中心として東北地方全域を治めた奥州藤原氏初代の藤原清衡によって築かれた。坂上田村麻呂は平安時代初期に桓武天皇から征夷大将軍に任命され，蝦夷の討伐を行った人物である(Ⅱ…誤)。

問３　年代の古い順に並べ替えると，Ⅰ(富岡製糸場の操業－1872年)→Ⅱ(大日本帝国憲法の制定－1889年)→Ⅲ(日清戦争の講和条約である下関条約の締結－1895年)の順になる(ア…○)。

問４　538年(一説には552年)，欽明天皇のときに百済の聖明王から仏教の経典と仏像が送られたことが，仏教の日本への正式な伝来とされている。百済は４世紀ごろから７世紀にかけて朝鮮半島南西部にあった国である(ア…○)。なお，Ｙは新羅の位置を示している。

問５　平安時代は，794年の平安京遷都から鎌倉幕府が開かれるまでの約390年間の時代である。藤原氏は娘を天皇に嫁がせ，生まれた子どもを天皇にして，自らは摂政や関白の位に就いて政治を行った。これを摂関政治といい，11世紀初期の藤原道長・頼通父子のときに全盛期をむかえた(ウ…○)。なお，桓武天皇は794年に平安京をつくった。平城京は710年に元明天皇が奈良につくった都である(ア…×)。最澄は比叡山に延暦寺を建てて天台宗を広め，空海は高野山に金剛峯寺を建てて真言宗を広めた(イ…×)。禅宗が広まり，書院造が建物に取り入れられたのは室町時代のことである。平安時代には，寝殿造が貴族の邸宅に取り入れられた(エ…×)。

問６　1221年の承久の乱に勝利した鎌倉幕府は，倒幕を企てて兵を挙げた後鳥羽上皇を隠岐に流し，京都に六波羅探題を置いた。六波羅探題は，朝廷が再び反乱を起こすことがないように朝廷と西国の御家人を監視した。また，鎌倉幕府は上皇方についた公家や武士の所領を没収し，その土地を御恩として御家人に分配して地頭を置いたため，鎌倉幕府の勢力は西国にまでおよぶようになった。

問７　エは，室町幕府第３代将軍の足利義満が京都の北山に建てた鹿苑寺の金閣である。金閣は，室町時代前半の北山文化を代表する３層の建築物で，建物の内外に金箔が貼られている(エ…○)。なお，アは東大寺正倉院(奈良時代)，イは平等院鳳凰堂(平安時代)，ウは法隆寺(飛鳥時代)である。

問８　鉄砲は，1543年に現在の鹿児島県の種子島に漂着したポルトガル人によって日本に伝えられた。戦国時代の日本に鉄砲が伝わったことで，それまでの刀を持った兵による一騎打ちの騎馬戦ではなく，足軽鉄砲隊による集団戦法へと戦い方が変化した。また，築城方法も山城から，鉄砲での攻撃がしやすく物資の補給が容易な平城へと変化した。

問9　江戸幕府第８代将軍の徳川吉宗は，幕府の財政を立て直すため，大名には参勤交代の江戸滞在期間を半年に短縮する代わりに，石高１万石につき100石の米を納めさせる上米の制を実施した。また，新田開発を行って米を増産し，年貢率を四公六民から五公五民に引き上げた。徳川吉宗が幕政の立て直しのために行った改革を，享保の改革という。

問10　沖縄県はかつて琉球王国という独立国であったが，江戸時代に薩摩藩の侵攻を受けて，支配下に置かれることになった(イ…×)。なお，松前藩は蝦夷地(現在の北海道)に置かれ，アイヌとの交易を許されていた藩である。また，琉球使節は将軍の代替わりのときと，琉球王国で新しい国王が即位したときに琉球王が幕府へ派遣した。

問11　X，Y　日本国憲法第25条は，「すべて国民は，健康で文化的な最低限度の生活を営む権利を有する」とし，国民には生存権があること，また国家には国民の生活を保障する義務があることを定めている。

理　科　＜2月1日午前試験＞（社会と合わせて40分）＜満点：50点＞

解　答

1 **問1**　ア　**問2**　ア　**問3**　イ　**問4**　ウ　**問5**　**記号**…イ，ウ　**理由**…(例)　磁石に引きつけられない金属だから。
2 **問1**　水上置換法　**問2**　**固体B**…銅　**気体Y**…水素　**問3**　イ，ウ　**問4**　カ
3 **問1**　あ　気管　い　気管支　う　横かくまく　え　肺ほう　**問2**　エ　**問3**　二酸化炭素，水蒸気　**問4**　(1)　えら　(2)　(例)　二酸化炭素を体外へ出せない(から。)　**問5**　エネルギー
4 **問1**　震源　**問2**　秒速５km　**問3**　８秒　**問4**　イ　**問5**　90km　**問6**　緊急地震速報

解　説

1　電磁石の強さについての問題

問1　電池を直列につなぐと，電流を流そうとするはたらきが大きくなるため，回路に流れる電流の大きさが大きくなる。一方，電池を並列につないでも，電流を流そうとするはたらきは変わらないため，回路に流れる電流の大きさは電池１個のときと同じになる。

問2　中に鉄の棒(鉄しん)を入れたコイルに電流を流すと，鉄の棒が磁石のはたらきを持つようになる。これを電磁石という。電磁石の強さはコイルに流れる電流の大きさが大きいほど強くなる。よって，問題中の図１の方が図２よりも，流れる電流の大きさが大きいので，電磁石の強さが強く，多くのくぎを引きつける。

問3　問題中の図３の回路では，電池に対して２つのコイルが直列につながれている。したがって，どちらのコイルにも同じ大きさの電流が流れる。

問4　電磁石の強さはコイルの巻き数が多いほど強くなる。図３では，どちらのコイルにも同じ大きさの電流が流れているので，巻き数の多い方，つまり，100回巻きのコイルの鉄の棒の方が，多くのくぎを引きつける。

問5　鉄と同じく磁石に引きつけられる金属でできた棒であれば，電流を流しているコイルの中に入れたときに磁石のはたらきを持つようになる。ここでは，ニッケルとコバルトがあてはまる。銅

とアルミニウムは磁石に引きつけられないので，これらの棒をコイルの中に入れても，棒に磁石のはたらきは生じない。

2 うすい塩酸と固体の反応についての問題

問1　問題中の図1のように，水を満たした容器(集気びんや試験管など)に気体を導いて集める方法を水上置換法という。集める気体が水にふれるので，水にとけにくい気体を集めるときに用いる。

問2　4種類の固体のうち，亜鉛はうすい塩酸にとけて水素を発生し，炭酸カルシウムと重そうはうすい塩酸と反応して二酸化炭素を発生する。銅はうすい塩酸にとけず，気体は発生しない。よって，固体Bは銅，固体Cは亜鉛，気体Xは二酸化炭素，気体Yは水素とわかる。

問3　ア　二酸化炭素にはにおいがないので，誤り。　イ　固体状態の二酸化炭素をドライアイスという。ドライアイスを(私たちの生活している温度や圧力のもとで)放置すると，固体から液体にならずに気体の二酸化炭素に変化する。このような変化を昇華というので，正しい。ウ　二酸化炭素は水酸化ナトリウム水よう液のようなアルカリ性の水よう液に吸収されやすい性質があるから，正しい。　エ　二酸化炭素の水よう液を炭酸水といい，酸性を示すため，青色リトマス紙をつけると赤色に変化するが，赤色リトマス紙は変化しないので，誤り。　オ　二酸化炭素は燃えない気体なので，誤り。

問4　重そう(炭酸水素ナトリウム)を加熱すると，二酸化炭素が発生する。また，二酸化炭素を石灰水に通すと，水にとけにくい白い固体である炭酸カルシウムができるため，石灰水が白くにごる。

3 ヒトや魚の呼吸についての問題

問1　(あ)は口や鼻からすったりはいたりする空気が通る気管で，気管が左右の肺に枝分かれした部分の(い)を気管支という。(う)の横かくまくは，肺がある胸の部分と腹の部分を仕切る筋肉でできたまくである。(え)は枝分かれした気管支の先たんにある小さなふくろ状のつくりで，肺ほうという。

問2　息をすうときは，横かくまくが縮んで下がることにより，胸の容積が大きくなり，肺がふくらんで空気が入る。

問3　肺ではすいこんだ空気から酸素を体内に吸収し，体内にある不要な二酸化炭素が出されるので，はく息にはすう息よりも二酸化炭素が多くふくまれる。また，気管や肺ほうなどから体内の水分が蒸発して空気にふくまれるため，はく息には水蒸気が多くふくまれている。

問4　(1)　魚の呼吸では，えらぶたを閉じて口から水をすいこみ，口を閉じてえらぶたを開けて水を通し，えらに水が通るときに酸素を取りこんでいる。　(2)　魚は，陸上では水を取りこめないので酸素を体内へ取りこめないだけでなく，不要となった二酸化炭素を水にとかしてはい出することもできない。

問5　生物は，からだの各部分において，体内にとり入れた酸素と養分を使って生きるために必要なエネルギーをつくり出している。

4 地震についての問題

問1　ふつう地震は地下で発生し，その発生地点を震源という。なお，震源の真上にあたる地上の地点を震央という。

問2　P波は震源から30km離れたA市に伝わるまでに6秒かかっている。よって，P波の速度は秒速，30÷6＝5(km)である。

問3　震源から60km離れたB市に，P波が伝わるのにかかる時間は，60÷5＝12(秒)，S波が伝わるのにかかる時間は，60÷３＝20(秒)である。したがって，Ｐ波が伝わってからＳ波が伝わるまでの時間は，20－12＝８(秒)とわかる。

問４　震源から30km離れたＡ市に，Ｐ波が伝わるのにかかる時間は６秒，Ｓ波が伝わるのにかかる時間は，30÷３＝10(秒)なので，Ｐ波が伝わってからＳ波が伝わるまでの時間は，10－６＝４(秒)になる。よって，Ｐ波が伝わってからＳ波が伝わるまでの時間はＢ市の方が長い。

問５　震源からの距離(きょり)はＢ市がＡ市の，60÷30＝２(倍)で，Ｐ波が伝わってからＳ波が伝わるまでの時間もＢ市がＡ市の，８÷４＝２(倍)となっている。このことから，Ｐ波が伝わってからＳ波が伝わるまでの時間は震源からの距離に比例すると考えられる。したがって，Ｃ市の場合，Ｐ波が伝わってからＳ波が伝わるまでの時間が12秒で，これはＡ市の，12÷４＝３(倍)なので，震源からの距離はＡ市の３倍の，30×３＝90(km)と求められる。

問６　Ｐ波(小刻(きざ)みなゆれ)が先にきてＳ波(大きなゆれ)がおくれてくるという性質を利用して，Ｐ波をとらえて地震の大きさなどを予測し，大きなゆれがくることを素早く伝えるシステムを緊急(きんきゅう)地震速報という。特に最大震度５弱以上と予測された場合には，テレビやラジオ，スマートフォンなどを通して広く発表される。

国語　＜２月１日午前試験＞（40分）＜満点：100点＞

解答

一 **問１**　Ａ　ア　　Ｂ　エ　　Ｃ　イ　　**問２**　ウ　　**問３**　(例)　個々の自然言語はその言語が根を張ってきた文化を背景とし，今もなお使われつつ変容し続けているから。　**問４**　エ　**問５**　ア　**問６**　(1)　家に入るときに靴を脱ぐ　(2)　(例)　私たちの周りにある比喩的な表現の多くは個別の習慣や生活形式，文化と深く結びついている　**二** **問１**　エ　**問２**　ウ　**問３**　イ　**問４**　(例)　両親を説得するという本人にとっては難しい課題を聞いたときのハルの反応が想像できるから。　**問５**　(例)　お金を貸してもらえるかもしれないという淡い希望が失われたことに加え，理由を聞きもせずに感情的に拒絶する母親に対して失望したから。　**問６**　ア　**問７**　イ，カ　**三**　下記を参照のこと。　**四**　①　かんか　②　きょうり　③　てんこ　④　はぐく(む)　⑤　ただ(ちに)　**五**　①　ア，オ　②　イ，ケ　③　カ，ク　④　ウ，キ　⑤　エ，コ

●漢字の書き取り

三　①　胃腸　②　映像　③　衛星　④　横着　⑤　厳(しい)

解説

一　**出典：古田徹也(ふるたてつや)『いつもの言葉を哲学する』**。筆者は，「お手洗い」「土足」などの比喩(ひゆ)的な表現を例に挙げ，日常でよく使われる言葉が歴史や文化と深く結びついていることを指摘(してき)しながら，そのおもしろさや問題点について説明している。

問１　**Ａ**　「お手洗い」と「はらわたが煮(に)えくりかえっている」という二つの表現を並べているので，ことがらを列挙するときに用いる「また」があてはまる。　**Ｂ**　空欄(くうらん)の直後に，「習慣や生活形式」などと結びついた比喩的表現の具体的な例が挙げられているので，「たとえば」が入る。

C　同じ段落にある「土足で踏み込む」「土足で入ってくる」といった表現が持っている「独特の意味」について，直後でわかりやすく説明しているので，“別の言葉で言いかえると”という意味の「すなわち」がふさわしい。

問２　アの「わらじ」は職業や役割の比喩，イの「顔が広い」は知り合いが多いことを示す慣用句，エの「足を洗う」は“悪い行いをやめる”という意味の慣用句で，汚れた足を洗うことにたとえられている。ウの「両面」は，両方の面であることの「呼び方」を表しているだけで，比喩的な表現ではない。

問３　筆者が「文化遺産」だと考えているのは「個々の自然言語」であり，それらが「文化遺産」といえるのは，その言語が「根を張ってきた文化」と「歴史」を背景としているからである。さらに，その自然言語が「生ける」ものだとする理由は，「今現在も使われ，絶えず変容を続けている」ためだと傍線部②の直前に書かれているので，これらの内容をまとめて書くとよい。

問４　日本語を子どもや外国人に教えるときに，苦労するもののひとつが，「ものの数え方」である。日本語における「ものの数え方」は，「多様な要素」が入り混じって形成された文化と歴史を背景に成立したものであり，同じ数字でも読み方が「共通している箇所とそうでない箇所」が存在しているのだから，「不規則」性を持っているといえる。

問５　「手こずる」は，“ものごとが順調に進まない”という意味で，アの「手間取る」と似た意味である。「手をこまねく」は，“どうすることもできずにただ見ている”という意味。「手を染める」は，“関係を持ち始める”という意味。「手塩にかける」は，“自ら世話をして大切に育てる”という意味。

問６　⑴　「土足」に関する表現が日本において独特の意味を持つのは，前の段落にあるように，日本には「家に入るときに靴を脱ぐ文化がある」からである。　⑵　「土足で踏み込む」「土足で入ってくる」というのは，「私たちが生活する世界」にある「比喩的な表現」の具体例で，こうした比喩的な表現は「個別の習慣や生活形式(生活のかたち)，文化といったものと深く結びついている」のである。よって，「日本語の比喩的な表現は，人々がどのように生活し，どのような文化をかたちづくってきたかを背景としている」のようにまとめるとよい。

二　**出典：八重野統摩『ペンギンは空を見上げる』**。宇宙が好きなハルは，転校生の鳴沢にロケットの打ち上げを見せるために制作資金が必要になり，祖父に借金を頼んだところ，両親にその半額を出してもらえたら，残りの半額をわたすという条件を出される。

問１　「三十万」という金額が，非常に高額であることはわかっているが，ハルにはロケットを飛ばしたいというゆずれない事情があるので，簡単に引き下がるわけにいかなかった。また，直後に，申し訳なさそうな顔をするという「行為には，何の意味もないことだから」とあり，「馬鹿なこと言ってごめんなさい」とあやまって引き下がったり，わざとすまなそうな顔をしてうやむやな状態にしたりはしないと決めていたことが読み取れる。よって，エが合う。

問２　ハルがおどろいたのは，祖父が，小学生や中学生の言うことは「信用ならん」と断言した直後に，「佐倉ハルという自分の孫のことは大いに信用している」と，まだ子どもである自分への信頼を口にしたからである。

問３　祖父が，「孫に借金をさせる爺にはなりたくない」と言い，「賢い子」であるハルのことを「金の大事さを理解していない子どもだとは思っていない」し，ハルが「いま金を必要としている理由も，間違(まちが)っていない」などの言葉をかけてくれたことから，祖父が自分のことを気にかけ，理解してくれているとわかって，ハルはうれしくて涙(なみだ)が出そうになったと推測できる。

問４　祖父は，ハルに十五万を出す「簡単な」条件として，「お前のパパとママに事情を説明して，同じように十五万もらってこい」と言ったが，実はハルにとって，これが「簡単じゃない」とわかっていた。だから祖父は，困惑(こんわく)するに違いないハルの反応を想像して，「なんとも愉快(ゆかい)そうな表情」をしているのである。

問５　「おれの心は自分でも驚くほどに急激に冷えていく」は，「そんな大金，出せるわけないでしょう！」と「すぐさま感情的に」なり，「理由」すら聞こうとしない母親を前にした，ハルの反応である。母親のこのようなようすによって，「無理なんだよ」と投げやりな気持ちになっているのだから，「金を借りるのは無理だと思ったのと同時に，金が必要な理由も聞かず，感情的に拒否した母親にあらためてがっかりし，冷めた気持ちになったから」のようにまとめるとよい。

問６　ハルは，「母さんの発言にすら思わず腹が立ってしまいそう」になっているが，「自分に言い聞かせ」て，感情的に腹を立てるのではなく，「素直に」お願いするべきだと考えているのである。

問７　父親は，感情的な母親とは違って，「何よりもまずは，理由を聞こうじゃないか」とおだやかにハルの話を聞こうとする姿勢を見せており，ハルも父の言葉をすぐに受け入れているので，まず，イが選べる。また，祖父は，ハルのロケットづくりへの思いを理解したうえで，両親にきちんと話をするという正しい方向へと導こうとしているので，カも正しい。

三　漢字の書き取り

①　食物の消化と吸収が行われる器官。　②　光や音声を使った，動きのある視覚的表現。
③　「衛星」は惑星(わくせい)などの周りを回る天体。「人工衛星」は惑星の周りを定期的に周回するように打ち上げられた機械。　④　すべきことをしないでなまけること。楽をして済ませようとすること。
⑤　音読みは「ゲン」で，「厳格」などの熟語がある。

四　漢字の読み

①　“見過ごす”，“見のがす”という意味。　②　自分が生まれ育ったところ。ふるさと。
③　一人ひとり名前を呼んで，そろっているかどうか確認すること。　④　音読みは「イク」で，「育児」などの熟語がある。訓読みにはほかに「そだ(つ)」「そだ(てる)」がある。　⑤　音読みは「チョク」「ジキ」で，「直接」「正直」などの熟語がある。訓読みにはほかに「なお(す)」「なお(る)」がある。

五　漢字の知識

①　アは「覚醒(かくせい)」，オは「幻覚」などの熟語から判断できる。　②　イは「金額」，ケは「額縁(がくぶち)」などの熟語から判断できる。　③　カは「書簡」，クは「簡単」などの熟語から判断できる。
④　ウは「品物」，キは「品格」などの熟語から判断できる。　⑤　エは「果敢」，コは「果実」などの熟語から判断できる。

Dr.福井の

入試に勝つ！脳とからだのウルトラ科学

意外！　こんなに役立つ“替え歌勉強法”

病気やケガで脳の左側（左脳）にダメージを受けると，字を読むことも書くことも，話すこともできなくなる。言葉を使うときには左脳が必要だからだ。ところが，ふしぎなことに，左脳にダメージを受けた人でも，歌を歌う（つまり言葉を使う）ことができる。それは，歌のメロディーが右脳に記憶されると同時に，歌詞も右脳に記憶されるからだ。ただし，歌詞は言葉としてではなく，音として右脳に記憶される。

そこで，右脳が左脳の10倍以上も記憶できるという特長を利用して，暗記することがらを歌にして右脳で覚える“替え歌勉強法”にトライしてみよう！

歌のメロディーには，自分がよく知っている曲を選ぶとよい。キミが好きな歌手の曲でもいいし，学校で習うようなものでもいい。あとは，覚えたいことがらをメロディーに乗せて替え歌をつくり，覚えるだけだ。メロディーにあった歌詞をつくるのは少し面倒かもしれないが，つくる楽しみもあって，スムーズに暗記できるはずだ。

替え歌をICレコーダーなどに録音し，それを何度もくり返し聞くようにすると，さらに効果的に覚えることができる。

音楽が苦手だったりして替え歌がうまくつくれない人は，かわりに俳句（川柳）をつくってみよう。五七五のリズムに乗って覚えてしまうわけだ。たとえば，「サソリ君，一番まっ赤は，あんたです」（さそり座の１等星アンタレスは赤色――イメージとしては，運動会の競走でまっ赤な顔をして走ったサソリ君が一番でゴールした場面）というように。

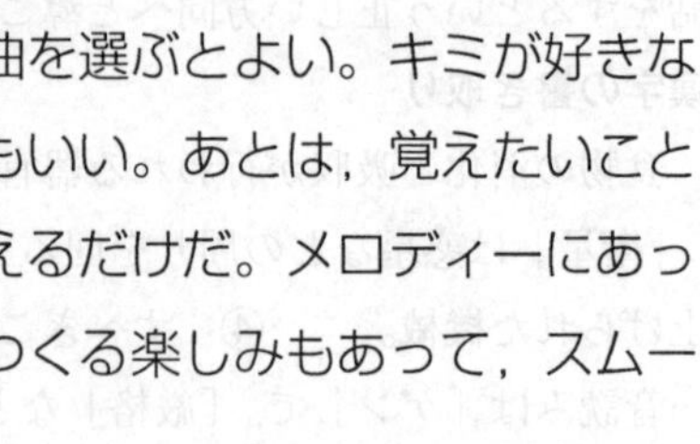

Dr.福井（福井一成）…医学博士。開成中・高から東大・文Ⅱに入学後，再受験して翌年東大・理Ⅲに合格。同大医学部卒。さまざまな勉強法や脳科学に関する著書多数。

2024年度 宝仙学園中学校共学部理数インター

＊【適性検査Ｉ】は国語ですので、最後に掲載してあります。

【適性検査Ⅱ】〈公立一貫入試対応試験〉（45分）〈満点：50点〉

＊＊　調査書が10点満点となります。

1　次の文章を読んで、あとの各問いに答えなさい。

理子さん：もうすぐ新しい紙幣に変わりますね。

数也くん：そうですね。３年前には五百円玉が変わりましたが、紙幣が変わるのはぼくたちが生まれてからは初めてのことですね。紙幣や硬貨が変わると、ぼくたちのくらしにどのような影響が出るのでしょうね。

宝田先生：面白そうな話をしていますね。それではまず、今まで紙幣や硬貨が変わってきた歴史を見てみましょう。**（資料１）**は、これまでに硬貨や紙幣が変更された年をまとめたものです。

（資料１）硬貨や紙幣が変更された年

硬貨	一円玉	1955年			
	五円玉	1959年			
	十円玉	1959年			
	五十円玉	1967年			
	百円玉	1967年			
	五百円玉		1982年	2000年	2021年
紙幣	五百円札	1969年			
	千円札	1963年	1984年	2004年	2024年予定
	二千円札			2000年	
	五千円札	1957年	1984年	2004年	2024年予定
	一万円札	1958年	1984年	2004年	2024年予定

理子さん：百円以下の硬貨は、60年近く変更されていないのですね。

数也くん：昔は五百円も紙幣だったのですね。硬貨になってからは、だいたい20年ごとに新しくなっています。

理子さん：それに千円以上の紙幣も、定期的に変更されていますね。

宝田先生：２人が言うように、百円以下の硬貨は何年も変更がありませんが、五百円以上の金額になると定期的に変更されています。新しい硬貨や紙幣に変わる際には、その当時の最新の技術が取り入れられることが多いです。

数也くん：たしか新しい五百円玉は、ゴールドとシルバーの２色の硬貨になっていますが、あれにも特別な技術が使われているのですか？

宝田先生：その通りです。内側の部分は白銅と銅でできており、それを外側のニッケル黄銅のリングにはめこむ「バイカラー・クラッド」という技術が使われています。自動販売機は合金の電気伝導率などから硬貨を判別しており、複数の素材を複雑に組み合わせることで、より正確な判別が期待できるそうです。

理子さん：では、新しい紙幣にはどのような技術が使われるのですか？

宝田先生：例えば「３Ｄホログラム」が採用され、３Ｄで表現された肖像は見る角度によって顔の向きが変化します。この技術が紙幣に取り入れられるのは、今回が世界で初めてだそうです。他にも、すかしの肖像のまわりに、細かい模様のすかしが新たに入れられるようになります。

理子さん：様々な技術が取り入れられているのですね。早く実物を見てみたいです。

〔問題１〕 五百円以上の金額の硬貨や紙幣が定期的に変更されている理由として考えられることを、簡潔に答えなさい。

数也くん：でも、今回新しくなるのは、千円札、五千円札、一万円札の３種類だけですね。二千円札も登場して20年以上たちますが、まだ変更されたことはないですね。

理子さん：実は私、二千円札の実物を見たことがありません。今でも使われているのでしょうか？

宝田先生：なるほど。では、**（資料２）**を見てください。二千円札は2000年の沖縄サミット開催を記念して新しく発行されました。沖縄県では、二千円札に守礼門が描かれていることもあり、現在もよく出回っています。しかし全国的に見れば、2005年をピークに、現在は１億枚ほどしか流通していません。発行された当時は全国で10億枚を流通させる予定と発表しましたが、その大半は日本銀行の金庫に保管されたままになっています。

（資料２）全国と沖縄県内の二千円札発行高推移

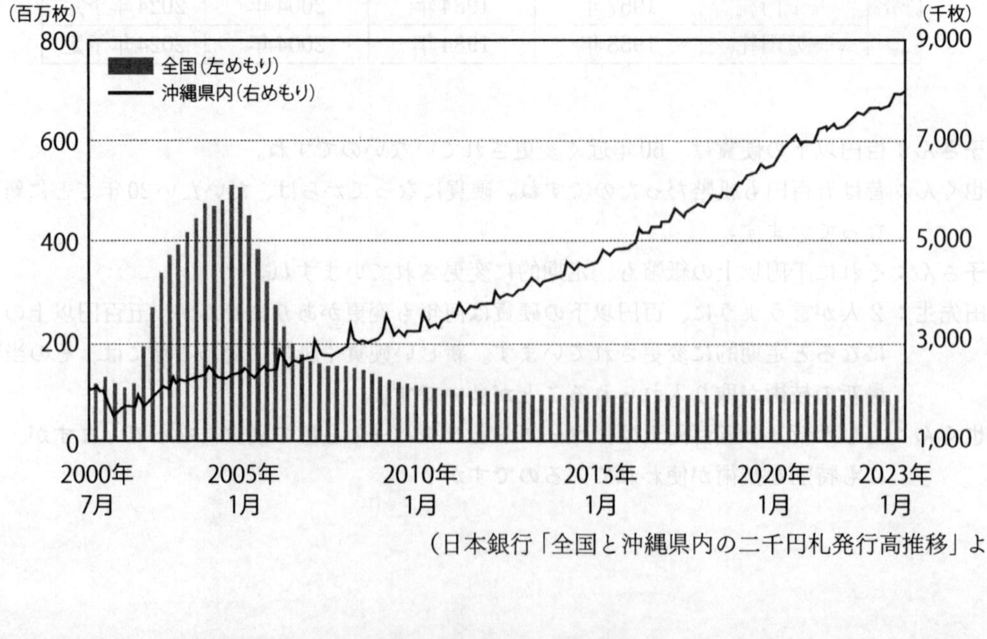

（日本銀行「全国と沖縄県内の二千円札発行高推移」より）

数也くん：では、他の紙幣はどのくらい流通しているのですか。

宝田先生：2021年のデータでは、千円札は約45億枚、五千円札は約７億枚、一万円札は約110億枚がそれぞれ流通しています。

理子さん：なるほど。二千円札をあまり見かけないことに納得しました。

〔問題２〕 2024年に二千円札が変更されない理由として考えられるものを、次の**ア～エ**から１つ選び、記号で答えなさい。

ア 全国的に流通している量が多いので、新紙幣に交換することが困難であるから。
イ 全国的に流通している量が少ないので、新しくする必要性がないから。
ウ 日本銀行に保管されている量が多いので、二千円札は沖縄県でしか使えなくなるから。
エ 日本銀行に保管されている量が少ないので、新紙幣をたくさん作る負担が大きいから。

理子さん：ところで、紙幣が新しくなると何かよいことがあるのでしょうか。

宝田先生：そうですね。まず**〔問題１〕**の理由において、望ましいと言えるでしょう。さらに、新しい紙幣を使えるようにするために、私たちのまわりにある機器を新調する必要も出てきます。今回の新紙幣の発行については、「①新紙幣の製造」、「②銀行やコンビニのＡＴＭの買い替（か）え・改修」、「③自動販売機の買い替え・改修」などにおいて経済が活性化されることが期待されています。

数也くん：それぞれに、どれくらいの費用がかかるのでしょうか。

宝田先生：①に関しては、新紙幣を製造するコストや流通する枚数を今の紙幣と同じだと仮定した場合、約6,114億円かかる計算になります。また②については、約3,709億円が必要になってくると考えられています。

理子さん：私は自動販売機でジュースやお茶をよく買います。その自動販売機も新しくしないといけないのですね。全国の自動販売機を改良するとなるとどれくらいかかるのでしょう。

宝田先生：全国の自動販売機の数については、次の**（資料３）**を見てください。

〔資料3〕自動販売機機種別普及状況(2022年12月末現在)

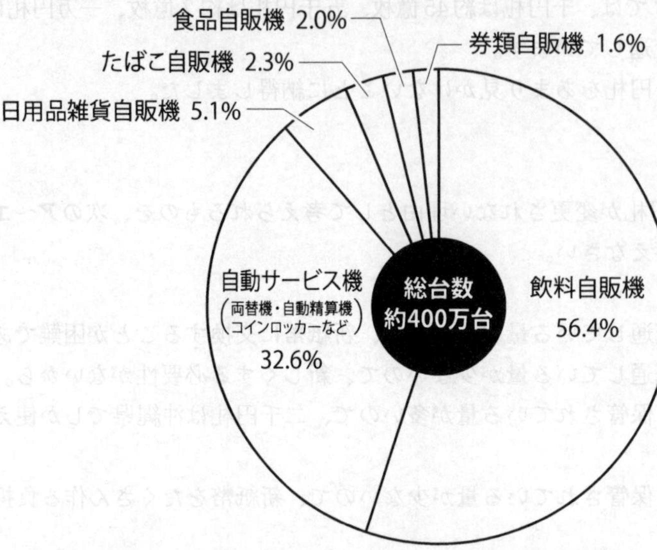

(「日本自動販売システム機械工業会」のデータをもとに作成)

宝田先生：自動販売機を新紙幣に対応させるためには、自動販売機そのものを新しく買い替える場合と、自動販売機を改修する場合が考えられます。理子さんがよく利用しているという「飲料自販機」を、全国的に買い替え・改修するためには、いったいどれくらいの費用がかかるのか。一緒に計算してみましょう。

〔問題3〕 **〔資料3〕**と下記の３つの条件で全国すべての「飲料自販機」を買い替え・改修する場合、そのために必要となる金額に最も近いものを、下の**ア〜カ**から１つ選び、記号で答えなさい。

【条件】

① 新紙幣・硬貨が使える自動販売機を新しく買い替える場合、１台あたり55万円が必要になる。

② 新紙幣・硬貨が使えるように自動販売機を改修する場合、１台あたり５万円が必要になる。

③ 「新しく買い替える自動販売機の台数」：「改修する自動販売機の台数」の割合は３：７とする。

ア １兆6,000億円	**イ** 9,000億円	**ウ** 8,000億円
エ 5,200億円	**オ** 4,500億円	**カ** 2,600億円

理子さん：新しい紙幣は、どれくらい製造されるのでしょうか？

宝田先生：財務省によると、2023年度内に新しい一万円札は24億8,000万枚、五千円札は2億6,000万枚、千円札は17億9,000万枚を製造する予定です。これは、今の紙幣を発行した2004年度と比べて、実に1.6倍の量だそうですよ。

数也くん：今はキャッシュレス決済の時代なのに、紙幣の枚数は増えるのですか。ぼくの母は買い物に行くとき、いつもスマホで支払（はら）っています。

宝田先生：たしかに日本でも、クレジットカードや電子マネー、ＱＲコードを介（かい）したコード決済など、現金以外で支払うキャッシュレス決済が進んでいます。ただ、世界的に見ればまだまだその割合は低いのです。**（資料４）**で確認してみましょう。

（資料４）

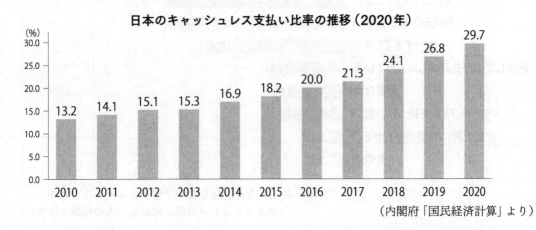

世界主要国におけるキャッシュレス決済比率（2020年）

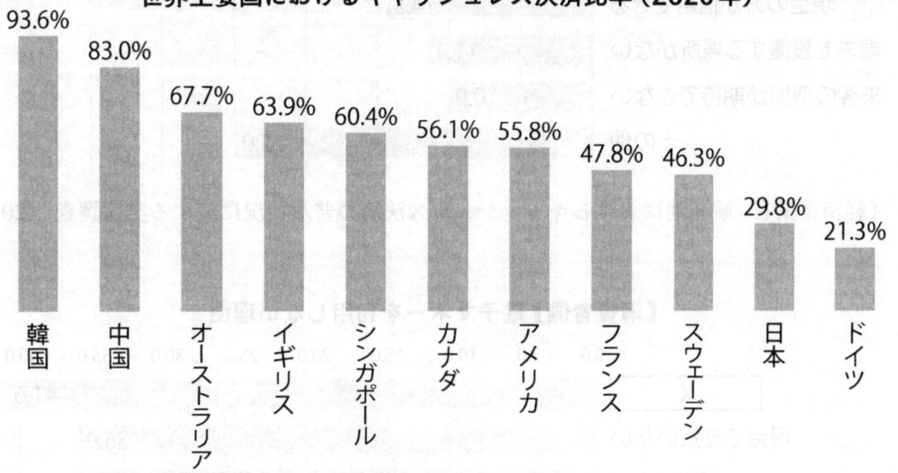

（キャッシュレス推進協議会「キャッシュレス・ロードマップ2022」を一部改訂（かいてい））

日本のキャッシュレス支払い比率の推移（2020年）

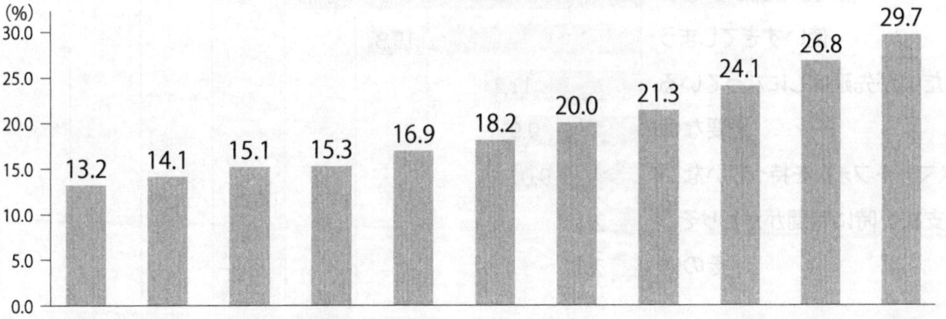

（内閣府「国民経済計算」より）

数也くん：ぼくの家では、母も姉もキャッシュレスな生活を送っているのに、日本全体ではまだまだ進んでいないのですね。

宝田先生：日本でキャッシュレス化が進まない理由としては、様々な立場から、いろいろな事情が考えられます。**（資料５）**で、まずは販売者（店舗（てんぽ））側と消費者側のそれぞれの理由について確認してみましょう。

（資料５）

【販売者側】キャッシュレス支払いを導入しない理由

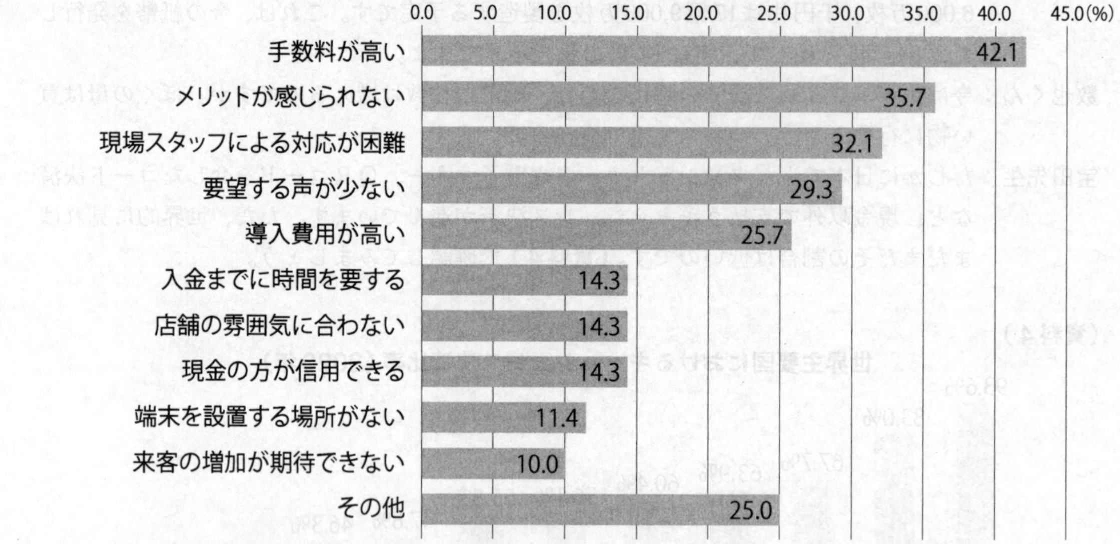

（経済産業省「観光地におけるキャッシュレス決済の普及状況に関する実態調査」(2017)）より

【消費者側】電子マネーを利用しない理由

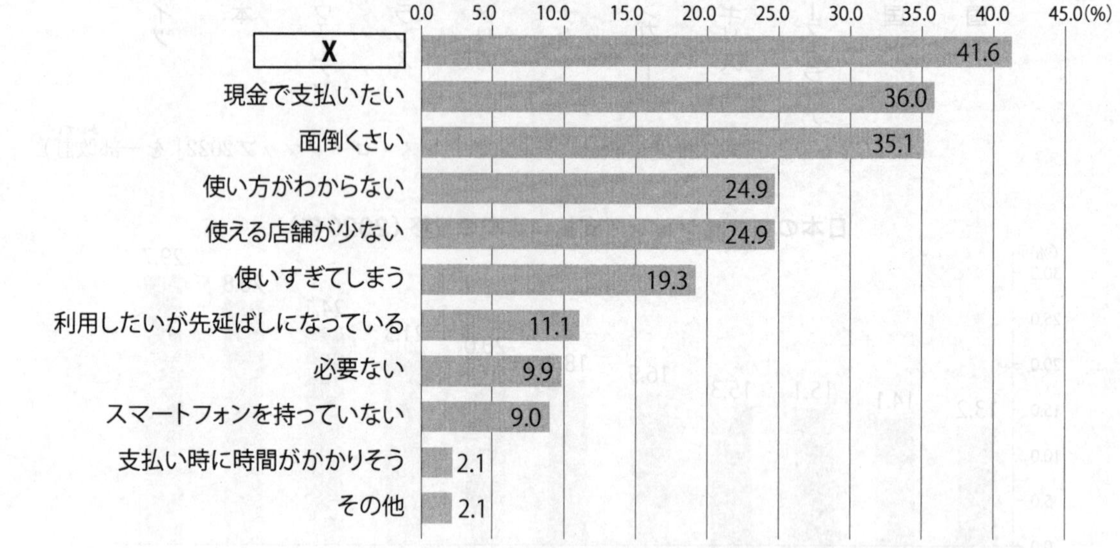

（まねーぶHP「なぜ利用しない？電子マネーを拒（こば）む理由
～キャッシュレスの波に乗らない人の認識とは～」より）

理子さん：なるほど、販売者側にも消費者側にも様々な考え方があることがわかりました。しかし最近では、いろいろな決済方法に対応できると店頭にかかげているお店も見かけるようになってきたと思います。

〔問題4〕 **(資料5)** の X にあてはまる消費者側の理由を考えて、あなたの言葉で答えなさい。

宝田先生:ここ数年で現金での支払いの割合が減少して、少額の買い物でもクレジットカードや電子マネーで支払う人が増えてきていますよ。**(資料6)** を見てください。

(資料6)日常的な支払いの主な資金決算手段

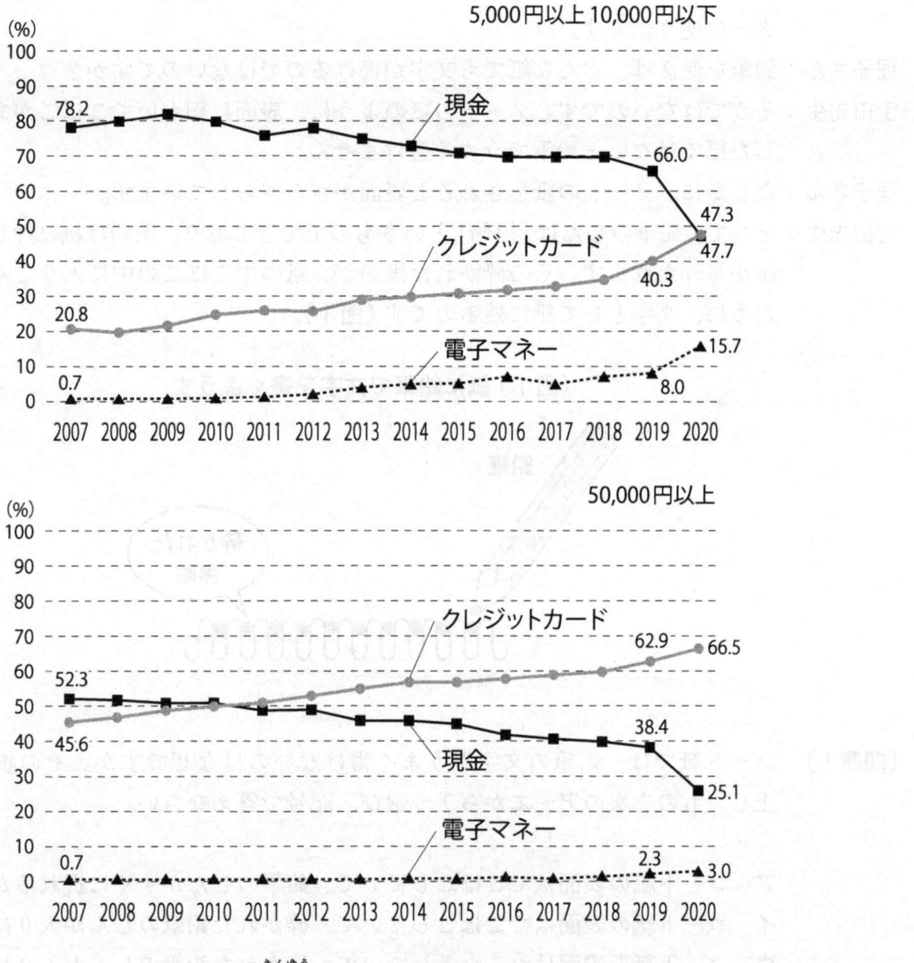

(金融広報中央委員会「家計の金融行動に関する世論調査」より)

数也くん:とくに2019年から2020年にかけては、現金決済の割合が急に下がっていますね。一方で、クレジットカードや電子マネーによる決済が増えています。

宝田先生:これは、新型コロナウイルスの影響によって私たちの生活スタイルが大きく変化したことが関係しているのです。

〔問題5〕 近年少額の買い物でもキャッシュレスの支払いの割合が増加した理由として、生活スタイルがどのように変化したためと考えられますか。その具体的な内容を答えなさい。

2 次の文章を読んで、あとの各問いに答えなさい。

宝田先生：では、明日の予定を忘れないようにメモを取りましょう。

理子さん：わかりました。わたしは連らく帳に書きます。

数也くん：ぼくはこの紙に書こうかな。あれ、この紙、鉛筆（えんぴつ）の文字がうすくなってしまいます。

宝田先生：おや、この紙ではうまく書けませんよ。

数也くん：えっ、なぜですか。

宝田先生：紙の表面がつるつるしているからです。この紙はコート紙と言って、広告用紙やポスターに使う紙です。

理子さん：鉛筆を使えば、どんな紙でも文字が書けるのではないのですか？

宝田先生：そうではないのです。ノートの紙のように、表面に細かいでこぼこがある、ざらざらした紙ではないと鉛筆でうまく書けません。

理子さん：たしかに、ノートの紙をさわると表面がざらざらしています。

宝田先生：そして、鉛筆のしんは「黒鉛」というものでできており、黒鉛は紙に押（お）しつけられると細かく砕（くだ）かれます。その砕かれた黒鉛が、紙のでこぼこの中に入りこんで引っかかるために、文字として紙に残るのです **（図１）**。

（図１）紙に鉛筆で文字を書くようす

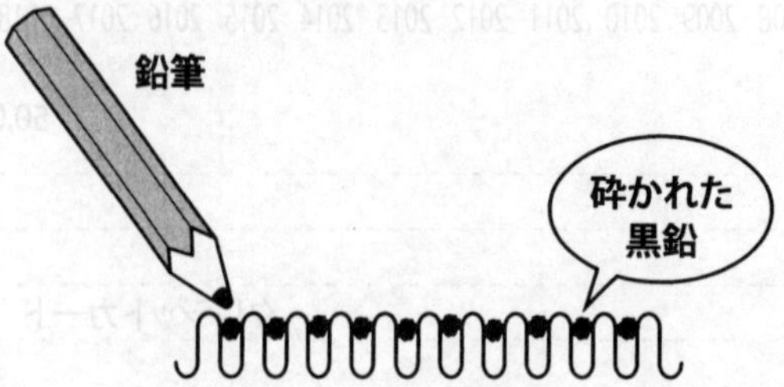

〔問題１〕 コート紙では、鉛筆の文字がうまく書けないのはなぜですか。その説明文として、正しいものを次の **ア～エ** から１つ選び、記号で答えなさい。

ア　コート紙の表面はでこぼこしていて、鉛筆のしんがすぐに折れるから。
イ　コート紙の表面はでこぼこしていて、砕かれた鉛筆のしんが入りにくいから。
ウ　コート紙の表面はつるつるしていて、砕かれた鉛筆のしんが入りにくいから。
エ　コート紙の表面は必ず色がついていて、鉛筆の文字が見えにくいから。

数也くん：この紙では、鉛筆でうまく文字が書けないのですね。では、消しゴムで文字を消してきれいにしておこう。

理子さん：宝田先生、消しゴムを使うと鉛筆の文字が消えるのはなぜでしょうか。

宝田先生：消しゴムは、プラスチックや油などを材料として作られているのですが、この油が特殊（とくしゅ）で、鉛筆の黒鉛と引き合う性質があります。紙の表面の文字を消しゴムでこすりつけると、砕かれた黒鉛が消しゴムにくっつき、黒鉛が消しゴムのカスの中に丸めこまれて文字が消えるのです**（図２）**。

（図２）鉛筆の文字を消しゴムで消すようす

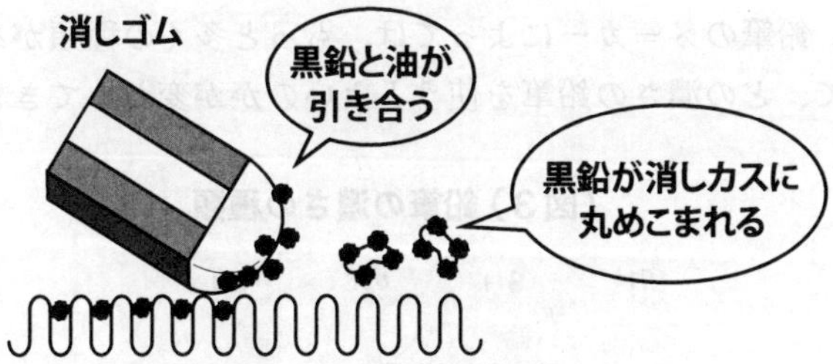

理子さん：なるほど。砕かれた黒鉛が消しゴムと引き合うことによって、鉛筆の文字が消せるのですね。

数也くん：でも、消しゴムでは色鉛筆の文字は消せません。同じ鉛筆なのに、なぜでしょうか。

宝田先生：色鉛筆のしんは、ふつうの鉛筆のしんとは材料がちがいます。色鉛筆のしんの材料は、色のもととなる染料、ロウ、のり、タルクという石です。

理子さん：ふつうの鉛筆のしんとちがって、色鉛筆のしんには黒鉛は使わないのですね。

宝田先生：黒鉛では、黒色の文字しか書けません。色鉛筆にはいろんな種類があるように、青色や赤色などのいろんな染料を使います。そして、ふつうの鉛筆のしんと同様に、色鉛筆のしんも紙に押しつけられると細かく砕かれて、そのしんが紙のでこぼこの中に入りこみます。

数也くん：色鉛筆のしんが紙のでこぼこに入りこむ、というのはふつうの鉛筆と同じですね。

宝田先生：ところが、色鉛筆のしんにはロウがふくまれています。色鉛筆のしんを紙にこすったときに発生する熱によって、ロウがとけると染料といっしょに紙のせんいまで染みこみます。この状態でふつうの消しゴムでこすっても、文字を上手に消すことはできません。

〔問題２〕 色鉛筆で書いた文字を鉛筆用の消しゴムでこすった場合、書かれた文字がにじんで広がってしまいます。その理由を具体的に説明しなさい。

宝田先生：ところで数也くん。使っている鉛筆の色の濃さは、２Ｂなのですね。

数也くん：はい。小学一年生のときから、同じ濃さの鉛筆を使っています。

宝田先生：もう数也くんは小学六年生なので、色の濃さがＢの鉛筆を使った方がいいかもしれませんね。

理子さん：それはなぜですか。

宝田先生：小学一年生のときと比べて、鉛筆を押す力が強くなったと思うからです。鉛筆の色の濃さは、使う人によって使い分けるようにするとよいのです。

数也くん：それだけ鉛筆の濃さには種類があるのですか？

宝田先生：**（図３）**を見てください。鉛筆の色の濃さは、色の濃い順に６Ｂから９Ｈまで、17種類あります。鉛筆のメーカーによっては、もっと多くの種類があります。使う人や使い道によって、どの濃さの鉛筆を使うとよいのかが変わってきます。

（図３）鉛筆の濃さの種類

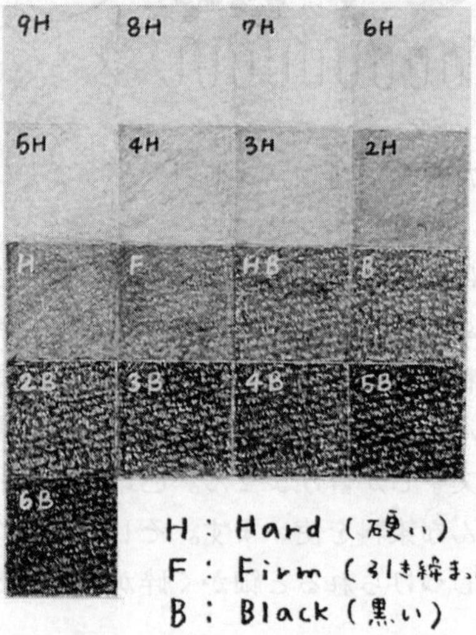

（トンボ鉛筆ホームページより）

理子さん：鉛筆の色の濃さには、これだけ多くの種類があるのですね。でも、同じ鉛筆なのに、色の濃さがちがうのはなぜでしょうか。

宝田先生：色の濃い鉛筆になるほど、紙に鉛筆のしんを押しつけたときに砕かれる黒鉛の量が多くなります。そのために、紙の上に多くの黒鉛が入りこむので、色の濃い文字として紙に残ります。

数也くん：鉛筆の色の濃さのちがいは、砕かれた黒鉛の量のちがいなのですね。

宝田先生：そのとおりです。ただし、砕かれる黒鉛の量が多いということは、鉛筆のしんがやわらかいということなので、文字を書くことには適さなくなります。

〔問題３〕 商品として工場で作られた６Ｂの鉛筆のしんは、２Ｂの鉛筆のしんと比べて異なった形状をしています。それはどのようなちがいだと思いますか。理由とともに答えなさい。

数也くん：鉛筆の種類がいっぱいあるのはわかったけど、使ったことがない種類ばかりですね。

理子さん：６Ｂの鉛筆なんて、わたしも使ったことがないです。宝田先生、６Ｂの鉛筆は、どのようなときに使われますか。

宝田先生：鉛筆のしんがやわらかく、濃い線、うすい線が描き分けやすいです。そのため、６Ｂの鉛筆はデッサン画を描くときに使われます。

数也くん：では、９Ｈの鉛筆は、どのようなときに使われますか。

宝田先生：９Ｈの鉛筆は、しんが硬いため、紙に鉛筆のしんを押しつけたときに砕かれる黒鉛の量が少なくなります。したがって、色のうすい文字しか書けないため、文字を書くことには適していません。

数也くん：それでは、９Ｈの鉛筆は使い道がないのですか。

宝田先生：そんなことはありません。例えば２Ｂの鉛筆で線を描き続けるとどんな線になりますか。

理子さん：最初は細い線だったのが、鉛筆のしんがけずれてだんだん太い線になっていきます。

宝田先生：そのように太くなってしまうと困るものがあるのです。

数也くん：太くなったらけずって、またとがらせればいいのではないでしょうか。

宝田先生：いいえ、一本の線をと中でと切れさせずに一定の細さで描く必要がある職業があるのです。

〔問題４〕　９Ｈの鉛筆は、どのようなときに使われるのに適しているでしょうか。理由とともに答えなさい。

3　次の文章を読んで、あとの各問いに答えなさい。

理子さん：数也くん、実はこの前３けたの数に関してある発見をしたんだ。ゾロ目以外の好きな３けたの数をいくつか言ってみて。

数也くん：ゾロ目ってなに？

理子さん：例えば「111」のような、すべての位が同じ数字になっている数のことだよ。

数也くん：じゃあ「314」と「123」にしてみるよ。

理子さん：そうしたらそれぞれの数に対して、こんな計算をくり返してみて。

〈理子さんの計算方法〉

各位の数字を並べ替えてできる最大の数から、最小の数を引く。

数也くん：よくわからないな……。どういうこと？

理子さん：例えば「314」を並べ替えてできる最大の数は「431」で、最小の数は「134」だから、431 − 134 = 297　で、「297」になるよ。

数也くん：今度は「297」に同じ計算をやればいいんだね。やってみるよ。

〈数也くんの計算①〉

314	→	431 − 134 = 297
297	→	972 − 279 = 693
693	→	963 − 369 = 594
594	→	954 − 459 = 495
495	→	954 − 459 = 495

数也くん：あれ？　「495」は　954 − 459 = 495　だから、これ以降は「495」をくり返すだけだ。
理子さん：そうだね。「314」の計算はそれでおしまい。「123」でもやってみて。

〈数也くんの計算②〉

123	→	321 − 123 = 198
198	→	981 − 189 = 792
792	→	972 − 279 = 693
693	→	963 − 369 = 594
594	→	954 − 459 = 495

数也くん：計算をくり返すと「123」も「495」になったよ。
理子さん：そう！　ゾロ目でない3けたの数であれば、必ず「495」になりそうなの。
数也くん：すごい！　ところで、どうしてゾロ目を選んではいけないの？
理子さん：例えば「777」のような数では　777 − 777 = 0　で、「0」になってしまうからだよ。
数也くん：本当だ。じゃあ「601」みたいな、0をふくむ数はどうしたらいいの？
理子さん：その場合は、並べ替えてできる最小の数を「016」と考えて計算をくり返してみて。

〔問題1〕「959」と「601」に対して、**〈理子さんの計算方法〉**をくり返すと「495」になることを**〈数也くんの計算②〉**にならって計算し、確かめなさい。

理子さん：ちなみに数也くん、**〈数也くんの計算②〉**3行目の「792」以降は、計算する必要がなかったよ。
数也くん：えっどうして？
理子さん：**〈数也くんの計算①〉**2行目の「297」の計算を見て。
数也くん：あ、本当だ！　「792」と「297」は順番がちがうだけで同じ3つの数字が使われている3けたの数だから、その後の計算も同じになるのか。
理子さん：そういうこと。**〈数也くんの計算①〉**、**〈数也くんの計算②〉**の結果を使うと、例えば「［　X　］」は一度も計算しなくても「495」になることがわかるね。

〔問題２〕 ［　X　］にあてはまる３けたの最大の数はいくつですか。

宝田先生：おや、２人とも楽しそうな話をしていますね。
数也くん：宝田先生、理子さんが３けたの数に関してある発見をしたみたいです。
宝田先生：……なるほど。これは「カプレカ数」ですね。
数也くん：カプレカ数ってなんですか？
宝田先生：インドの数学者カプレカが発見した数です。理子さんが見つけた「各位の数字を並べ替えてできる最大の数から最小の数を引く」という計算は、「カプレカ操作」と呼ばれています。この操作をくり返すとゾロ目でないすべての３けたの数は、「495」という一定の数になることが知られています。
理子さん：必ず「495」になることは説明できるのですか？
数也くん：100から999までの900個の数をすべて計算してみればいいんだよ！
宝田先生：数也くん、落ち着いてください。全部計算していては時間がかかり過ぎてしまうので、効率的に説明していきましょう。まずは、
　　　　『１回目のカプレカ操作で、どんな数も99の倍数になること』
　　　　を説明します。
理子さん：確かに、数也くんの計算の１回目で　297＝99×3、198＝99×2　になっていますね。
数也くん：本当だ。気づかなかったなあ。しかも、693＝99×7　だし、594＝99×6　だからカプレカ操作後の数は必ず99の倍数になっていますね。
宝田先生：それでは説明を始めましょう。３けたの各位の数字を並べ替えてできる最大の数の百の位がA、十の位がB、一の位がCだとします。
　　　　このとき、最大の数は「100×A＋10×B＋1×C」　になります。
理子さん：それでは、最小の数は「100×C＋10×B＋1×A」　ですか？
宝田先生：その通りです。これらの式が表す面積を次の**（図１）**で考えます。これは６つの長方形をくっつけた図です。

（図１）

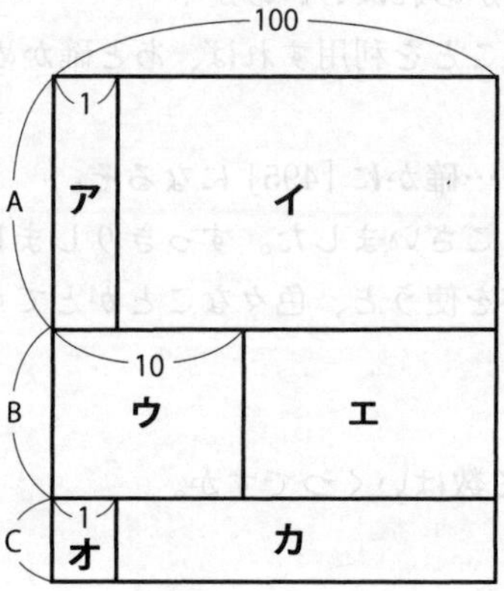

数也くん：どうやって使うのだろう……。
理子さん：例えば、「100×A」　が表す面積は、「**ア**＋**イ**」ということですか？
宝田先生：そういうことです。**ア**～**カ**を使ってカプレカ操作の計算をしてみてください。
理子さん：……できました。説明をまとめてみたので見てください。

〈理子さんの説明〉

3けたの各位の数字を並べ替えてできる最大の数の百の位がA、十の位がB、一の位がCだとします。このとき、最大の数と最小の数を**（図1）**の**ア**～**カ**と、＋、－を使って、 最大の数は「**ア**＋**イ**＋**ウ**＋**オ**」、最小の数は「［　①　］」と表せます。 「**ア**＋**イ**＋**ウ**＋**オ**」から「［　①　］」を引くと、「［　②　］」になります。 ［　③　］ よって、1回目のカプレカ操作で、どんな数も99の倍数になります。

〔問題3〕 **〈理子さんの説明〉**の空らん①、②にあてはまる式をそれぞれ答えなさい。ただし、同じ番号の空らんには、同じ式が入ります。さらに、空らん③にあてはまる説明の続きを書きなさい。

数也くん：1回目のカプレカ操作でどんな数も99の倍数になることがわかったぞ！
理子さん：1回目のカプレカ操作で　99×10　の990以上の99の倍数になることはなさそうね。
数也くん：ということは、99×1　から　99×9　までの数すべてにカプレカ操作をくり返して、「495」になることを確かめればいいのか！
理子さん：数也くん、今日調べたことを利用すれば、あと確かめる必要がある数は「［　Y　］」だけだよ。
数也くん：計算してみよう！　……確かに「495」になるぞ。
理子さん：宝田先生、ありがとうございました。すっきりしました。
宝田先生：A、B、Cなどの文字を使うと、色々なことがとても効率的に説明できるのです。

〔問題4〕 ［　Y　］にあてはまる数はいくつですか。

の道具を手に入れているのが教育の場なのです。わかったか、わからないかをはっきりさせ、勉強の主体は自分だと心に決めてテストに立ち向かい、また社会でやっていくのは自分だと覚悟を決めておかなければなりません。

自分の人生です。教師の手を存分に借りながら、よい道具を集めながら、きちんと役立つ学力を育てていってほしいと願っています。

（西林克彦『あなたの勉強法はどこがいけないのか？』より一部改変）

〔問一〕 文章1 において、人が勉強などをするときの「やる気」の中で、筆者が望ましいと考えているのはどのようなものだと述べられていますか。八〇字以内で説明しなさい。

〔問二〕 文章2 において、勉強をするときに、学習者に必要な姿勢とはどのようなものだと述べられていますか。八〇字以内で説明しなさい。

〔問三〕 文章1・文章2 の両方を踏まえて、あなたがこれから勉強する中で必要となる姿勢について、具体例を挙げながら三五〇字以上、四〇〇字以内でまとめなさい。なお、次の〔きまり〕に従いなさい。

〔きまり〕
- 題名は書きません。
- 最初の行から書き始めます。
- 段落をかえたときの残りのます目は、字数として数えます。
- 最後の段落の残りのます目は、字数として数えません。

です。

そのことに不満を持つあまり、学校で学ぶことは役に立たない、必要なことは社会や自然の中で自分自身で学ぶべきだ、と考える人たちもいます。このような考えを図にすると、(b)のようになるのではないかと思います。

ただ、(b)では学習者の自主性にすべてが任されてしまっています。この場合の問題点は、学習者が世界との交渉に、他からの援助を得ていないということです。みなさんは、素手で、あるいは自己流で世界と交渉しなければならないということになります。

では、いったいどうすればいいのでしょうか。

そこで、教育として望ましいのは、(c)で表されるようなスタイルだと考えてはどうでしょうか。

学習者は、自然や社会を理解し改良しよう、世界と交渉しようとしています。その交渉は素手ではありません。教師から提案された知識という道具を使うのです。そして、使ってみて有効であれば、その知識を自分のものにすればいいのです。

(c)では、教師と学習者は(a)のように、互いの方向だけを見ているのではありません。教師と学習者が一緒になって、世界に向かって探求を進めているのです。

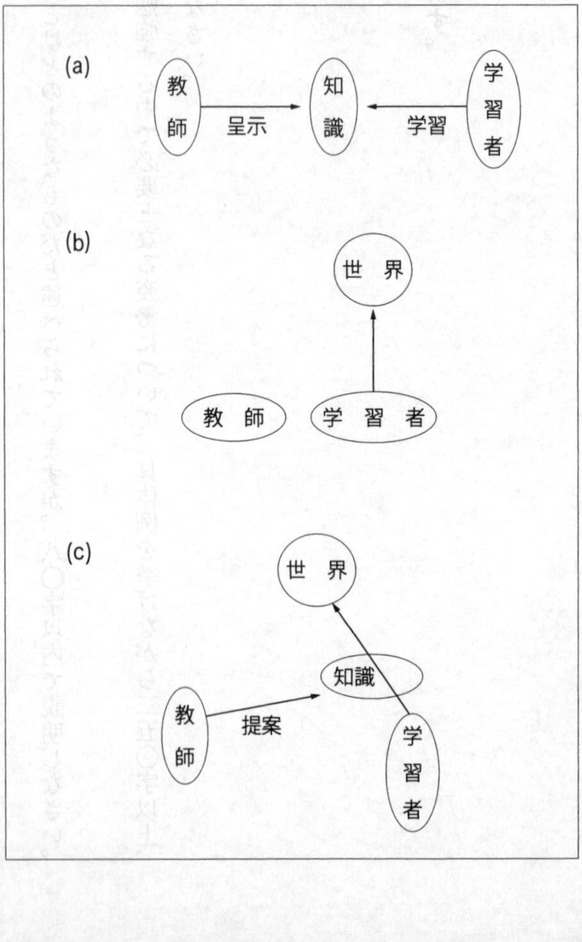

教師としては、道具の質を上げることに絶えず努力し、学習者としては、それが何に使える道具か、どのくらい使える道具か、ということに絶えず注意し、わからなければ教師に素直に聞くようにしてほしいと思います。

(a)では、学習者にとっての最終目的は、教師の示す知識の獲得です。しかし、(c)での最終目標は「世界との交渉」そのものなのです。外の世界を理解したり探索したり改良しようとするのには、道具が必要です。その道具が知識であり、道具獲得のための介添え役が教師なのです。

みなさんは、教師がテストに受かるよう指導してくれると思って、すっかりまかせていませんか？　教師が示す知識を身につけさえすればいいと思っていませんか？　実際には、教師の言うことだけを聞いていればできるようになるとは限りません。

勉強の主体性を放り出してはいけません。テストや受験をこなすことは当然のこととして、これからを生きていく自分が、生きていくためた自分になるために英語を覚えたいといった意識をもつことで、これまでとは違った取り組み方になる可能性があります。

（外山美樹『勉強する気はなぜ起こらないのか』より　一部改変）

文章2

みなさんは、「なぜ勉強するのか」と問われたら何と答えますか？「当面の受験をクリアしたいから」「〇〇になりたいから」「自然や社会のことを知りたいから」「将来の勉強の基礎だから」「思考の訓練のため」などなどの回答がもどってくるでしょう。こういう回答に誤答はありません。どれもそれぞれに正しいのだと思います。

では、「いまの勉強は、その回答にふさわしいものだと考えますか」とたずねられたら何と答えますか？　今度は、少し言いよどんでしまうのではないでしょうか。

最初の「当面の受験をクリアしたいから」だって、いま現在受けている授業で適切なのかと不安を持っているかもしれませんし、そのあとの理由には、きっぱりと「ふさわしい」と答えられる人は少ないのではないかと思います。そうなる理由は簡単です。いまの勉強は、先が不透明だからです。もう少し強く「こんなことを勉強して何になるのだろう」と感じている人も少なくないかもしれません。

国家レベルでの学校制度は、近代国家の成立とともに始まりました。そして、この学校制度は、国が発展途上にある時には、実学が重視され、勉強して身につけたことが個人の社会的な地位の向上に密接に結びつきますし、社会にも国にも貢献できていることが実感できます。したがって、この時期は教育制度や学ぶことに疑問を持つことは少なく、学んでいる子どもたちの目がキラキラしているのが普通です。

しかし、近代国家成立から時間が経つと、国家の諸制度がくたびれて、はつらつと諸機能を果たすというわけにはいかなくなります。そこそこの豊かさはあるけれど、格差が目立ち、諸制度維持の士気もモラルも落ちてきます。いわゆる制度疲労です。自分が努力すれば、そして、国が発展すればみんなが幸せになれると単純に信じられなくなるのです。そもそも発展って何だろうということにもなります。学校制度もその例外ではあり得ません。みなさんは、いま、そのような時代の学校制度の中にいるのだと、はっきり自覚しておいた方がいいと思います。

さて、そのような学校制度の中で、みなさんが「教わる」ことに関して図の(a)のようなイメージを持っているのではないか、と心配しています。すなわち、学習者は、教師の呈示する「知識」を勉強すればそれでよいと考えているのではないか、と思うのです。

(a)で表されるような教育の問題点は、学習者がその知識を、なぜ、何のために勉強しなければならないのかという視点が欠落していること自分のなかにある程度、取り入れられていますが、まだ「〇〇しなくてはいけない」というような義務感が伴っています。これらは、行動に対して消極的である、つまり自律性が低い段階にあるといえます。

そして、「プライドによるやる気」よりさらに自律性が進んだタイプのやる気が、「目標によるやる気」になります。このタイプは、行動が自分にとって重要で価値のあるものだと受けとめられている状態になります。「勉強する理由」では、「⑦自分の夢や目標のために必要だから」とか「⑧良い高校や大学に入りたいから」といった、より大きな目標のために積極的に行動するものです。勉強以外ですと、将来、プロの野球選手になりたいから、毎日素振りをするとか、料理人になりたいから、お母さんの料理のお手伝いをするというのが、「目標によるやる気」になります。

「目標によるやる気」あたりから、自律性の高いやる気と考えられています。

最後に、外からのやる気のなかでもっとも自律性の進んだ段階が「自己実現のためのやる気」になります。これは、「勉強する理由」では、「⑨自分の能力を高めたいから」や「⑩知識を得ることで幸せになれるから」が該当します。行動の価値が十分に自分のものとして取り入れられており、自分のなかの他の価値や欲求と調和していることを意味します。この本の書き手である私は、「より良い人生を送りたいから」目の前のことをできる限りがんばっているのですが、それは「自己実現のためのやる気」になりますね。

これは、明らかに自律性の高いものであることがわかるでしょう。他に何かやりたい誘惑があっても、それに捉われず、自然とその行動を優先させてしまうような状態なのです。

このように、外からのやる気は、「典型的な外からのやる気」、「プライドによるやる気」、「目標によるやる気」、そして、「自己実現のためのやる気」の四つに分類されます。

このうち、「目標によるやる気」と「自己実現のためのやる気」は、自律性の高いやる気なので、内からのやる気と同じように、人に行動を起こさせ、そしてそれが持続しやすい望ましいやる気といえます。

さて、あなたが勉強する理由は、「典型的な外からのやる気」、「プライドによるやる気」、「目標によるやる気」、「自己実現のためのやる気」、そして「内からのやる気」のどれに該当していましたか。

もちろん、内からのやる気によって勉強できればよいですが、中学校、高校の授業の範囲は多岐にわたるので、すべてにおいて楽しい面白いと感じることはなかなか難しいでしょう。すべての教科を内からのやる気で勉強することは不可能ではないかと思います。

そのため、内からのやる気で勉強することが難しい科目については、外からのやる気のなかでも自律性が高い、「目標によるやる気」や「自己実現のためのやる気」によってモチベーションを高めることができるのかもしれません。あの高校、あの大学に入りたい、これまでとは違っ

⑨　自分の能力を高めたいから
⑩　知識を得ることで幸せになれるから

《中　略》

もう一度説明しておきますと、勉強することが目的である場合が、内からのやる気で、勉強することが手段である場合が、外からのやる気になります。

この「目的―手段」の観点から勉強する理由を分類すると、①の「面白くて楽しいから」と②の「新しいことを知りたいから」が内からのやる気に基づくもので、それ以外の八つ（③から⑩）はすべて、外からのやる気に基づくものになります。

《中　略》

では、外からのやる気はどのように分類されているのでしょうか。《中　略》

まず、外からのやる気のなかで、自律性が最も低いのが、「典型的な外からのやる気」になります。「典型的な外からのやる気」とは、報酬や罰のような外部からの圧力によって行動するものです。一般的な感覚ではこれを「やる気」というのはちょっと違和感がある人もいるかもしれませんね。

先ほどの「勉強する理由」では、「③先生や親に叱られるから」や「④先生や親に褒められるから」勉強するといったものがこれに該当します。

前にもいいましたが、やる気は勉強にのみあてはまるものではありません。勉強以外ですと、たとえば、おやつを買ってもらえるからお手伝いをするとか、怒られるのが嫌で部屋を片付けるといったものが「典型的な外からのやる気」になります。

「典型的な外からのやる気」で行動している人は、行動することに何ら価値を認めておらず、外部からの強制によってのみ行動するので、自律性が低い状態になります。

続いて、「典型的な外からのやる気」よりは自律性の程度が進んだタイプが、「プライドによるやる気」になります。「勉強する理由」では、「⑤勉強ができないと恥ずかしいから」や「⑥良い成績をとりたいから」が、それに該当します。恥や不安を避けたり、達成感や有能感を得たりするために行動するという状態です。

勉強以外だと、異性にモテたいからダイエット（運動）をするとか、運動会の徒競走でビリになるとかっこ悪いから、走る練習をするなどが「プライドによるやる気」になります。

「プライドによるやる気」では、行動そのものではなく、それができるあるいはできないという結果のほうが重要となります。行動の価値が

2024年度

宝仙学園中学校共学部理数インター

【適性検査Ⅰ】〈公立一貫入試対応試験〉（四五分）〈満点：四〇点〉

【注意事項】 設問に字数制限がある場合には、句読点も字数に数えます。

一 次の 文章1・文章2 を読み、後の問いに答えなさい。

文章1

さて、なぜ、あなたは勉強するのでしょうか。普段(ふだん)は、勉強する理由なんて特に考えもせずに勉強しているのかもしれませんが、ここでよーく考えてみてください。「そこに学問があるから！」なんてかっこよく答える人はいないと思いますが、勉強する理由は人によって異なり、さまざまなものがあります。

勉強する理由なんて、突然(とつぜん)そんなことをいわれても困ると思っている人は、以下に、よくある「勉強する理由」を一〇個列記しましたので、あなたが勉強する理由として、最も近いものを一つ選んでみてください。複数当てはまる場合には、複数選んでもらっても構いません。

「勉強する理由」

① 面白くて楽しいから
② 新しいことを知りたいから
③ 先生や親に叱(しか)られるから
④ 先生や親に褒(ほ)められるから
⑤ 勉強ができないと恥(は)ずかしいから
⑥ 良い成績をとりたいから
⑦ 自分の夢や目標のために必要だから
⑧ 良い高校や大学に入りたいから

2024年度
宝仙学園中学校共学部理数インター ▶解　答

※　編集上の都合により，公立一貫入試対応試験の解説は省略させていただきました。

適性検査Ⅰ　(45分) ＜満点：40点＞

解　答

一　**問1**　(例)「面白くて楽しい」や「新しいことを知りたい」という内からのものと，「目標によるやる気」や「自己実現のためのやる気」という，外からではあるものの自律性の高いもの。　**問2**　(例)「世界との交渉」を最終目標に定め，教師の示す知識を道具として獲得するだけでなく，勉強の主体や社会の中の主体は自分だと覚悟を決めて自身の学力を育てるというもの。　**問3**　右記の作文例を参照のこと。

問3　(例)

　文章1では、勉強するなら内からのやる気か、外からのやる気で自律性の高いものに基づくことが望ましいと述べられている。文章2では、世界との交渉を最終目標に、道具としての知識を得るだけでなく、自分主体で学力を育てる覚悟が必要だとされている。受け身でなく、将来を見すえ、主体的に取り組む必要があるということに、とても共感した。

　私は、父のように医師になり、多くの人を助けたいと考えている。夢をかなえるために勉強するのは当然だが、よりよく働き、生きるには、知識や技術にとどまらない勉強も求められると思う。かん者さんとのやり取りで気づいたなやみに対しょしたり、共に働く仲間とよい関係を築いたりするのにはコミュニケーション能力が欠かせないし、さまざまな人を理解し、寄りそうためにも、多くの体験を積んだり、新聞で社会の動向を知ろうとしたりする姿勢も必要だろう。向上心を忘れずに多くを吸収し、はば広い視野を養いたい。

適性検査Ⅱ　(45分) ＜満点：50点＞

解　答

1　**問題1**　(例)　偽造を防止するため。　**問題2**　イ　**問題3**　オ　**問題4**　(例)　セキュリティ面で不安がある　**問題5**　(例)　外食を避けてデリバリーサービスを利用する人が増えたことで，ネットで注文して決済するようになったため。(会計時に店員と非接触で完結できるように，電子マネー決済が普及したため。)

2　**問題1**　ウ　**問題2**　(例)　消しゴムをこすって発生した熱によって，紙に染みこんだロウが再びとけて，ロウといっしょに染料が周りに広がってしまうから。　**問題3**　(例)　すぐに折れないようにするため，２Ｂの鉛筆のしんと比べて，６Ｂの鉛筆のしんは太く作ってある。

問題４　（例）　細い線によって，細部まで正確に描くことができるため，設計図を描くのに適している。

[3]　問題１　〔959〕…995－599＝396，963－369＝594，954－459＝495　〔601〕…610－16＝594，954－459＝495　**問題２**　981　**問題３**　①　ア＋ウ＋オ＋カ　②　イ－カ　③　（例）　イもカも横の長さが99なので，その差である(イ－カ)の面積は99の倍数である。　**問題４**　99

2023年度 宝仙学園中学校共学部理数インター

【算　数】〈２月１日午前試験〉（40分）〈満点：100点〉

【注意事項】定規・分度器・コンパスは使わないでください。

1 次の□にあてはまる数を答えなさい。

(1) $(7+13)\div 4-(5-81\div 27)=\square$

(2) $2.5:2\frac{6}{7}=7:\square$

(3) $5.04\div(5.6\times 4-19.6)+23.7=\square$

(4) $2023\times\left(\frac{1}{7}-\frac{2}{17}\right)=\square$

(5) $2-\left\{\frac{5}{6}-\left(\frac{3}{8}-\frac{1}{12}+\frac{1}{3}\right)\right\}\times 4\frac{4}{5}=\square$

(6) $\frac{15}{4}-\left\{3.5-\left(\square-\frac{3}{4}\right)\times 1.5\right\}=0.375$

2 次の問いに答えなさい。

(1) $\frac{3}{7}$ を小数で表したとき，小数第100位の数字は何ですか。

(2) 半径6cm，中心角240°の扇形（おうぎ）と同じ面積である半径8cmの扇形の中心角は何度ですか。ただし，円周率は3.14とします。

(3) A地点からB地点の間を，行きは時速12 km，帰りは時速18 kmで往復しました。往復の平均の速さは時速何kmですか。

(4) 5%の食塩水400 gがあります。この食塩水から何gの水を蒸発させると8%の食塩水になりますか。

(5) 3人の兄弟がいます。父の年齢は40歳で，長男の年齢は7歳，次男の年齢は6歳です。5年後には，3人の子どもの年齢の合計の3倍が父の年齢の2倍に等しくなります。三男の現在の年齢は何歳ですか。

(6) 12人で15日かかる仕事があります。その仕事を20日で終えることができる人数でとりかかりました。12日後に仕事をする人数を何人か増やしたところ，その3日後に仕事が終わりました。仕事をする人数は何人増やしましたか。ただし，1人の1日あたりの仕事の量は全員同じものとします。

(7) シュークリーム2個とショートケーキ3個の代金の合計は520円で，シュークリーム3個とショートケーキ5個の代金の合計は840円です。ショートケーキ1個の値段はいくらですか。

(8) A組とB組には合わせて68人の生徒がおり，A組の男子と女子の人数比は6:5，B組の男子と女子の人数比は4:3です。このとき，男子生徒は全部で何人いますか。

(9) Aさん，Bさん，Cさんの3人でお金を出し合い，4980円のバスケットボールを買いました。AさんはBさんより230円多く，BさんはCさんの2倍より100円多く出しました。このとき，Aさんの出した金額はいくらですか。

3 右の図のように，AB = BC の直角二等辺三角形 ABC の辺 BC の真ん中に点 D を，辺 AC 上に点 E をとります。このとき，次の問いに答えなさい。

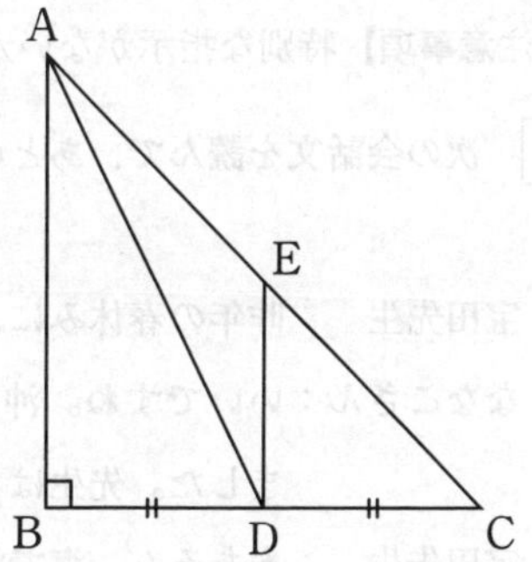

(1) 点 E が辺 AC の真ん中の点であるとき，三角形 ABD の面積は三角形 CDE の面積の何倍ですか。

(2) 線分 DE と辺 AC が垂直に交わるとき，三角形 ABD の面積は三角形 CDE の面積の何倍ですか。

(3) 角 ADB と角 CDE の大きさが等しいとき，三角形 ABD の面積は三角形 CDE の面積の何倍ですか。

【社　会】〈2月1日午前試験〉(理科と合わせて40分)〈満点：50点〉

【注意事項】特別な指示がないかぎり，問われている語句は漢字で記入してください。

1 次の会話文を読んで、あとの各問いに答えなさい。

宝田先生　：昨年の春休みに、(A)沖縄県に行ってきました。

ななこさん：いいですね。沖縄県と言えば、一年を通して暖かく、3月には海開きが行われると聞きました。先生は(B)海水浴をしてきましたか？

宝田先生　：もちろん。海で泳いできましたよ。

たかおくん：「台風銀座」と呼ばれるほど、台風が多いとも聞きました。

宝田先生　：よく知っていますね。沖縄県は、台風という熱帯低気圧が多く接近するので、それに備えた(C)伝統的な家屋が昔から作られてきたのです。

たかおくん：沖縄県と言えば、食べ物に特徴があって、都内にも多くの沖縄料理店があります。ぼくは、夏休みに家族で沖縄料理店に行ってきました。

宝田先生　：どんな料理を食べましたか？

たかおくん：ぼくは「沖縄そば」(**写真1**)を食べました。そばという名前なのにそば粉を使うのではなくて、小麦粉を使っているのには驚きました。そして大きな(D)豚肉がのっているのにも驚きました。お父さんは(E)「泡盛(あわもり)」という焼酎(しょうちゅう)(お酒)を飲んでいました。

ななこさん：とても美味しそうですね。私も食べてみたいです。ところで沖縄県はサトウキビが日本一の生産ですが、近年(F)キクの栽培が多くなっていると聞きました。

宝田先生　：そうですね。やはり台風の影響で、サトウキビが倒れてしまうことが多いことと、外国からの安価な砂糖が輸入されるようになったからです。

ななこさん：宝田先生、沖縄県でも特にどの地域で、キクの生産が多いのでしょうか？

宝田先生　：沖縄県の離島に(G)伊江島というところがあるのですが、その島で多く作られています。その島の地形図をみてみましょう。

たかおくん：地形図をみると、伊江島空港もあって、行きやすそうですね。

ななこさん：宝田先生、沖縄県に行ったら、どのようなお土産がお勧めですか？

宝田先生　：(H)ちんすこうや紅芋タルトなどのお菓子や蛇皮のお財布などが多いですね。私は家族にハイビスカスの挿し木と(I)三線(さんしん)という楽器(**写真2**)を買ってきましたよ。

たかおくん：もうすこし大人になって、自分で仕事を始めて初任給で沖縄県に行ってみたいと思いました。

宝田先生　：東京でも沖縄物産展がよく開かれているので、一度行ってみたらいいですよ。

ななこさん：はい。そうしたいと思います。

（写真1）

（写真2）

問1　下線部(A)に関して、次の表は、日本の海岸線の長い上位5位までの都道府県を表したものである。沖縄県が4位と海岸線が長いが、その理由を簡潔に述べなさい。

	都道府県名	海岸線の長さ（km）	総延長比（%）
1位	北海道	4,445	12.6
2位	長崎県	4,170	11.8
3位	鹿児島県	2,643	7.5
4位	沖縄県	2,029	5.7
5位	愛媛県	1,704	4.8

（『日本国勢図会2022/23年版』より作成）

問2　下線部(B)に関して、次の表中のア～エは「海水浴場」、「ゴルフ場」、「スキー場」、「テーマパーク・レジャーランド」のいずれかの都道府県別施設数の上位5位までを示したものである。このうち、「海水浴場」に該当するものを1つ選び、記号で答えなさい。

	ア		イ		ウ		エ	
1位	長野県	67	千葉県 新潟県	59	千葉県	161	大阪府	24
2位	北海道	27			兵庫県	152	北海道	21
3位	新潟県	25	福井県 静岡県 長崎県	56	北海道	146	千葉県	19
4位	群馬県	19			栃木県	120	長野県	17
5位	福島県	15			茨城県	113	岡山県	14

※ 統計年次は2021年8月31日現在　　　　（『2022データでみる県勢』より作成）

問3　下線部(C)について、沖縄県の伝統的な家屋を、次のア～エのうちから1つ選び、記号で答えなさい。

ア

イ

ウ

エ

問4　下線部(D)に関連して、近年では豚の飼育のほかに石垣島では乳用牛を飼育し、自家製の牛乳やジェラートなどを作り、直売所やカフェなどで販売する農業法人も参入している。このように農林漁業者が、食品加工や流通・販売にも取り組み、それによって生産物の付加価値を高めていこうとする取り組みを特に何というか。解答用紙にあてはまるように**算用数字**で答えなさい。

問5　下線部(E)に関連して、次の表は「焼酎」、「清酒」、「ビール」、「ワイン」の製成数量とその順位を表したものである。「焼酎」は米やいも、麦をおもな原料としているが、「焼酎」にあてはまるものを**ア**～**エ**から1つ選び、記号で答えなさい。

(単位：kL)

	ア	イ	ウ	エ
1位	兵庫県　96,076	神奈川県　29,273	宮崎県　144,311	茨城県　349,975
2位	京都府　65,024	栃木県　29,046	鹿児島県　108,528	大阪府　256,538
3位	新潟県　30,678	山梨県　13,941	大分県　76,847	神奈川県　235,480
4位	埼玉県　14,839	長野県　5,108	福岡県　47,377	愛知県　226,704
5位	秋田県　14,038	岡山県　4,814	沖縄県　14,671	福岡県　214,771

※ 統計年次は2019年度　　　　(『2022データでみる県勢』より作成)

問6　下線部(F)に関連して、次のグラフは東京都中央卸売市場における「キク(菊)」の月別の取扱実績(本数)を表したものであり、グラフ中の**A**～**C**は「福島県」、「愛知県」、「沖縄県」のいずれかを示している。**A**～**C**の県の組み合わせとして正しいものを、あとの**ア**～**カ**のうちから1つ選び、記号で答えなさい。

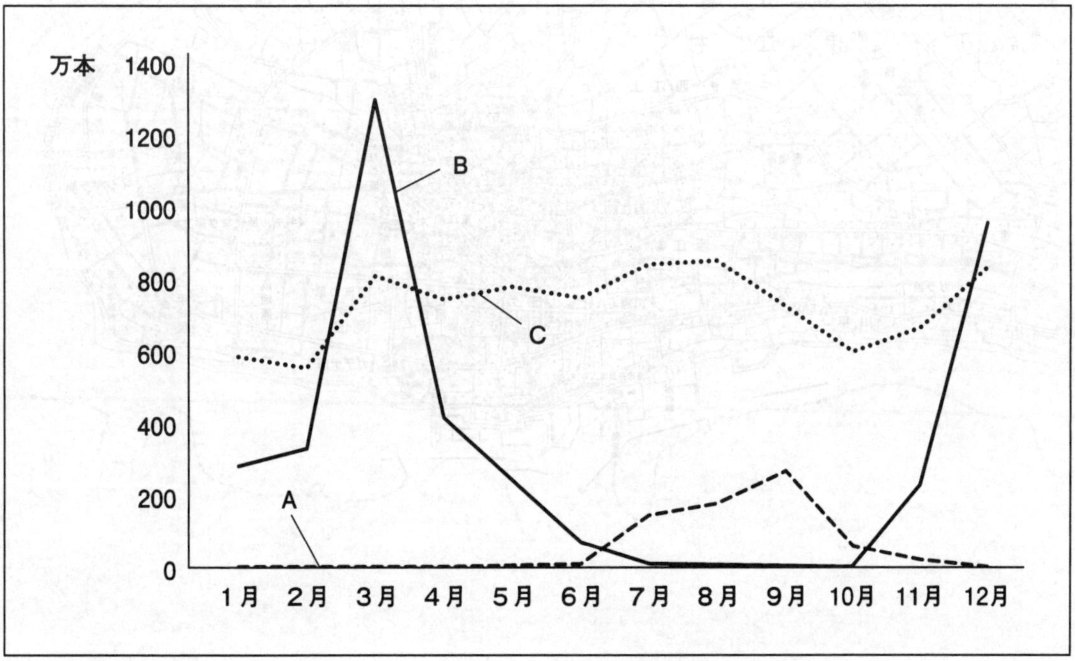

※ 統計年次は2021年　　　　(「東京都中央卸売市場 webページ」より作成)

ア　A－福島県　　B－愛知県　　C－沖縄県

イ　A－福島県　　B－沖縄県　　C－愛知県

ウ　A－愛知県　　B－福島県　　C－沖縄県

エ　A－愛知県　　B－沖縄県　　C－福島県

オ　A－沖縄県　　B－福島県　　C－愛知県

カ　A－沖縄県　　B－愛知県　　C－福島県

問7　下線部(G)に関して、次の地形図をみてあとの各問いに答えなさい。

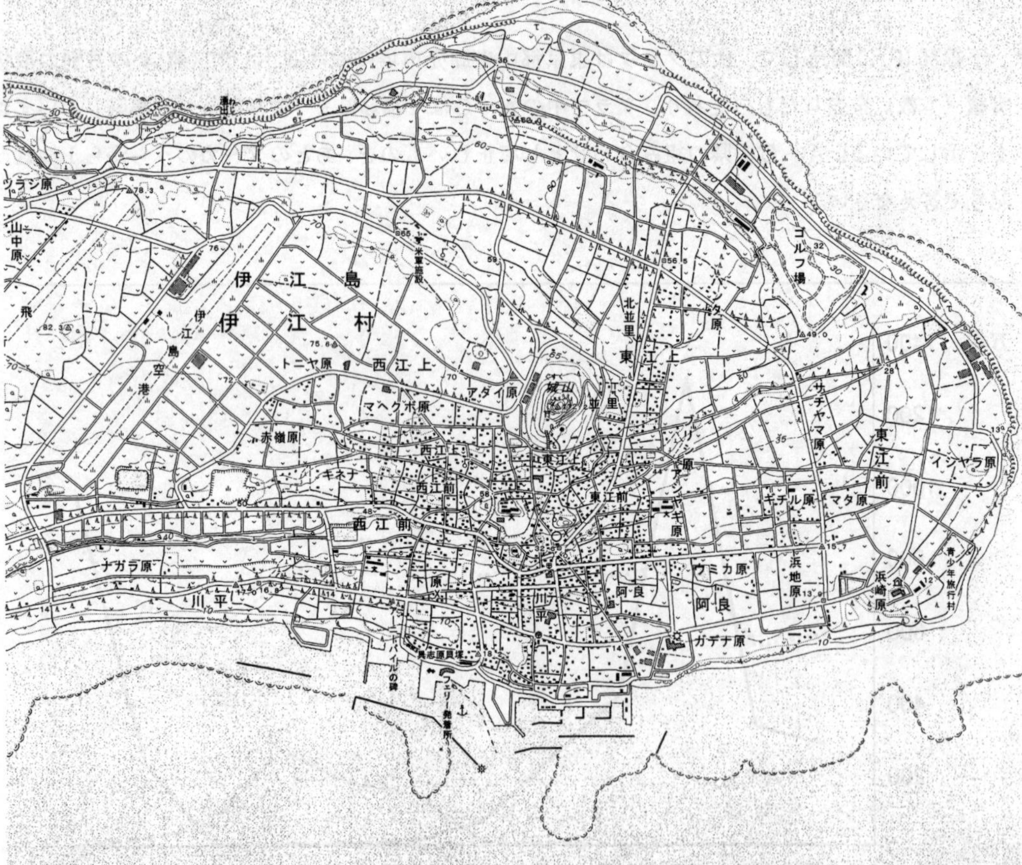

(地形図「伊江島」 出題のため一部改変)

〈編集部注：編集上の都合により実際の入試問題の70%に縮小してあります。〉

(1) 海岸線に沿って隠顕岩の地図記号がみられる。隠顕岩とは、満潮時に水没し、干潮時に姿を現す岩のことであるが、この地形図中の「隠顕岩」は具体的に何を指しているか答えなさい。

(2) 伊江島空港は、この地形図上では6.5 cmである。実際の距離を計算し、解答用紙にあてはまるように答えなさい。

(3) 地形図から読み取れることとして**適当でないもの**を、次のア～エから1つ選び、記号で答えなさい。

ア　フェリー発着所から北東の方角に村役場がある。
イ　この島の北部には岩石海岸がみられる。
ウ　この島のところどころにため池がみられる。
エ　川平の東西にのびる道路にはヤシ科樹林が植えられている。

問8　下線部(H)に関連して、次のア～エは「茨城県」、「沖縄県」、「富山県」、「北海道」のいずれかの製造品出荷額等割合を示したものである。このうち「沖縄県」にあてはまるものを1つ選び、記号で答えなさい。

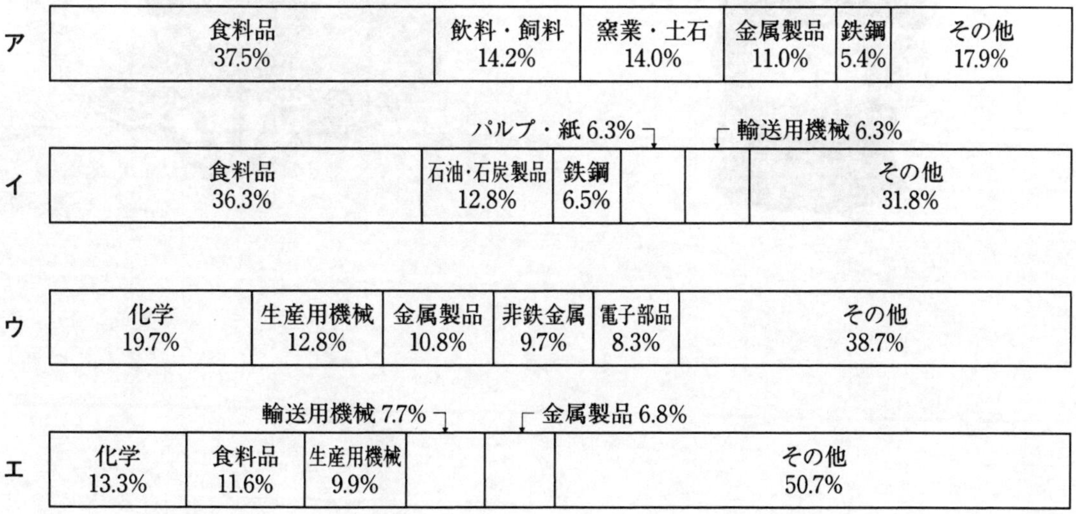

※ 統計年次は2019年　　(『2022データでみる県勢』より作成)

問９　下線部(Ｉ)に関連して、次のア～エは日本の伝統的工芸品であり、「石川県」、「香川県」、「滋賀県」、「東京都」のいずれかのものである。このうち「滋賀県」でさかんに生産されているものを１つ選び、記号で答えなさい。

ア

イ

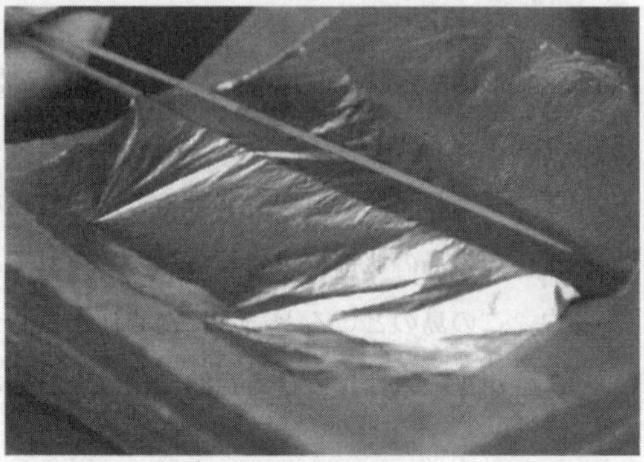

ウ

エ

2 次の文章や資料を読んで、あとの各問いに答えなさい。

昨年2022年5月15日、(A)沖縄が日本本土に復帰して50周年を迎えた。戦後、長きにわたり沖縄は日本本土から切り離され、(B)アメリカ合衆国の統治下に置かれていた。アメリカ統治下の沖縄では(C)日本国憲法が適用されず、沖縄の人たちの基本的人権は著しく抑圧された。アメリカ軍による事件や事故も頻発したが(D)公平に裁かれたとはいえず、アメリカ軍を批判する言論は厳しく制限された。

14版　第34529号　毎日新聞　昭和47年(1972年)5月15日(月曜日)(日刊)

「沖縄県」いま祖国に帰る

27年ぶり—'72・5・15

毎日新聞

日米関係に

ベトナム戦

次の課題に浮かぶ「中国

豪雨のあと再生の朝

94万同胞、多難なスタート

1951年9月	(E)吉田茂首相がサンフランシスコ平和条約に署名 吉田茂首相がアメリカとの安全保障条約に署名
1952年4月	サンフランシスコ平和条約発効
1953年4月	(F)琉球列島米国民政府が土地収用令を公布
1960年6月	アメリカとの相互協力及び安全保障条約(新安保条約)が発効
1965年8月	佐藤栄作首相が首相として戦後初の沖縄訪問
1967年12月	佐藤栄作首相が衆院予算委員会で(G)非核三原則を表明
1968年6月	小笠原諸島が返還
1972年5月	(H)沖縄が本土復帰

サンフランシスコ平和条約に署名する吉田首相

問1　下線部(A)について、沖縄復帰50周年記念式典が行われた沖縄コンベンションセンターは沖縄県宜野湾市真志喜にあるが、真志喜は琉球王府時代の1671年に新たにつくられた村であると言われている。この17世紀に起きた出来事として**適当でないもの**を、次の**ア**～**エ**から1つ選び、記号で答えなさい。

ア　江戸幕府を開いた徳川家康が、参勤交代を武家諸法度で制度化した。

イ　江戸幕府が、朝廷の行動を制限する禁中並公家諸法度を制定した。

ウ　厳しい年貢の取り立てやキリシタンへの迫害にたえかねた島原半島や天草諸島の農民らが一揆を起こした。

エ　松前藩の不正な取引に対して、シャクシャインを指導者として、アイヌの人々が反乱を起こした。

問2　下線部(B)について、アメリカのペリーは浦賀に現れる前に琉球王国に寄港したと言われている。これに関連して、あとの問いに答えなさい。

(1)　浦賀の位置を、下の地図中の**ア**～**エ**から1つ選び、記号で答えなさい。

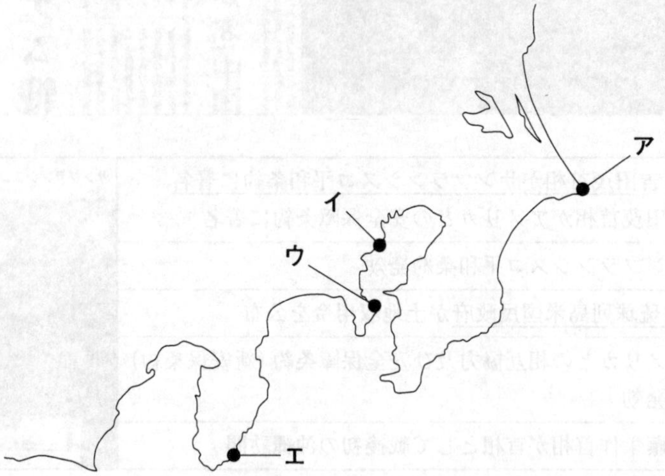

(2)　ペリーの来航後に下田と函館が開港したが、初代駐日アメリカ総領事となり下田に来たハリスと日米修好通商条約を結んだ幕府の大老は誰か。**漢字**で答えなさい。

問3　下線部(C)について、次の日本国憲法条文中の[X]・[Y]にあてはまる語句を、それぞれ**漢字**で答えなさい。

第九条　日本国民は、正義と秩序を基調とする国際平和を誠実に希求し、国権の発動たる[X]と、武力による威嚇又は武力の行使は、国際紛争を解決する手段としては、永久にこれを放棄する。

② 前項の目的を達するため、陸海空軍その他の[Y]は、これを保持しない。国の交戦権は、これを認めない。

問4　下線部(D)に関連して、日本の裁判制度に関する記述として最も適当なものを、次の**ア**～**エ**から1つ選び、記号で答えなさい。

ア　最高裁判所は、法律や条例が憲法に違反していないかどうかを最終的に決定するため、「憲法の番人」と呼ばれる。

イ　地方裁判所の判決に不服の場合、高等裁判所で行われる裁判を受けることができるが、高等裁判所は47都道府県すべてに置かれている。

ウ　最高裁判所の裁判官は、その全員が、内閣の指名に基づいて天皇から任命される。

エ　国民の中から任意に選ばれた裁判員が裁判に参加する制度が、個人の権利や財産についての争いを解決する民事裁判において導入されている。

問5　下線部(E)について、あとの問いに答えなさい。

(1)　吉田首相に関する記述として最も適当なものを、次の**ア**～**エ**から1つ選び、記号で答えなさい。

ア　朝鮮戦争が始まり、警察予備隊が組織されたときの首相であった。

イ　国民所得倍増計画を閣議決定し、社会資本の拡充を目指した。

ウ　日本人として初めてノーベル平和賞を受賞した。

エ　日中共同声明を発表し、中国との国交回復を実現した。

(2) サンフランシスコ平和条約について述べた次の文Ⅰ・Ⅱの正誤の組み合わせとして適当なものを、下のア～エから１つ選び、記号で答えなさい。

Ⅰ．アメリカは条約の内容に不満があったため、調印しなかった。

Ⅱ．この条約を結んだことで、日本は国際連合への加盟が認められた。

ア　Ⅰ－正しい　Ⅱ－正しい　　イ　Ⅰ－正しい　Ⅱ－誤り

ウ　Ⅰ－誤り　Ⅱ－正しい　　エ　Ⅰ－誤り　Ⅱ－誤り

問６　下線部(F)について、あとの問いに答えなさい。

(1) 琉球列島米国民政府は、太平洋戦争においてアメリカ軍が沖縄本島に上陸した日と同日に設立された。それは西暦何年のことか。解答用紙にあてはまるように**算用数字**で答えなさい。

(2) 琉球列島米国民政府は、1953年まで奄美群島も占領していた。『日本書紀』に出てくる「海見嶋」が奄美大島であると考えられているが、『日本書紀』の完成よりも前の出来事を、次のア～エから１つ選び、記号で答えなさい。

ア　桓武天皇が坂上田村麻呂を征夷大将軍に任命し、東北に派遣した。

イ　聖武天皇が大仏造立の詔を出し、東大寺に大仏をつくるように命じた。

ウ　朝廷が元号を和銅と改め、和同開珎が発行された。

エ　朝廷が墾田永年私財法を出し、開墾した土地の私有が永久に認められるようになった。

問７　下線部(G)について、「非核三原則」に<u>含まれないもの</u>を、次のア～エから１つ選び、記号で答えなさい。

ア　核兵器を「持たず」　　イ　核兵器を「作らず」

ウ　核兵器を「使用せず」　　エ　核兵器を「持ち込ませず」

問８　下線部(H)に関連して、次の写真は1978年７月30日、沖縄県の本土復帰に伴い、車の右側通行が左側通行に変更されることを示す案内板である。この変更によって当時の沖縄では、特に路線バスでは大きな混乱が生じました。その理由について考えられることを１つ挙げ、説明しなさい。

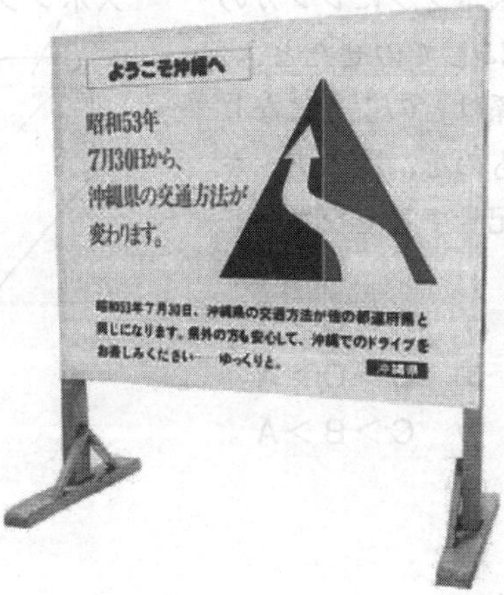

【理　科】〈2月1日午前試験〉（社会と合わせて40分）〈満点：50点〉

【注意事項】定規・分度器・コンパスは使わないでください。

1　次の各問いに答えなさい。

問1　図1のように3kgのレンガをスポンジの上にのせました。スポンジにレンガの各面（A～C）を下にしてのせたとき、しずむ深さの大小関係はどのようになりますか。最も適当なものを、次のア～キの中から一つ選び、記号で答えなさい。

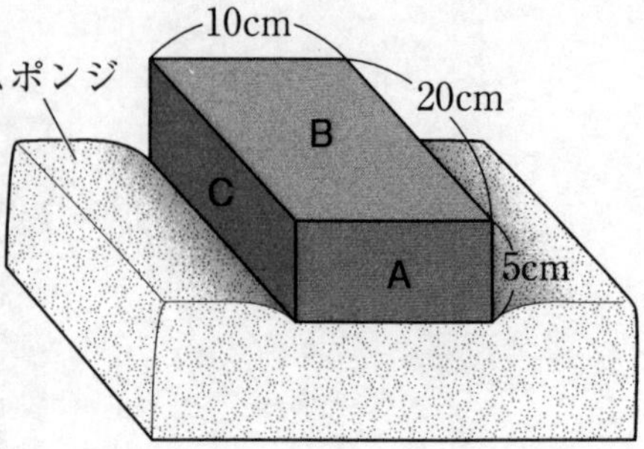

図1

ア　A＞B＞C　　イ　A＞C＞B
ウ　B＞A＞C　　エ　B＞C＞A
オ　C＞A＞B　　カ　C＞B＞A
キ　A＝B＝C

問2　Aの面をスポンジにのせたとき、圧力は1cm²あたり何gですか。

問3　以下の文章を読み、あとの各問いに答えなさい。

地球は厚い大気（空気）の層にとりかこまれています。この空気にも重さがあるので、地表にあるすべてのものは、この圧力（気圧）を受けています。海面では1cm²あたり約1kgの空気がのっています。これを約100kPa（キロパスカル）としています。人間がつぶれないのは、人間の中にある空気が同じ圧力でおし返しているからです。容器に空気を密封（みっぷう）して熱すると容器内の空気の圧力は高くなり、冷やすと容器内の空気の圧力は小さくなります。<u>熱い汁（しる）が入っていたおわんにふたをして、汁が冷えるとふたが取れにくくなる</u>のは、おわんの外の気圧よりもおわんの中の気圧の方が小さくなるからです。

標高が上がると大気の量が少なくなるため気圧は低くなっていきます。気圧が低くなると、水が沸（ふっ）とうする温度（沸点（ふってん））が低くなります。図2の曲線は気圧と水の沸点の関係を表しています。気圧が100kPaでは水の沸点は100℃になることが分かります。

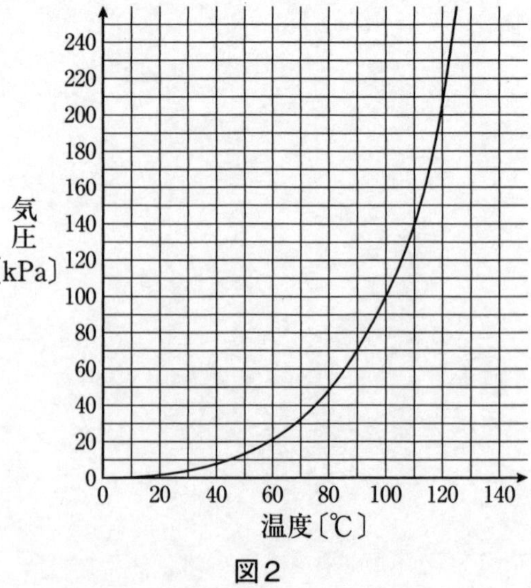

図2

(1) 下線の現象のように気圧のちがいによって起きる現象として最も適当なものを、次のア～エの中から一つ選び、記号で答えなさい。

ア　平地から持って行ったポテトチップスの袋(ふくろ)が山頂でふくらむ。
イ　風船をふくらませるとき、はじめは勢いよく息をふきこまないと風船がふくらまないが、ふくらんでいる途中(とちゅう)は軽く息をふきこんでもふくらむ。
ウ　未開封のペットボトルの水を冷凍庫に入れて凍らせると、体積が大きくなりペットボトルが変形する。
エ　雨つぶは落下しているとき、肉まんのような形をしている。

(2) 一般(ぱん)的に標高が100 m高くなると、気圧が1 kPa下がると言われています。富士山の山頂（標高3700 m）での沸点は何℃になりますか。最も適当なものを、次のア～オの中から一つ選び、記号で答えなさい。

ア　110℃以上　　　イ　110℃未満～100℃以上の間
ウ　100℃未満～90℃以上の間　　　エ　90℃未満～80℃以上の間
オ　80℃未満

(3) 富士山の山頂で飯盒(はんごう)を使い米をたくと、100℃で加熱できないため米の内部まで火が通らず、芯(しん)が残ってしまいおいしくありません。そこで、フリーザーバッグ（図3）に米と水を入れて密封し、それを湯せんして米をたく方法が用いられることがあります。この方法を用いることで米の芯を残さずたける理由を説明しなさい。

図3

2 ある物質を水に溶かしたとき、その物質が100ｇの水に最大でどれだけ溶けるかを表した量（g）を「溶解度」といいます。以下の表に示した固体物質Ｘおよび固体物質Ｙの溶解度を参考に、あとの各問いに答えなさい。

温度	0℃	20℃	40℃	60℃	80℃
物質Ｘ	179	204	238	287	362
物質Ｙ	35.6	36.8	36.3	37.1	38

表　固体の溶解度（水100gあたり）

問１　固体物質ＸおよびＹについて正しく説明している文として最も適当なものを、次のア～カの中から二つ選び、記号で答えなさい。

ア　ＸとＹの溶解度は、どちらも温度に比例して増加する。
イ　40℃の水50ｇに120ｇのＸを加えると、Ｘの飽和水溶液ができる。
ウ　10ｇのＸとＹをそれぞれ20℃の水ですべて溶かすとき、必要な水の量はＸの方が多い。
エ　20℃の水100ｇにＸとＹをそれぞれ50ｇずつ加えると、Ｙはすべて溶けるが、Ｘは溶け残る。
オ　60℃のＸの飽和水溶液387ｇを20℃に冷やすと、83ｇのＸが溶け切れず結晶として出てくる。
カ　80℃の水100ｇに300ｇのＸと30ｇのＹが溶けているとき、この水溶液を50℃に冷やしてもＸとＹはどちらも溶けたままだった。

問２　いま、ＸとＹが混ざった混合物Ｚがあります。Ｙは、Ｚの重さに対して２％の割合でふくまれています。このＺを用いて、次の実験Ⅰ～Ⅲを行いました。あとの各問いに答えなさい。ただし、計算結果が割り切れないときは、小数第2位を四捨五入し、小数第1位までで答えなさい。

【実験Ⅰ】　ある量のＺに20℃の水100ｇを加えてよくかき混ぜたところ、固体物質の溶け残りが生じた。
【実験Ⅱ】　実験Ⅰの水溶液を80℃に加熱し、よくかき混ぜたところ、Ｚはすべて溶けた。
【実験Ⅲ】　実験Ⅱの水溶液を40℃に冷やしたところ、Ｘだけの溶け残りが7ｇ生じた。

(1)　【実験Ⅱ】までの結果から、ＺにふくまれるＸの量は最大で何ｇになりますか。

(2)　ＺにふくまれるＸが(1)の量であるとき、ＺにふくまれるＹの量は何ｇになりますか。

(3)【実験Ⅰ】～【実験Ⅲ】までの結果をふまえて、【実験Ⅰ】で溶け残った固体物質として最も適当なものを、次のア～ウの中から一つ選び、記号で答えなさい。

ア　固体物質Ｘのみ
イ　固体物質Ｙのみ
ウ　固体物質Ｘと固体物質Ｙの両方

(4)　この実験に用いたＺの重さは何ｇですか。

3　図１は、花のつくりを模式的に示したものです。これについて、あとの各問いに答えなさい。

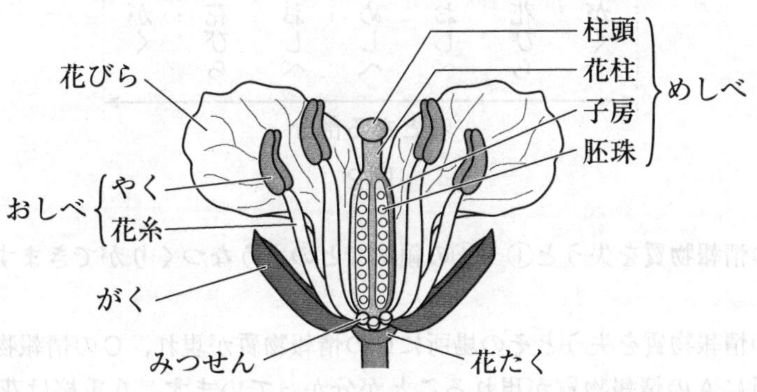

図１

問１　おしべのやくのはたらきを説明しなさい。

問２　「成長して種子」になる部分と「成長して果実」になる部分はどこですか。最も適当なものを、次のア～カの中から一つずつ選び、記号で答えなさい。

ア　柱頭　　イ　花柱　　ウ　子房　　エ　胚珠　　オ　花たく　　カ　みつせん

問３　花粉がめしべの柱頭につくことを何といいますか。

問４　図１の花のように、花びらやがくが目立つ大きさや色をしており、かおりやみつを出してこん虫をさそって、こん虫に花粉を運ばせる花を何といいますか。

問5　花をつくる情報物質にはA、B、Cの3種類があり、花となる部分にどのような情報物質が存在しているかによって花のつくりが決まります。Aのみの情報物質があると「がく」、AとBの情報物質があると「花びら」、BとCの情報物質があると「おしべ」、Cのみの情報物質があると「めしべ」になります。そのため、花となるところでは、図2のように情報物質が存在し、外側から内側にかけて「がく・花びら・おしべ・めしべ」がつくられます。これについて、あとの各問いに答えなさい。

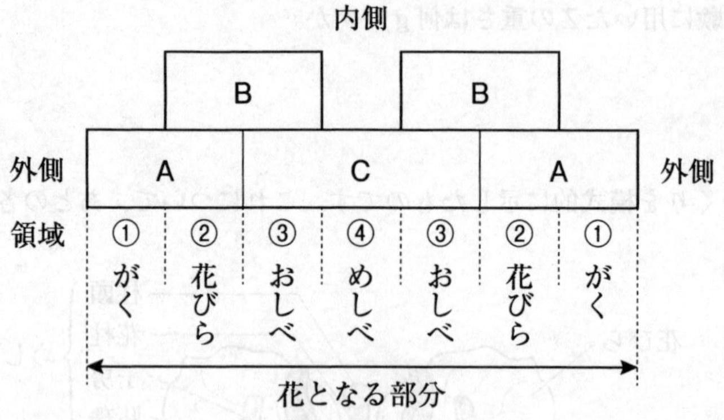

図2

(1)　Bの情報物質を失うと①～④の領域でどのようなつくりができますか。

(2)　Aの情報物質を失うとその場所にCの情報物質が現れ、Cの情報物質を失うとその場所にAの情報物質が現れることが分かっています。八重桜は花びらが増え何重にも重なって見える八重咲(ざ)きの花をつけますが、実際はがくと花びらが何度もくり返すことで花びらが多く重なり合う形をつくっています。この八重桜ではA～Cの情報物質のうちどの情報物質を失っていると考えられますか。最も適当なものを、A～Cの中から一つ選び、記号で答えなさい。

4　地表が水平な図1の土地のA～D点でボーリング調査をしました。図2は各点の地層の重なりを調べたもので、番号が地層の種類を表しています。この地域の地層はある方向にかたむいており、しゅう曲や断層はないものとして、あとの各問いに答えなさい。

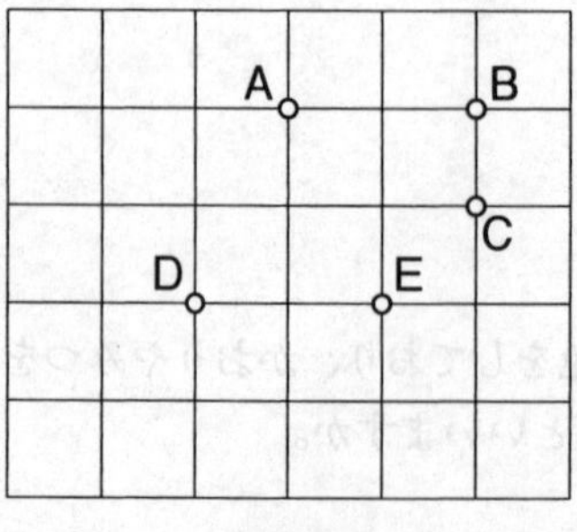

図1

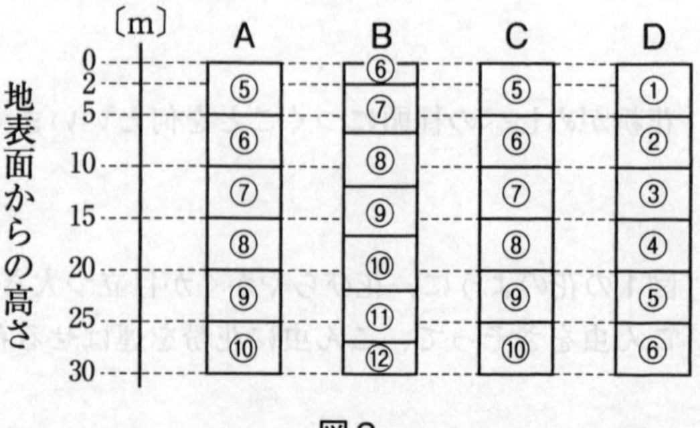

図2

問1　D－A間の断面図をかきなさい。また、地層の種類が分かるように番号もかきこみなさい。

問2　Eの地点でボーリング調査を行います。地表から25m地点の地層として最も適当なものを、①～⑫の中から一つ選び、番号で答えなさい。

問3　次の会話文を読み、あとの各問いに答えなさい。

数也くん：地層が何年前に堆積(たい)したのかはどのようにして調べているのですか？
宝田先生：色々ありますが、火山灰が堆積した層を見ることで年代を特定することができます。
理子さん：なぜですか？
宝田先生：火山灰は［ 1 ］のうちに［ 2 ］に堆積するという特ちょうがあるからですよ。桜島の噴(ふん)火による火山灰層が鹿児島にある上野原遺跡(せき)をおおっていることから、年代が特定されました。
理子さん：示準化石と同じですね。
数也くん：示準化石とは何ですか？
宝田先生：年代が特定できる化石で、様々な場所に生息し、進化による形態の変化が早い生物の化石のことですね。図3、図4の化石を見てください。

図3

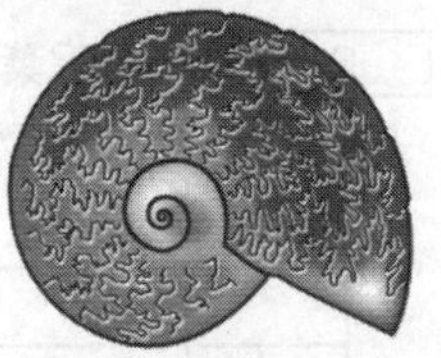
図4

数也くん：アンモナイトですよね。
理子さん：なんだか模様がちがいますね。
宝田先生：そうですね。生息していた時代によって異なるのです。図3は3億年前に、図4は1億年前に生息していたとされます。
数也くん：では図4は恐竜(きょうりゅう)が栄えていた時期ですね。
宝田先生：よく知っていますね。この模様は殻(から)の内部の構造によって変わってくるのです。図5、図6を見てください。図5は図3の、図6は図4のアンモナイトの断面図です。殻の中にはたくさんの空洞(どう)があり、浮袋(うきぶくろ)の役割をしていたと考えられています。この空洞の仕切りかべと殻の接合部分が模様となって見えているのです。

図5

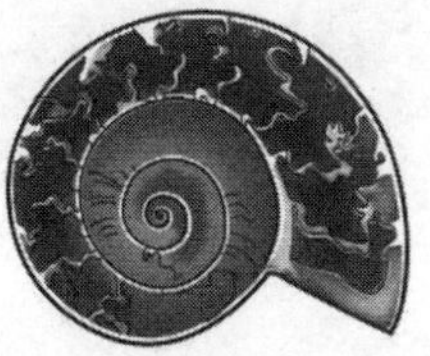
図6

理子さん：浮袋としての役割であれば、細かく空洞を分ける必要はないように感じます。

数也くん：確かにそうですね。かべの分だけ殻が重くなってしまいますし、あまり必要ないように感じます。なぜ仕切りかべは必要なのでしょうか？

宝田先生：では仕切りかべの役割を図7のような箱に例えて模式的に考えてみましょう。図のように箱の中に様々な形の1枚の板を入れて上下（矢印の方向）から力を加えます。どのような形の板を入れたときが一番高い強度を持つと思いますか？

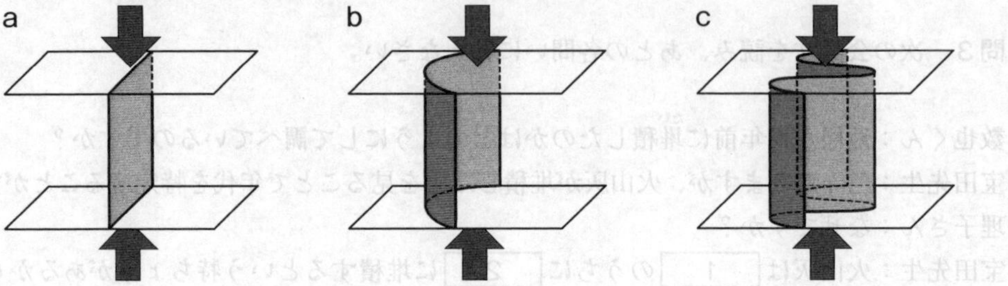

図7

数也くん：図7のｃですね。

宝田先生：そうですね。このことから仕切りかべの役割と、模様が変わっていった理由を考えてみましょう。

(1) [1]・[2] に入る言葉の組み合わせとして最も適当なものを、次のア～エの中から一つ選び、記号で答えなさい。

	1	2
ア	短期間	広い範囲（はん）
イ	短期間	せまい範囲
ウ	長期間	広い範囲
エ	長期間	せまい範囲

(2) アンモナイトの仕切りかべの形が変化した理由を、仕切りかべの役割をもとに答えなさい。

四

次の①～⑤の傍線部の漢字の読み方をひらがなで答えなさい。

① 刻限に遅（おく）れる。
② 金銭の受け渡（わた）し。
③ 臨場感のある映像。
④ 土地を耕す。
⑤ 茨の道を進む。

五

次の①～⑤の□に漢字一字を入れて、四字熟語を完成させなさい。

① □理難題
② □転八倒（とう）
③ 日進□歩
④ □語道断
⑤ □林火山

ア　生徒A――本文の「徴発」という言葉は「強制的に戦争に使う物を民間から集めること」を意味するみたい。「徴発された馬たちは、その後一頭も戻ってこなかった」という本文の記述は、馬が戦争の道具として使われ、戦地で犠牲になったということを示しているね。【感想１】にあるように、人間が始めた戦争に動物が巻き込まれてしまったということを表してるよ。

イ　生徒B――本文の描写の特徴として色を上手く使っていることが挙げられるね。【感想１】にもあるように、「真っ白な金平糖」とアオの「漆黒の瞳」という描写は、「白」と「黒」を対比的に用いながら、アオの様子を読者に強く印象づけるものになっているよ。

ウ　生徒C――私も【感想１】に共感するわ。アオがアブに襲われて出血しているところも色彩豊かな表現が用いられているね。アオの体から流れる赤い「血」とアブの「黒」、さらにアオの体の色が茶色であることを示す「栗毛」。場面を視覚的に想像させる仕かけになっているね。

エ　生徒D――本文の「いつしか二人は手をつないで、『鐘の鳴る丘』の主題歌「とんがり帽子」を歌い始めた」という描写は、【感想２】にもあるように、都が邦子のことをはげましていることを示していますね。

オ　生徒E――【感想２】では、邦子を喜ばせるために「みどり」役になりきったとあるけど、本文に「都は歌っていても一本調子の棒読み」とあるように都は、いつも通り不機嫌な様子で、しかたなく「みどり」役を演じていただけなんじゃないかな。

三　次の①～⑤の傍線部のカタカナを漢字で答えなさい。

① 劇場のキャクセキに座る。
② 原因をキュウメイする。
③ 入場ケンを買う。
④ 妻子をヤシナう。
⑤ 狐が女にバける。

問四 本文中の波線部の空欄に漢字一字を入れ、慣用句を完成させなさい。

問五 傍線部④「良仁にはそれだけだとは思えなかった」とありますが、良仁は、アオが涙した理由についてどのように考えていますか。五十字以内で説明しなさい。

問六 次に示す**【感想１】【感想２】**は、この小説を読んだ中学生二人がそれぞれ、学校の「図書通信」に書いたものの一部です。次のページのア〜オの生徒の発言は、本文と**【感想１】【感想２】**を踏まえたものです。これらを読み、本文および**【感想１・２】**を踏まえた内容として**ふさわしくないもの**を後の中から一つ選び、記号で答えなさい。

【感想１】

私は、本文最後の「アオこそが本物の孤児だ」という表現に着目しました。この表現は、現実では父と母がいる良仁が「戦争で家族を失った」「隆太」の役を演じているのに対して、「アオ」は本当に、父馬と母馬を戦争でなくしてしまっていることを示していると思います。さらに、人間の都合で始まった戦争に、全く関係ない動物が巻き込まれてしまっているという批判もそこには込められていると思います。

また、アオが金平糖を食べるシーンでは「大粒の真っ白な金平糖が、盛夏の日差しを受けてきらきらと輝く」や「瞬間、やせた馬体に微かな震えが走る」「アオの漆黒の瞳にふつふつと泡が昇りつめる」といった描写が本当にアオの様子を目の前で見ているようで、とても印象的でした。

【感想２】

私は、都に着目しました。彼女は邦子のためにラジオ劇の「みどり」役になりきっています。「仏頂面」とあるように、都は、ふだん「不機嫌そうな顔」をしているのですが、邦子を喜ばせるために、「みどり」になって気さくに応答しているのだと思いました。また、都には、アブに襲われて気持ちが沈んでいる邦子を励ますという思いもあったんだと思います。

※ 緑陰……木の葉が作る日かげのこと。
※ 蝉時雨……まるで雨がひどく降るように、たくさんの蝉がいっせいに鳴きたてていること。
※ 木酢液……木炭を焼くときに出る煙を冷やし、液体にしたもの。虫除けや殺菌に使う。
※ 鷹揚……ゆったりとした様子。
※ 仏頂面……不機嫌な顔。
※ 花かご会……ラジオ劇の主題歌を歌う児童合唱団。
※ 咀嚼……食物をかみくだくこと。
※ 配給……戦争中、不足しがちな物資を国が管理し、人々に配ること。

問一 傍線部①「それ」とは何ですか。四十字以内で説明しなさい。

問二 傍線部②「だが、よく見ると、どうも様子がおかしかった」とありますが、この場面の邦子の様子を説明したものとして最も適当なものを次の中から選び、記号で答えなさい。

ア 孝に代わりアオの世話をしていた邦子であったが、アオをアブから守るために、体中を刺されながら、懸命にタオルを振り回していた。
イ アオの世話を任された邦子であったが、アオに群がるたくさんのアブに驚き、兄の孝の声に気がつかないくらいはげしく動揺していた。
ウ アオに襲いかかる無数のアブに驚き、冷静さを失った邦子は、アブを追い払うのに最も効果的な木酢液の使い方をすっかり忘れていた。
エ 孝の代わりにアオの世話をすることになった邦子であったが、アオを襲ったアブにどう対応して良いのか分からず、悪戦苦闘していた。

問三 傍線部③「孝はアオの耳元で、何度もそうささやいた。両方の耳をぴんと立て、アオは本当に孝の言葉を聞いているようだった」について、ここから読み取れる「孝」と「アオ」の関係を説明したものとして最も適当なものを次の中から選び、記号で答えなさい。

ア 孝はアオを人間の気持ちが分かる賢い馬だと思っていて、アオも孝の言葉を理解し、孝を動物の気持ちが分かる人間だと思っている。
イ 孝はアオに特別な愛情を注いでいて、アオもそのことを感じ取って、孝のことを強く信頼している。
ウ 孝はアオに強い信頼を寄せていて、アオも他の人間にはなかなか心を開かないが、孝にだけは心を開いている。
エ 孝はアオを大切な仕事の道具だと思っていて、アオも孝のことを有能な主人だと思っている。

アオの漆黒の瞳にふつふつと泡が昇りつめる。きらめく泡がいっぱいにたたえられ、唐突に眼の縁からあふれ出た。

アオが涙を流していた。

孝をはじめ、良仁も、祐介も、誰も声を出すことができなかった。

一番初めに動いたのは都だった。

「アオ、あたいのもあげるよ」

まだみどり役が抜けないまま、都は自分の金平糖をてのひらの上に並べた。長い舌でなめとったアオは、あっという間に※咀嚼しながらやっぱりぽろぽろと涙を流した。

良仁たちも、自然と都の後に続いた。

「アオは生まれて初めて、こんなに甘いものを食べたんだよね」

アオの額をなでながら、祐介がつぶやくように言う。

「ア、アオが生まれた頃には、さ、砂糖の※配給なんて、と、とと、とっくになくなってたから」

「それできっと驚いて、涙腺につながる神経が刺激されたんだよ」

医者の息子の祐介らしい解釈だったが、④<u>良仁にはそれだけだとは思えなかった。</u>

アオはきっと、自分たちと同様に、金平糖が嬉しかったのだ。

アオは馬だけれど、生き物だから、心がある。良仁の脳裏に、列車に乗せられていった大勢の馬たちの姿が浮かんだ。アオの父馬と母馬も、そうやって南洋に送られたのだ。徴発された馬たちは、その後一頭も戻ってこなかった。

祐介が演じる修吉や、自分が演じる隆太のような役柄の戦災孤児とは違う。

アオこそが本物の孤児だ。

「アオ……」

ささやけば、くるりと片耳が回る。

大きな黒い瞳はいつものように潤んでいたが、アオはもう泣いていなかった。

（古内一絵『鐘を鳴らす子供たち』一部改変）

（注）※　紅一点〝おちびのみどり〟……「紅一点」は、大勢の男性のなかでただ一人の女性のこと。都が演じる「おちびのみどり」はラジオ劇に登場する戦災孤児のなかで、ただ一人の女性である。

※　アオ……孝と邦子が世話している馬。荷物を運ぶ仕事をしている。孝が放送劇に加わったため、現在は、邦子一人でアオの世話をしている。

※　金平糖……砂糖のお菓子。ラジオ劇に出演した子どもたちは、お礼として、金平糖がもらえる。

てた。

「あったかい……」

日頃※仏頂面の都の顔に、ほんのわずかに笑みがのぼる。

「く、邦子、ほ、ほほ、放送劇の仲間だよ」

落ち着いたところで、孝が妹に向かって、良仁たちを紹介し始めた。

修吉役の祐介、昌夫役の実秋、隆太役の良仁――。邦子は興奮した面持ちで良仁たちを見ていたが、アオをなでている都の姿に一層瞳を輝かした。

「もしかして、みどりちゃん？」

邦子に役名で呼ばれるなり、都がくるりとふり返る。

「うん、あたい、みどりだよ」

なんと、都はここでも即興を披露した。

「本物のみどりちゃんだぁっ！」

邦子がわあっと歓声をあげる。

「みどりちゃんに会えて、嬉しいっ」

「あたいも、今日、邦子ちゃんとアオに会えて嬉しいよ」

あまりに堂々とした即興ぶりに、実秋までが眼を□のようにした。それから先も、都はごく自然にみどりとしてふるまい、邦子をおおいに感激させた。

〽緑の丘の赤い屋根　とんがり帽子の時計台

　鐘が鳴ります　キンコンカン……

いつしか二人は手をつないで、『鐘の鳴る丘』の主題歌「とんがり帽子」を歌い始めた。邦子は「※花かご会」のメンバーにも引けを取らない歌い手だったが、都は歌っていても一本調子の棒読みだ。

しかも、本当は邦子より一つ年上のくせに、あくまで〝おちびのみどり〟で通すあたりは、いっそずうずうしいくらいだった。

「き、今日は、ア、アオに土産を持ってきたんだ」

孝が腰に下げていた紙包みを手に取る。

包みの中の金平糖を、孝は惜しげもなく全部てのひらの上に並べた。大粒の真っ白な金平糖が、盛夏の日差しを受けてきらきらと輝く。

アオは大きな黒い眼でじっとそれを見つめていたが、やがて歯を出さずにそっとなめとった。

瞬間、やせた馬体に微かな震えが走る。

良仁はハッとした。

「く、邦子、ア、アア、アブは払っちゃだめだ、よ、余計向かってくる。も、ももも、※木酢液は、ちゃ、ちゃんと持ってきたか」

「兄ちゃん、そこに……！」

向かってくるアブに悪戦苦闘しながら、邦子が土手に置かれたポリタンクを指さした。

「よ、よし！」

ポリタンクを手に、孝がバシャバシャと川の中へ入っていく。邦子とアオに充分近づいてから、孝はポリタンクの蓋をあけて真っ黒な液体をまき散らした。

むせるような焦げ臭さが周囲に広がり、旋回していたアブが逃げ出す。強烈な臭いをものともせず、孝は黒い液体を、アオの体に食い込んでいるアブに直接かけた。アブがぼろぼろとアオの体から離れて飛んでいく。

ようやくアブがいなくなると、孝は肩で息をついた。

「も、もう、だ、大丈夫だ」

ポリタンクをぶらさげ、孝が良仁たちに手招きする。恐る恐る水に入れば、周囲にはまだ木酢液の強烈な臭いが漂っていた。

「さ、ささ、刺されなかったか？」

孝が気遣うと、邦子はかろうじてうなずいた。

「アオ、痛くないの？」

都が眉を寄せて、アオの腹を指さす。アブに食われたあちこちから、薄く血がにじんでいた。

「し、辛抱したな、アオ」

孝がかがみ込み、アブに刺された跡にも木酢液を塗ってやる。

「え、えらかったな。よ、よく暴れなかったな」

③孝はアオの耳元で、何度もそうささやいた。両方の耳をぴんと立て、アオは本当に孝の言葉を聞いているようだった。

「く、邦子、今度アブが出たら、は、払わないで、すぐに木酢液をまけ。そ、それから、アブは耳に寄ってくるから、夏の間はアオに耳袋をかぶせてな」

邦子は真剣な表情で、兄の指示を聞いている。

「あ、洗い終わったら、仕上げに木酢液をかけてやると、ア、アブもしばらく寄りつかないから」

こうしていると、孝は本当に自分たちと同い年とは思えない。立派な馬方の小父さんだ。

「アオにさわってもいい？」

都の申し出に、孝は※鷹揚にうなずく。

「う、後ろに立つと、こ、怖がるから、ま、前から鼻んとこ、な、なでてやってな」

孝に従い、都はアオの前に回った。都が背伸びをしながら手を差しだすと、アオが大人しく頭を垂れる。都はその鼻面に、そっとてのひらを押しあ

二 次の文章を読んで、あとの問いに答えなさい。

> **敗戦から二年後（一九四七年）、日本には戦争で家や家族を失った子どもたち――戦災孤児がたくさんいた。生活に苦しむ子どもたちをはげますために、ラジオ劇『鐘の鳴る丘』が放送されることになった。演じることになったのは、良仁たち素人の小学生だった。戦災孤児の隆太役の良仁、修吉役の祐介、昌夫役の実秋、みどり役の都、ガンちゃん役の孝の五人は、『鐘の鳴る丘』の大ファンである孝の妹の邦子に会いに行くことにした。**

邦子は特に、戦災孤児の※紅一点〝おちびのみどり〟が大好きなのだそうだ。

今日はそのみどり役の都を紹介できると、孝は嬉しそうだった。

「そ、それに、※アオに、こ、こここ、※金平糖、やれるし」

孝はもらったばかりの紙包みを掲げる。

重労働にたえる馬は、甘いものが大好物だ。以前、孝はアオの父馬や母馬に、たびたび角砂糖をあたえていたという。けれど、戦争末期に生まれたアオには、ただの一度もそんな贅沢をさせてやることができなかった。

①それを聞いたとき、良仁は自分の金平糖もアオにあげようと心に決めた。おそらく、祐介や実秋もそのつもりでいるのだろう。

桜並木の※緑陰は、※蝉時雨でいっぱいだ。暑さは厳しいが、時折気持ちのよい風が吹く。水辺では、オハグロトンボが真っ黒な羽を閉じたり開いたりしてふわふわと飛んでいた。

（中略）

「あ、お馬さん！」

前方の都が声を弾ませる。

「あれが、アオ？」

都の指の先に、孝によく似た大柄な女の子と、栗毛の馬の姿があった。川の浅瀬のところに、アオは相変わらず大人しく立っている。②だが、よく見ると、どうも様子がおかしかった。アオをかばうようにして、女の子がタオルを持った手を大きくふり回している。

「く、邦子！」

孝が顔色を変えて駆け出した。

「ア、アア、アブが出たんだ」

この暑さでアブが大発生したらしい。良仁たちも慌てて孝の後を追った。近くまできて、全員が大きく眼を見張る。アオの体のあちこちに、大きなアブが食い込むようにたかっていた。

問四　傍線部④「この規定には幅がある」とは、どういうことですか。その説明として最も適当なものを次の中から選び、記号で答えなさい。

ア　そもそも人は間違える生き物なので、罪に対して特定の罰が決められていたとしても、裁判官が誤った判決を下す可能性は十分にあるということ。

イ　裁判官が複数の判断材料をもとに罪を決定しなくてはならないため、間違いが生じてもいいように、いろいろな解釈が許可されているということ。

ウ　裁判では、証拠や証人が必ずしも明確に存在するわけではないので、罪に対する罰はあいまいなままに決められてしまうことがあるということ。

エ　裁判官という人間が、様々な事情をふまえ、罪に対してどのような罰がふさわしいかを決める以上、法の範囲の中で刑罰は多様になりうるということ。

問五　空欄（らん）［X］・［Y］に入る語句として適当なものを次の中からそれぞれ一つずつ選び、記号で答えなさい。

ア　たとえば　**イ**　ところで　**ウ**　しかも　**エ**　でも　**オ**　つまり

問六　空欄［Z］に入る語句を五字以内で考えて書きなさい。

問七　傍線部⑤「近代司法は、誰かを犯人と断定する際には、とにかく慎重であることを要求する」とありますが、それはなぜですか。その理由を六十字以内で説明しなさい。

ことでもある。それは社会にとっても大きな不利益だ。

「罪刑法定主義」と「無罪推定原則」。この二つの理念は、近代民主主義国家の司法にとっては、とても重要なルールだ。

（森達也『ぼくらの時代の罪と罰―増補新版 きみが選んだ死刑のスイッチ』一部改変）

（注）※古代バビロニア……紀元前三〇〇〇年ごろから紀元前二三五〇年ごろに、現在のイラク南部に栄えた国家。
※タブー……禁止されていること。
※近代……歴史の時代区分の一つで、現代の基礎となる部分ができあがった時代のこと。日本では、一般的に明治時代以降のことを指す。
※奴隷……人間としての権利・自由を認められず、他人の所有物として取り扱われる人のこと。

問一 傍線部①「ハンムラビ法典」に関する筆者の考えとして、**ふさわしくないもの**を、次の中から一つ選び、記号で答えなさい。

ア ハンムラビ法典は、それ以前の法律のようにゆきすぎた刑罰がなされることを防ぐために、「同害報復」という考えを採用している点で注目に値する。

イ ハンムラビ法典は、世界最古の法典として歴史的に貴重なものではあるが、他人に対する復讐を肯定している点で法律としては適切であるとは言えない。

ウ ハンムラビ法典は、近代的な法律の起源と言えるが、対等な身分同士にしか適用されないという点で、欠点を持った法律である。

エ ハンムラビ法典は、奴隷に対して厳しい罰を加える傾向にあるなど、身分による差別が行われている点で、現代の法律とは違っている。

問二 傍線部②「罰を与える前に、どんな行為が罪になるのかを決めておくことを定めている」とありますが、「どんな行為が罪になるのかを決めておくこと」はなぜ「重要」なのですか。その理由を五十字以内で説明しなさい。

問三 傍線部③「これ」とは何ですか。本文中から八字で書き抜きなさい。

自分の身の回りで起こったことを、僕たちは見たり聞いたりして理解する。**X** 実は、感覚器官である目や耳は絶対に正しいわけではない。むしろとても多く、見まちがいや聞きまちがいを起こす。

それに目で見る光景は、たとえ見まちがいではなくても、どこから見るかでぜんぜん違うものになる。黒板前の先生の位置からはみんな真面目に授業を受けているように見えるとしても、同じときに教室の後ろから見たら、机の上に立てた教科書のかげで弁当を食べている○○くんが見えるかもしれないし、膝の上でこっそりと漫画を読んでいる△△さんが見えるかもしれない。

Y 、実際に何が起きたかをあとから一〇〇パーセント正確に知ることは、ほぼ不可能だと思ったほうがいい。

人を裁くということは、とても不確かなことを材料にしてとても不確かな判断を下すということと、ほぼ同じ意味を持つ行為なのだ。だから近代にいたるまでの司法（裁判）の歴史は、過ちと判断ミスの歴史だった。この日本だけでも、とても多くの司法判断のミスがあった。いや過去形ではない。今だってたくさんある。

その判断ミスのもっとも代表的な例が、罪を犯していない人に罰を与えてしまう「冤罪」だ。

犯した罪に対して罰を与える。それは社会を維持するうえでとても大切なこと。でも、もちろん、罪を犯していない人に罰を与えてはいけない。それは当然だとあなたも思うはずだ。

（中　略）

黒か白か。僕たちはこのフレーズをよく使う。このフレーズを裁判にそのまま使えば、「有罪か無罪か」ということになる。

でもそれがまちがいであることを、僕はあなたに知ってほしい。これを英語で言うときはguilty or not guiltyというフレーズがよく使われる。guiltyの意味は「有罪」。つまり、このフレーズの訳は「有罪か有罪でないか」。司法において「黒」の対義語は「白」ではない。「黒」の対義語は「**Z**」なのだ。だから「灰色（グレー）」も「**Z**」に含まれる。この違いはとても大きい。

裁判において被告人の側は、innocent（無罪）であることを証明する必要はない。not guilty（有罪ではない）であることを示せば、自動的に無罪と認定される。明らかに有罪だと証明されないかぎり、その人は罰せられることはない。

日本のことわざならば「疑わしきは罰せず」。あるいは「疑わしきは被告人の利益に」。どちらも多少の疑いがあるくらいでは、その人に刑罰を与えてはならない（有罪と認定してはならない）という原則だ。これを「無罪推定原則」という。

⑤近代司法は、誰かを犯人と断定する際には、とにかく慎重であることを要求する。その結果として本当は有罪なのに無罪にしてしまうことがあっても、無罪を有罪にしてしまうことだけは絶対にあってはならないと考える。

なぜこのような考え方が定着したのか。その理由は、かつて多くの人たちが、まったく無関係の罪で厳罰に処せられてきたという歴史があるからだ。また同時に、誰かを誤って犯人にしてしまうということは、そこで捜査を打ち切ることでもあるのだから、真犯人の捜査がもう行われなくなるという近代的な罪刑法定主義の起源ともいえるハンムラビ法典だけど、実はタリオの法（同害報復のルール）が、当時のすべての人に対して平等に適用されたわけではない。対等な身分同士の場合に限られていた。たとえば※奴隷が主人に被害や損害を与えたときは、実際の被害や損害よりもずっと重い罰を与えられることは普通だった。うっかり主人の家畜を逃がしてしまっただけで、死罪になるようなこともあったようだ。なぜならこの時代の人々は、人権や平等の思想を知らない。奴隷の命の価値は主人の命の価値より低いことが当たり前だった。

でも古代バビロニア時代から四〇〇〇年近くが過ぎて、人類は様々な歴史を重ねながら、ようやく人権や平等の思想を獲得した。世界中で奴隷制度はほぼ廃止されて、民主国家であるならば、総理大臣だろうがパン屋さんだろうが映画監督だろうが無職であろうが、命の価値はみな同じだ。

③これを大前提にして、犯した罪に対して相応の罰を決めるために、裁判が行われる。このとき裁かれる罪は、すべて過去に起こったことだ。だから犯罪や争いを裁く（刑罰を決める）とき、裁かれる被告人も含めて多くの人の証言や証拠を集め、そのうえで罰を決める。でも証人や証拠がなかなか見つからない場合がある。そもそも、罪を犯したとして逮捕されて起訴された人（被告人）が、実際に罪を犯したかどうか明確ではない場合もある。なぜなら人はまちがいを犯す生きものだ。司法に携わる仕事を選んだ裁判官や検察官、弁護士だって、早とちりしたり勘違いしたりまちがえたりする可能性は常にある。

実際に、罪に相応しない刑罰を決めてしまったり、罪を犯していない人に対して刑罰を与えることを決めてしまったりする事例は、現在の裁判においても決して少なくない。

近代司法における刑事裁判は、大原則である罪刑法定主義によって、被告人が犯した罪（犯罪行為）に対して、この程度の刑罰（量刑）がふさわしいという規定が法で決められている。

でも④この規定には幅がある。同じような犯罪行為の場合でも、罪を犯した人に科される刑罰の重さは、様々な要素や事情を考慮しながら決められる。たとえば、他人の持ちものや財産を盗んだ場合は、刑法第二三五条において「一〇年以下の懲役又は五〇万円以下の罰金に処する」と規定されている。つまり、（一カ月以上）一〇年以下の懲役と（一万円以上）五〇万円以下の罰金という二つの幅の中から、どのような刑罰にするかを裁判で決定する。だって同じ窃盗でも、一〇〇円ショップでジュースを万引きした人と銀行を襲撃して数億円のお金を盗んだ人が同じ刑罰でよいはずがない。どれほど社会を騒がせたのか、どれほど悪質なのか、どれほど多くの人に被害を与えたのか、被告人はどれほど反省しているのか、あるいはしていないのか、こうした多くの要素を総合的に判断して、適正な刑罰を決めなくてはならない。

この判断をするのは、最終的には裁判官という「人」なのだ。たとえば反省の様子をどう評価するかについても、明確な基準などないのだから、裁判官によって評価も違うはずだ。

（中　略）

2023年度

宝仙学園中学校共学部理数インター

【国　語】〈二月一日午前試験〉（四〇分）〈満点：一〇〇点〉

【注意事項】設問に字数制限がある場合には、句読点・記号も字数に数えます。

一　**次の文章を読んで、あとの問いに答えなさい。**

「目には目を、歯には歯を」というフレーズを、あなたもきっと聞いたことがあると思う。「タリオの法」と呼ばれるこの取り決めは、※古代バビロニアの王であるハンムラビが発布した世界最古の法典（「①ハンムラビ法典」）に記されている。もしもあなたが誰かの目をつぶしたのなら、あなたは罰として自分の目をつぶされねばならない。誰かの歯を折ったのなら、自分の歯を折られねばならない。

犯した罪に等しい罰を与えるということで「同害報復」と呼ばれるこのフレーズの印象から、タリオの法は復讐を肯定しているとか、今は罰が軽すぎるなどと言う人は多いけれど、それはとても表面的な解釈だ。なぜならハンムラビ以前の時代は、倍返しや一〇倍返しで刑罰を決めることが普通にあった。だからタリオの法は、ゆきすぎた罰を与えることを戒めるという意味もあった。

もう一つ重要なこと。この世界最古の法典は、何が犯罪行為であるかを明らかにすると同時に、これを犯した人に対してあらかじめ決められた刑罰を与えることを示している。つまり②罰を与える前に、どんな行為が罪になるのかを決めておくことを定めている。

その前にも罪と罰という概念はあったけれど、どんな行為が罪になるのか、そしてどの程度の罰を受けるのかなどは、きちんと決められていなかった。特にそのころの社会では、規範や道徳などが宗教的な※タブーや慣習などと分けられないままにルールになっていた。同じようにルール違反をしても、そのときの村の長老や宗教指導者や支配層にいる人の考え方や気分などで、罰の種類や程度に差があった。あるいは同じルール違反をしても、みんなに好かれている人は軽い罰で済んだのに、嫌われている人は重い罰になることだってあったかもしれない。

これはやはり不公平だ。だから文明が少しずつ成熟するとともに、「犯してはならない罪」と「罪に対応する罰の程度」をきちんと定めておくというルールが決まってきた。

これを「罪刑法定主義」という。つまり罪と刑罰が、法律によってあらかじめ定められていること。これは※近代司法の大原則だ。

2023年度

宝仙学園中学校共学部理数インター ▶解説と解答

算　数　＜２月１日午前試験＞（40分）＜満点：100点＞

解　答

[1] (1)　3　(2)　8　(3)　25.5　(4)　51　(5)　1　(6)　$\frac{5}{6}$　[2] (1)　5　(2)　135度　(3)　時速14.4km　(4)　150ｇ　(5)　２歳　(6)　15人　(7)　120円　(8)　38人　(9)　2150円　[3] (1)　２倍　(2)　４倍　(3)　３倍

解　説

[1] 四則計算，比の性質，逆算

(1)　$(7+13)\div 4-(5-81\div 27)=20\div 4-(5-3)=5-2=3$

(2)　$2.5:2\frac{6}{7}=\frac{5}{2}:\frac{20}{7}=\left(\frac{5}{2}\times 14\right):\left(\frac{20}{7}\times 14\right)=35:40=7:8$だから，□＝８となる。

〔ほかの解き方〕　$A:B=C:D$のとき，$A\times D=B\times C$となることを利用すると，$2.5:2\frac{6}{7}=7:\square$のとき，$2.5\times\square=2\frac{6}{7}\times 7$となる。よって，$\square=2\frac{6}{7}\times 7\div 2.5=\frac{20}{7}\times 7\div 2.5=20\div 2.5=8$と求めることもできる。

(3)　$5.04\div(5.6\times 4-19.6)+23.7=5.04\div(22.4-19.6)+23.7=5.04\div 2.8+23.7=1.8+23.7=25.5$

(4)　$2023\times\left(\frac{1}{7}-\frac{2}{17}\right)=2023\times\left(\frac{17}{119}-\frac{14}{119}\right)=2023\times\frac{3}{119}=51$

(5)　$2-\left\{\frac{5}{6}-\left(\frac{3}{8}-\frac{1}{12}+\frac{1}{3}\right)\right\}\times 4\frac{4}{5}=2-\left\{\frac{5}{6}-\left(\frac{9}{24}-\frac{2}{24}+\frac{8}{24}\right)\right\}\times\frac{24}{5}=2-\left(\frac{5}{6}-\frac{15}{24}\right)\times\frac{24}{5}=2-\left(\frac{20}{24}-\frac{15}{24}\right)\times\frac{24}{5}=2-\frac{5}{24}\times\frac{24}{5}=2-1=1$

(6)　$\frac{15}{4}-\left\{3.5-\left(\square-\frac{3}{4}\right)\times 1.5\right\}=0.375$より，$3.5-\left(\square-\frac{3}{4}\right)\times 1.5=\frac{15}{4}-0.375=\frac{15}{4}-\frac{3}{8}=\frac{30}{8}-\frac{3}{8}=\frac{27}{8}$，$\left(\square-\frac{3}{4}\right)\times 1.5=3.5-\frac{27}{8}=\frac{7}{2}-\frac{27}{8}=\frac{28}{8}-\frac{27}{8}=\frac{1}{8}$，$\square-\frac{3}{4}=\frac{1}{8}\div 1.5=\frac{1}{8}\div\frac{3}{2}=\frac{1}{8}\times\frac{2}{3}=\frac{1}{12}$　よって，$\square=\frac{1}{12}+\frac{3}{4}=\frac{1}{12}+\frac{9}{12}=\frac{10}{12}=\frac{5}{6}$

[2] 周期算，角度，速さ，濃度(のうど)，年齢算(ねんれい)，仕事算，消去算，比の性質，分配算

(1)　$\frac{3}{7}=3\div 7=0.42857142\cdots$だから，小数点以下には{4，2，8，5，7，1}の６個の数字がくり返される。よって，100÷６＝16余り４より，小数第100位の数字は小数第４位の数字と同じであり，５とわかる。

(2)　半径８cmの扇(おうぎ)形の中心角を□度とすると，$6\times 6\times 3.14\times\frac{240}{360}=8\times 8\times 3.14\times\frac{\square}{360}$と表すことができる。等号の両側を3.14で割り，さらに等号の両側に360をかけると，６×６×240＝８×８×□となるから，36×240＝64×□より，□＝36×240÷64＝135(度)と求められる。

(3)　(平均の速さ)＝(道のりの合計)÷(時間の合計)で求める。Ａ地点とＢ地点の間の道のりを12kmと18kmの最小公倍数の36kmとすると，往復したときの道のりの合計は，36×２＝72(km)になる。また，行きにかかった時間は，36÷12＝３(時間)，帰りにかかった時間は，36÷18＝２(時間)なので，時間の合計は，３＋２＝５(時間)である。よって，往復の平均の速さは時速，72÷５＝14.4(km)とわかる。

(4)　(食塩の重さ)＝(食塩水の重さ)×(濃度)より，５％の食塩水400ｇに含(ふく)まれている食塩の重さは，400×0.05＝20(ｇ)とわかる。食塩水から水を蒸発させても食塩の重さは変わらないから，水を蒸発させて濃度が８％になった食塩水にも20ｇの食塩が含まれている。よって，水を蒸発させた後の食塩水の重さを□ｇとすると，□×0.08＝20と表すことができるので，□＝20÷0.08＝250(ｇ)と求められる。したがって，蒸発させる水の重さは，400－250＝150(ｇ)である。

(5)　５年後の父の年齢は，40＋５＝45(歳(さい))だから，その２倍は，45×２＝90(歳)となる。よって，５年後の３人の子どもの年齢の合計は，90÷３＝30(歳)とわかる。また，５年間でそれぞれの子どもの年齢が５歳ずつ増えるので，現在の３人の子どもの年齢の合計は，30－５×３＝15(歳)と求められる。したがって，現在の三男の年齢は，15－(７＋６)＝２(歳)である。

(6)　１人が１日にする仕事の量を１とすると，この仕事全体の量は，１×12×15＝180となる。すると，この仕事を20日で終えることができる人数は，180÷20＝９(人)となる。よって，９人が12日間でした仕事の量は，１×９×12＝108とわかる。ここで，残りの仕事の量は，180－108＝72であり，これを３日間で終わらせたので，最後の３日間は，72÷３＝24(人)で仕事をしたことになる。したがって，増やした人数は，24－９＝15(人)である。

(7)　２通りの代金を式に表すと，右の図１のア，イのようになる。はじめに，アの式の等号の両側を３倍，イの式の等号の両側を２倍してシュークリームの個数をそろえる。次に，下の式から上の式をひくと，ショートケーキ，10－９＝１(個)の値段は，1680－1560＝120(円)と求められる。

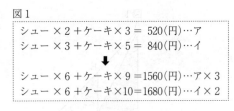

図１

シュー×２＋ケーキ×３＝ 520(円)…ア
シュー×３＋ケーキ×５＝ 840(円)…イ

⬇

シュー×６＋ケーキ×９＝1560(円)…ア×３
シュー×６＋ケーキ×10＝1680(円)…イ×２

(8)　Ａ組の人数は，６＋５＝11の倍数だから，考えられる人数は{11，22，<u>33</u>，44，55，66}人である。また，Ｂ組の人数は，４＋３＝７の倍数なので，考えられる人数は{７，14，21，28，<u>35</u>，42，49，56，63}人となる。この合計が68人になるのは＿の部分だから，Ａ組の人数は33人，Ｂ組の人数は35人とわかる。よって，Ａ組の男子の人数は，$33\times\frac{6}{6+5}$＝18(人)，Ｂ組の男子の人数は，$35\times\frac{4}{4+3}$＝20(人)なので，男子生徒の人数は，18＋20＝38(人)と求められる。

(9)　Ｃさんの金額を①として図に表すと，右の図２のようになる。図２で，②＋②＋①＝⑤にあたる金額が，4980－(230＋100＋100)＝4550(円)となるから，①にあたる金額は，4550÷５＝910(円)と求められる。よって，Ａさんの出した金額は，910×２＋100＋230＝2150(円)である。

図２

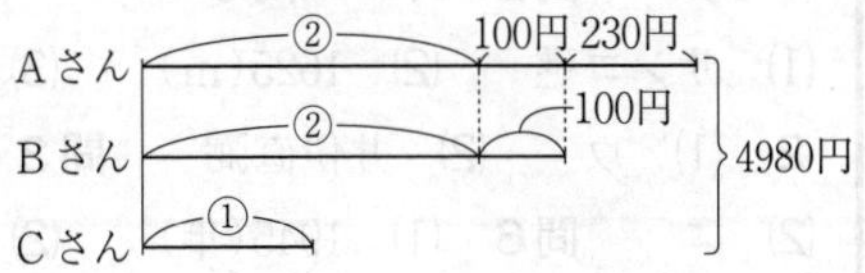

3　平面図形─辺の比と面積の比，相似

(1)　点Ｅが辺ACの真ん中にあるときは，下の図１のようになる。図１で，三角形EDCは三角形ABCと相似で，直角二等辺三角形だから，EDとDCの長さは等しい。すると，BCの長さはDCの長さの２倍なので，ABの長さもEDの長さの２倍になる。また，三角形ABDの底辺をBD，三角形

CDEの底辺をDCとすると，その長さは同じなので，それぞれの高さであるAB，EDの長さより，三角形ABDの面積は三角形CDEの面積の２倍とわかる。

⑵　線分DEと辺ACが垂直に交わるときは，下の図２のようになる。図２のように，点Eから辺BCに垂直な線EFを引くと，角BCAが45度だから，三角形EDFと三角形EFCも直角二等辺三角形になる。よって，EF＝DF＝FC＝１とすると，DC＝BD＝１＋１＝２，BC＝AB＝２＋２＝４となるから，ABの長さはEFの長さの，４÷１＝４（倍）とわかる。⑴と同様に，三角形ABDの底辺をBD，三角形CDEの底辺をDCとすると，その長さは同じなので，それぞれの高さであるAB，EFの長さより，三角形ABDの面積は三角形CDEの面積の４倍とわかる。

⑶　角ADBと角CDEの大きさが等しいときは，下の図３のようになる。図３のように，点Eから辺BCに垂直な線EGを引くと，⑵と同様に，三角形EGCも直角二等辺三角形になる。また，角ADBと角EDG，角ABDと角EGDの大きさがそれぞれ等しいので，三角形ABDと三角形EGDは相似だから，DG：EG＝DB：AB＝１：２とわかる。そこで，DG＝①，EG＝②とすると，GC＝②，DC＝BD＝①＋②＝③，BC＝AB＝③＋③＝⑥となるので，ABの長さはEGの長さの，６÷２＝３（倍）と求められる。⑴，⑵と同様に，三角形ABDの底辺をBD，三角形CDEの底辺をDCとすると，その長さは同じだから，それぞれの高さであるAB，EGの長さより，三角形ABDの面積は三角形CDEの面積の３倍である。

図１　図２　図３

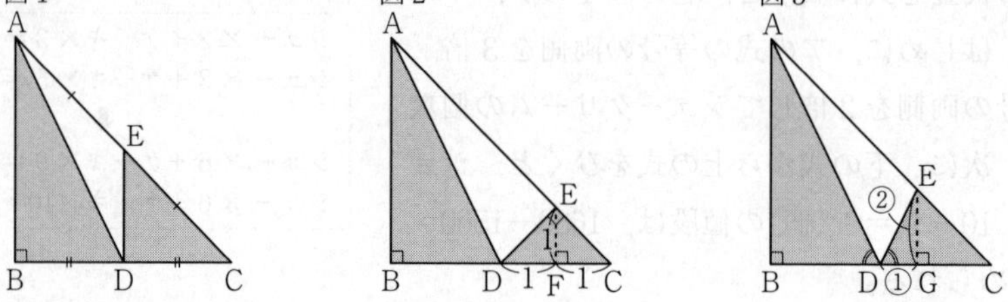

社　会　＜２月１日午前試験＞（理科と合わせて40分）＜満点：50点＞

解　答

1　**問１**　（例）　沖縄県にはたくさんの島があり，その島々を取り囲む海岸線の長さもふくめるから。　**問２**　イ　**問３**　エ　**問４**　６（次産業化）　**問５**　ウ　**問６**　イ　**問７**　⑴　サンゴ礁　⑵　1625（m）　⑶　エ　**問８**　ア　**問９**　ウ　**2**　**問１**　ア　**問２**　⑴　ウ　⑵　井伊直弼　**問３**　**X**　戦争　**Y**　戦力　**問４**　ア　**問５**　⑴　ア　⑵　エ　**問６**　⑴　1945（年）　⑵　ウ　**問７**　ウ　**問８**　（例）　道路上の進行方向が逆になり，バス停の位置やバスの乗り降りのドアを車体の右側から左側に変更することになったから。

解　説

1　**沖縄県の自然や産業についての問題**

問１　沖縄県は北海道と同じように島を県の領域とし，長崎県のように多くの島から成り立っているため，すべての島の海岸線の合計が長くなる。

問２　さまざまなレジャー施設のうち，海に面していない内陸県には「海水浴場」は設置されない。表にある都道府県のうち，長野・群馬・栃木の３県は内陸県なので，海水浴場はない。よって，この３県がふくまれないイがあてはまる。なお，アはスキー場，ウはゴルフ場，エはテーマパーク・レジャーランド。統計資料は『データでみる県勢』2022年版による(以下同じ)。

問３　沖縄県の伝統的な家屋は，台風による暴風などの被害を防ぐため，屋根が低く，家の周りを石垣で囲み，屋根がわらはしっくいで固められている。よって，エがあてはまる。なお，アは防風林を持つ民家，イは輪中に見られる水屋，ウは豪雪地帯に見られる家屋。

問４　第１次産業(農林水産業)の従事者が，第２次産業(製造業・建設業)と第３次産業(商業・サービス業)にもたずさわる経営形態を６次産業化という。設問にある酪農を営む農家のほか，たとえばリンゴを栽培する農家が，リンゴを出荷する(第１次産業)かたわら，生果として出荷できないものをジャムやジュースに加工し(第２次産業)，インターネットなどを通じて販売する(第３次産業)ことなどが考えられる。

問５　「焼酎」は九州地方が主産地となっているので，ウがあてはまる。なお，アは清酒，イはワイン，エはビール。

問６　キク(菊)の栽培について，沖縄県では亜熱帯の気候を利用した露地栽培が中心で，出荷量が最も多いのは春になる。愛知県はビニールハウスなどの施設を利用した「電照菊」の栽培が中心で，１年を通して出荷している。福島県は季節に合わせた露地栽培が中心なので，出荷量が最も多いのは秋になる。

問７　(1)　伊江島は沖縄島北部から北西の洋上に位置する島で，沿岸にはサンゴ礁が広がっている。　(2)　この地形図の縮尺は等高線の主曲線(細い実線)が10ｍごと，計曲線(太い実線)が50ｍごとに引かれているので，25000分の１であるとわかる。地図上の長さの実際の距離は，(地図上の長さ)×(縮尺の分母)で求められるので，地形図上の6.5cmの実際の距離は6.5(cm)×25000＝162500(cm)＝1625(ｍ)になる。　(3)　この地形図の西側にある伊江島の南の海岸近くにある「川平」の東西にのびる道路沿いには，針葉樹林(Λ)が広がっている。なお，ヤシ科樹林の地図記号は(Ƭ)である。

問８　沖縄県は工業がさかんではないため，製造品出荷額が47都道府県の中で最も低い。そのため，食料品や飲料・飼料，窯業・土石といった軽工業の割合が大きい。よって，アがあてはまる。なお，イは北海道，ウは富山県，エは茨城県。

問９　滋賀県では，甲賀市信楽で「信楽焼」という伝統的な焼き物がつくられており，中でもタヌキの置物がよく知られる。よって，ウがあてはまる。なお，アは東京都の江戸切子，イは石川県の金箔，エは香川県の丸亀うちわ。

２　沖縄県の戦後の歩みについての問題

問１　江戸時代の1635年に，大名の参勤交代を武家諸法度で制度化したのは，第３代将軍の徳川家光である。よって，アが正しくない。なお，イは1615年，ウは1637年，エは1669年のできごと。

問２　(1)　1853年，アメリカ使節のペリーは沖縄諸島と小笠原諸島を訪れたあと，浦賀(神奈川県)に来航した。浦賀は三浦半島に位置するので，地図のウがあてはまる。なお，アは銚子(千葉県)，イは川崎(神奈川県)，エは下田(静岡県)。　(2)　1854年，江戸幕府はペリーとの間で日米和親条約を結び，下田と函館(北海道)の２港を開いた。その後1858年には，江戸幕府の大老であった井伊直弼が下田に赴任したアメリカ領事ハリスとの間で日米修好通商条約を結んだ。

問３　X，Y　日本国憲法第９条は「平和主義」の原則を明記したもので，「国権の発動たる戦争と，武力による威嚇又は武力の行使は(…)永久にこれを放棄する」とある。また，２項には，この目的を達成するため，「陸海空軍その他の戦力は，これを保持しない。国の交戦権は，これを認めない」としている。

問４　裁判所は国会が制定した法律や，内閣の政令・命令・行政処分，地方自治体の条例などについて，憲法に照らして合憲か違憲かを実際の裁判を通して判断する権限を持っている。これを違憲(立法)審査権という。最高裁判所はその最終的な判断を下すため，「憲法の番人」とよばれる。よって，アが正しい。なお，イの高等裁判所は日本の８つの地方ごとに置かれているので，８か所になる。ウの最高裁判所の裁判官(長官を含め15名)のうち，長官は内閣が指名し天皇が任命するが，長官以外は内閣が任命する。エの裁判員制度の対象は，重大な刑事事件についての第１審(地方裁判所)である。

問５　(1)　吉田茂は戦前には外交官，戦後には政治家として活動し，1946年５月に第１次内閣を組織して以来，1954年までの間に７年間にわたって政権を担当した。第３次内閣のとき，朝鮮戦争(1950～53年)が始まり，警察予備隊の創設に関わった。よって，アが正しい。なお，イの国民所得倍増計画は池田勇人，ウのノーベル平和賞受賞は佐藤栄作，エの日中共同声明は田中角栄。　(2)　1951年に結ばれたサンフランシスコ平和条約は，日本が連合国48か国と結んだ太平洋戦争(1941～45年)の講和条約である。この条約にはソ連など３か国が調印をしなかった。また，日本が国際連合に加盟したのは，1956年のことである。

問６　(1)　太平洋戦争中，アメリカ軍が沖縄本島に上陸したのは1945年４月１日である。沖縄戦は日本本土で行われた唯一の地上戦で，約10万人の沖縄県民が犠牲となった。　(2)　『日本書紀』は天皇が命じてつくらせた日本で初めての歴史書で，舎人親王らによって編さんされて720年に完成した。アの坂上田村麻呂が征夷大将軍に任命されたのは797年，イの聖武天皇の大仏造立の詔は743年，ウの和同開珎の鋳造は708年，エの墾田永年私財法の制定は743年である。よって，ウがこれより前になる。

問７　「非核三原則」は核兵器に対する日本の基本方針を示したもので，核兵器を「持たず，作らず，持ち込ませず」としている。よって，ウが正しくない。

問８　沖縄の本土復帰は1972年のことであるが，これにともない道路(車道)もアメリカ式の右側通行から日本式の左側通行に変更する必要があった。乗用車の場合，ドアが左右にあるので問題ないが，バスは歩道側にしか乗降口がないので，乗降口を進行方向の右側から左側につけかえなければならず，またバス停の位置も右側から左側に変更しなければならなかった。

理　科　＜2月1日午前試験＞（社会と合わせて40分）＜満点：50点＞

解　答

1　**問１**　イ　　**問２**　60g　　**問３**　(1)　ア　　(2)　エ　　(3)　(例)　フリーザーバッグの中の気体が加熱され，フリーザーバッグの中の圧力が高くなると，沸点も高くなるため，そのままたくより高温でたくことができるから。　**2** **問１**　イ，オ　**問２**　(1)　362ｇ　(2)　7.4ｇ　(3)　ア　(4)　250ｇ　**3** **問１**　(例)　花粉をつくるはたらき。　**問２**　「成長して種子」になる部分…エ　「成長して果実」になる部分…ウ　**問３**　受粉　**問４**　虫ばい花　**問５**　(1)　①　がく　②　がく　③　めしべ　④　めしべ　(2)　C
4 **問１**　解説の図を参照のこと。　**問２**　⑦　**問３**　(1)　ア　(2)　(例)　天敵が増えたため，殻の強度を高める必要が出てきたから。

解　説

1 圧力についての問題

問１　一定の面積あたりにかかる重さ(圧力)が大きいほど，スポンジは深くしずむ。Ａの面積は，５×10＝50(cm^2)，Ｂの面積は，20×10＝200(cm^2)，Ｃの面積は，５×20＝100(cm^2)なので，面積の最も小さいＡの面を下にしてのせたときにしずむ深さが最も大きくなり，Ｂの面を下にしてのせたときにしずむ深さが最も小さくなる。

問２　３kg＝3000ｇより，求める圧力は，１cm^2あたり，3000÷50＝60(ｇ)である。

問３　(1)　ポテトチップスの袋を，平地から気圧の低い山頂に持って行くと，ポテトチップスの袋の中の気圧の方が山頂の気圧よりも大きいため，袋がふくらむ。　(2)　海面での気圧を100kPaとすると，標高3700ｍの富士山の山頂の気圧は，$100-1\times\frac{3700}{100}=63$(kPa)である。問題文中の図２より，気圧が63kPaのときの水が沸とうする温度は約86℃である。　(3)　フリーザーバッグを加熱すると，密封されたフリーザーバッグ内の気体の体積が大きくなり，バッグ内の気圧が高くなる。すると，沸とうする温度が高くなり，富士山山頂でふつうに米をたくよりも，高い温度でたくことができるので，米に芯が残りにくくなる。

2 ものの溶け方についての問題

問１　ア　ＸとＹはともに水温が高くなるほど溶解度が大きくなるが，溶解度は水温に比例していない。　イ　40℃の水50ｇに溶けるＸの重さは，$238\times\frac{50}{100}=119$(ｇ)である。よって，40℃の水50ｇに120ｇのＸを加えると限界(119ｇ)まで溶けて，Ｘの飽和水溶液ができる。　ウ　それぞれの物質10ｇを溶かすのに必要な20℃の水の量(重さ)は，Ｘが，$100\times\frac{10}{204}=4.9\cdots$(ｇ)，Ｙが，$100\times\frac{10}{36.8}=27.1\cdots$(ｇ)なので，必要な水の量はＹの方が多い。　エ　20℃の水100ｇに溶けるＸは204ｇ，Ｙは36.8ｇなので，20℃の水100ｇにＸとＹをそれぞれ50ｇずつ加えると，Ｘはすべて溶けるが，Ｙは溶け残る。　オ　60℃の水100ｇに溶けるＸは287ｇで，このときにできるＸの飽和水溶液の重さは，100＋287＝387(ｇ)である。20℃の水100ｇに溶けるＸは204ｇなので，60℃のＸの飽和水溶液387ｇを20℃に冷やすと，287－204＝83(ｇ)の結晶が出てくる。　カ　50℃の水100ｇに溶けるＸの重さは238ｇから287ｇの間，Ｙの重さは36.3ｇから37.1ｇの間だと考えられる。よって，80℃の水100ｇに300ｇのＸと30ｇのＹが溶けているとき，この水溶液を50℃に冷やすと，Ｘは溶け残りができるが，Ｙはすべて溶けたままである。

問２　(1)　【実験Ⅱ】までの結果で考えることに注意する。【実験Ⅱ】では，80℃の水100ｇにＺがすべて溶けているので，問題文中の表より，Ｘは最大362ｇまで溶けている可能性がある。　(2)　ＹはＺの重さに対して２％の割合でふくまれているので，ＺにふくまれるＸの重さの割合は，100－２＝98(％)である。よって，Ｘの重さが362ｇのとき，ＺにふくまれるＹの重さは，$362\times\frac{2}{98}=$

7.38…より，7.4ｇである。　(3)　表より，40℃の水100ｇに溶けるＸは238ｇだから，【実験Ⅲ】から，ＺにふくまれるＸの重さは，238＋７＝245(ｇ)とわかる。このとき，Ｙの重さは，$245\times\frac{2}{98}$＝５(ｇ)である。20℃の水100ｇに溶けるＸは204ｇ，Ｙは36.8ｇだから，20℃の水100ｇにＺを加えると，Ｘは，245－204＝41(ｇ)の溶け残りができ，Ｙはすべて溶ける。　(4)　ＺにふくまれるＸは245ｇ，Ｙは５ｇなので，Ｚの重さは，245＋５＝250(ｇ)である。

3　花のつくりと花をつくる情報物質についての問題

問１　問題文中の図１のように，がく，花びら，おしべ，めしべがそろっている花のことを完全花という。おしべの先には花粉をつくるやくがあり，めしべの先には花粉がつく柱頭がある。

問２，問３　花粉がめしべの先(柱頭)につくことを受粉という。受粉すると，めしべの下の方にある子房が果実に，子房の中にある胚珠が種子にそれぞれ成長する。

問４　こん虫に花粉を運ばせる花を虫ばい花という。虫ばい花は，こん虫をさそうためにあざやかな色の花びらがあり，かおりやみつを出しているものが多い。なお，虫ばい花の花粉は，こん虫の体につきやすいようになっていることが多い。

問５　(1)　がくはＡの情報物質のみ，花びらはＡとＢの情報物質，おしべはＢとＣの情報物質，めしべはＣの情報物質のみがあるとつくられると述べられている。よって，問題文中の図２でＢの情報物質がなくなると，①と②はＡの情報物質のみになるのでがくになり，③と④はＣの情報物質のみになるのでめしべになる。　(2)　図２で，Ｃの情報物質があるとおしべかめしべができるのだから，Ｃの情報物質を失うと八重桜のようにがくと花びらがくり返すと考えられる。実際に，Ｃの情報物質を失い，その場所にＡの情報物質が現れると，①はＡの情報物質のみなのでがく，②，③はＡとＢの情報物質があるので花びら，④はＡの情報物質のみなのでがくになる。

4　地層や化石についての問題

問１　この地域ではしゅう曲や断層はないので，問題文中の図２のＡの地層の境目を右に，Ｄの地層の境目を左にかき，共通する⑤と⑥を結ぶ。これらの線と平行になるように線を引くと，右の図のようになる。

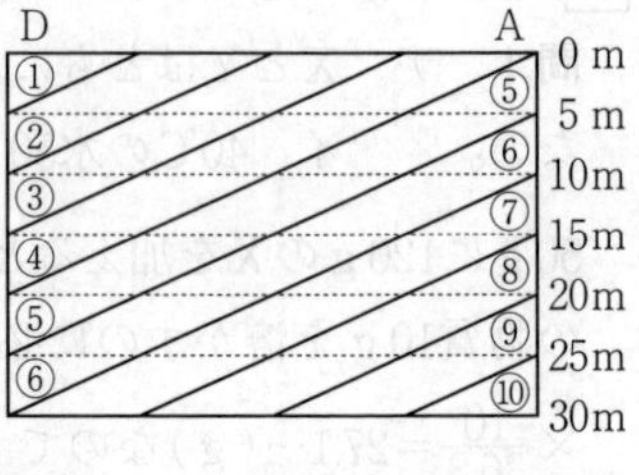

問２　問題文中の図１のＥ－Ｂの位置関係は，Ｄ－Ａの位置関係と同じである。ここで，問１でつくった断面図で，Ａの⑤の上面とＤの⑤の上面を比べると，Ｄの地層はＡの地層よりも20m低い位置にあることが読み取れるから，Ｅの地層はＢの地層よりも20m低い位置にあることがわかる。よって，Ｅの地表から25m地点の地層は，Ｂの地表から，25－20＝５(m)地点の地層になるので，⑦である。

問３　(1)　火山灰は短期間のうちに広い範囲に堆積するので，火山灰が堆積した層を見ることで年代を特定することができる。このような地層をかぎ層という。　(2)　アンモナイトの仕切りかべが波打つような形になると，殻の強度が高くなるので天敵から身を守りやすくなる。また，天敵からにげるために水圧の大きい，水深の深いところで生活する必要があった可能性なども考えられる。

国語　＜２月１日午前試験＞（40分）＜満点：100点＞

解答

□一 問１　イ　　問２　(例)　罪の基準や罰の程度が人によって変わることを防ぐことができて，できるだけ公平な判断が保たれるから。　　問３　人権や平等の思想　　問４　エ　　問５　X　エ　　Y　オ　　問６　(例)　黒ではない　　問７　(例)　人間が誤って無実の人を厳罰に処すことがないように，また，それにより本当に罪を犯した人が野放しにされないようにするため。

□二 問１　(例)　アオが戦争末期に生まれたために，一度も甘いものを食べたことがなかったこと。　　問２　エ　　問３　イ　　問４　皿　　問５　(例)　アオは心を持っているので，皆に金平糖をもらえたことが嬉しくて涙を流したのだと考えている。　　問６　オ　　□三 下記を参照のこと。　　□四 ①　こくげん　　②　きんせん　　③　りんじょう　　④　たがや(す)　　⑤　いばら　　□五 ①　無　　②　七　　③　月　　④　言　　⑤　風

●漢字の書き取り

□三 ①　客席　　②　究明　　③　券　　④　養(う)　　⑤　化(ける)

解説

□一 出典は森達也の『ぼくらの時代の罪と罰　きみが選んだ死刑のスイッチ』による。「同害報復」を規定した最古の法典である「ハンムラビ法典」を例にあげつつ，「罪刑法定主義」や「無罪推定原則」という現代の司法の二つの理念を説明している。

問１　続く部分で筆者は，「ハンムラビ法典」に記されている「タリオの法」について，復讐を肯定したものだと批判する人の解釈を「表面的」だと指摘したうえで，「倍返しや一〇倍返し」の刑罰があたり前だった当時においては，むしろ「ゆきすぎた罰を与えること」への戒めとして機能していたと述べている。よって，イが誤り。

問２　「どんな行為が罪になるのかを決めて」おかなければ，同じようにルール違反をしても，支配層にいる人の考え方や気分，あるいは，違反した人に対する好き嫌いで罰の重さが決まるという「不公平」が起きてしまうと述べられている。このような「不公平」を避けるために，あらかじめ「どんな行為が罪になるのか」を，決めておくことが重要なのである。

問３　「これ」とあるので，前の部分に注目する。民主国家において，「犯した罪に対して相応の罰を決める」裁判の大前提となるのは，「人権や平等の思想」である。

問４　「この規定」とは，被告人が犯した罪に対する，どのような刑罰がふさわしいのかという規定である。直後に説明されているように，同じ犯罪であっても，刑罰の重さは，さまざまな要素や事情を考慮したうえで決められる。このことを，筆者は「幅がある」と表現しているのである。

問５　**X**　自分の身の回りで起きたことを，人々は「見たり聞いたり」することで理解するが，それを感じ取る「目や耳は絶対に正しいわけではない」という文脈である。よって，前のことがらを受けて，それに反する内容を述べるときに用いる「でも」が合う。　**Y**　真面目に授業を受けているように見えても，実際には弁当を食べていたり，漫画を読んだりしているかもしれないという具体例を受けて，起きたことを「一〇〇パーセント正確に知ることは，ほぼ不可能だ」と筆者は続けているので，前の内容を“要するに”とまとめて言い換えるときに用いる「つまり」があてはま

る。

問６　人々がよく言う「黒か白か」というフレーズをあてはめ，裁判で「有罪か無罪か」とするのはまちがいだとしたうえで，「有罪か有罪でないか」が正しいと筆者は述べている。つまり，司法において，「黒」の対義語は「白」ではなく，「黒ではない」ということになる。

問７　誰かを犯人と断定するさいに慎重でなければいけないのは，多くの人が「無関係の罪で厳罰に処せられてきた」歴史があるからであり，また，誰かを誤って犯人とすることは，「真犯人の捜査がもう行われなくなる」という社会にとっての不利益を生じさせるからだと，続く部分で述べられている。

二　出典は古内一絵の『鐘を鳴らす子供たち』による。終戦直後に，ラジオドラマに出演した五人の子どもたちが，メンバーの一人である孝の妹に会いに行き，アオという孝の愛馬とふれあう。

問１　「それ」とあるので，前の部分に注目する。重労働にたえる馬は甘いものが大好物だが，アオは「戦争末期に生まれた」ために一度も贅沢をさせてもらえなかったと聞いたので，良仁はアオに金平糖をあげたいと思ったのである。

問２　邦子は，「アオをかばうようにして」「タオルを持った手を大きくふり回している」。アオをおそうアブの大群を追いはらおうと邦子は「悪戦苦闘し」ているのである。

問３　アオを守るため，孝は強烈な臭いをものともせず，アブに木酢液をかけている。アブを追いはらった後，「辛抱したな」「えらかったな」と話す孝の言葉を，アオは本当に聞いているかのように「両方の耳をぴんと立て」ている。ここからは，アオに愛情を注ぐ孝と，孝に信頼を寄せるアオのようすが読み取れる。

問４　「もしかして，みどりちゃん？」「みどりちゃんに会えて，嬉しいっ」と興奮する邦子に，即興でみどりとして応じる都のようすを見て，実秋はとてもおどろいたものと想像できる。よって，“あまりにおどろく”という意味の「眼を皿のようにする」が合う。なお，“目を大きく見開き，必死に物を探す”という意味でも用いられる。

問５　前後の内容から読み取る。「馬だけれど，生き物」であるアオには「心がある」ので，きっと皆から金平糖をもらえたことが嬉しくて涙を流したのだろうと良仁は考えている。

問６　都は「歌っていても一本調子の棒読み」だったと本文に書かれているが，即興でみどりの役に入りこんでいることから，みどりの役を演じているのは，「しかたなく」ではなかったのだと推測できる。よって，オがふさわしくない。

三　漢字の書き取り

①　客のすわる席。　②　原因を調べて明らかにすること。　③　「入場券」は，動物園や遊園地などに入るのに必要な紙。　④　音読みは「ヨウ」で，「栄養」などの熟語がある。　⑤　音読みは「カ」「ケ」で，「変化」「化身」などの熟語がある。

四　漢字の読み

①　決められた時間。　②　お金。　③　「臨場感」は，まるでその場にいるような感じ。　④　音読みは「コウ」で，「耕作」などの熟語がある。　⑤　「茨の道」は，進むのが困難な道のこと。

五　四字熟語の完成

①　「無理難題」は，困らせるような要求をすること。　②　「七転八倒」は，ひどく苦しむこと。

③「日進月歩」は，“日に日に進歩する”という意味。　④「言語道断」は，言葉で表現できないほどひどいことを表す。　⑤「風林火山」は，古代中国の兵法書に出てくる戦いの心構え。

Dr.福井の 入試に勝つ！ 脳とからだのウルトラ科学

歩いて勉強した方がいい？

みんなは座って勉強しているよね。だけど，暗記するときには歩きながら覚えるといいんだ。なぜかというと，歩いているときのほうが座っているときに比べて，心臓が速く動いて(脈はくが上がって)脳への血のめぐりがよくなるし，歩いている感覚が背骨の中を通って脳をつつくので，頭が働きやすくなるからだ(ちなみに，運動による記憶力アップについては，京都大学の久保田名誉教授の研究が有名)。

具体的なやり方は，以下のとおり。まず，机の上にテキストを広げ，1ページぐらいをざっと読む。そして，部屋の中をゆっくり歩き回りながら，さっき読んだ内容を思い出す。重要な語句は，声に出して言ってみよう。その後，机にもどってテキストをもう一度読み直し，大切な部分を覚え忘れてないかをチェック。もし忘れている部分があったら，また部屋の中を歩き回りながら覚え直す。こうしてひと通り覚えることができたら，次のページへ進む。あとはそのくり返しだ。

さらに，この“歩き回り勉強法”にひとくふう加えてみよう。それは，なかなか覚えられないことがら(地名・人名・漢字など)をメモ用紙に書いてかべに貼っておくこと。ドンドン貼っていくと，やがて部屋中がメモでいっぱいになるハズ。これらはキミの弱点集というわけだが，これを歩き回りながら覚えていくようにしてみよう！　このくふうは，ふだんのときにも自然と目に入ってくるので，知らず知らずのうちに覚えることができてしまうという利点もある。

歴史の略年表や算数の公式などを大きな紙に書いて貼っておくのも有効だ。

Dr.福井(福井一成)…医学博士。開成中・高から東大・文Ⅱに入学後，再受験して翌年東大・理Ⅲに合格。同大医学部卒。さまざまな勉強法や脳科学に関する著書多数。

2023年度 宝仙学園中学校共学部理数インター

＊**【適性検査Ⅰ】**は国語ですので、最後に掲載してあります。

【適性検査Ⅱ】〈公立一貫入試対応試験〉(45分)〈満点：50点〉

＊＊　調査書が10点満点となります。

1　次の文章を読んで、あとの各問いに答えなさい。

理子さん：この前、お姉ちゃんの結婚(けっこん)式に行ってきたの。お姉ちゃんのウェディングドレス姿はとても素敵だったわ。

数也くん：これがそのときの写真なんですね。なるほど、教会で行ったのですね。

宝田先生：おはようございます。今日は何の話をしていたのですか？

理子さん：おはようございます。私が、お姉ちゃんの結婚式に参加したときの話をしていたところです。

数也くん：そうなんです。ただぼくは、結婚式というか、結婚をするということがまだイメージできなくて……。

理子さん：あら、私は早く結婚したいわ。運命的な出会いがあれば、学生結婚だって素敵だと思います。家事や育児に協力的な人だと、理想的なのですが。

宝田先生：なるほど、結婚や育児についての考え方ですか。それでは二人とも、**(資料1)**と**(資料2)**を見てください。これらはNHK放送文化研究所が5年毎に実施している「日本人の意識」調査の結果です。

(資料1)「結婚すること」についての意識

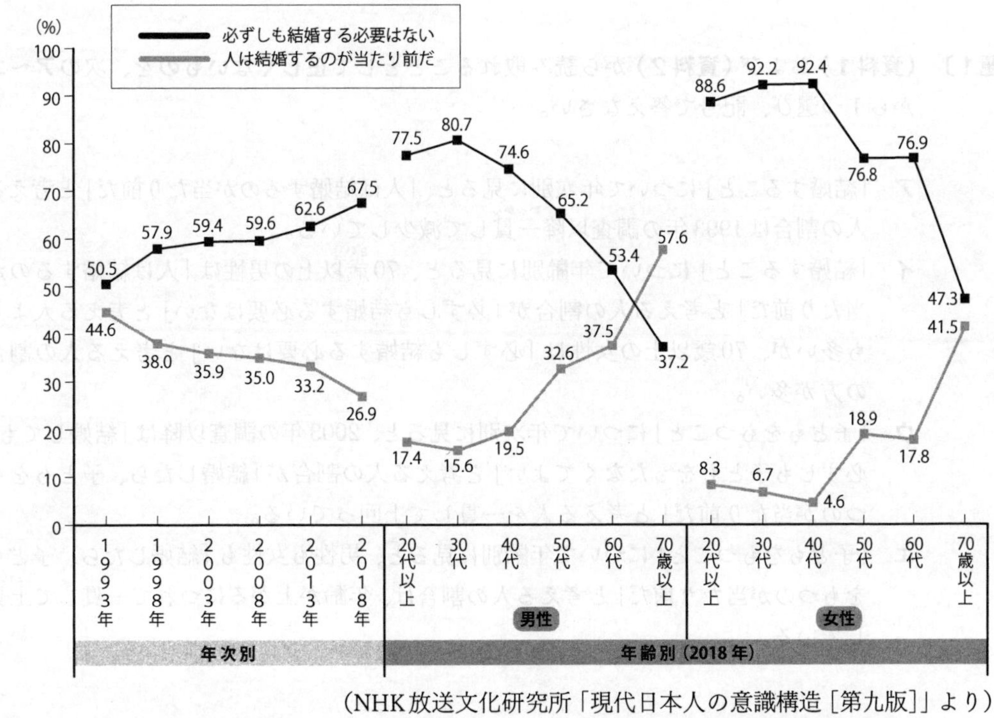

(NHK放送文化研究所「現代日本人の意識構造［第九版］」より)

（資料２）「子どもをもつこと」についての意識

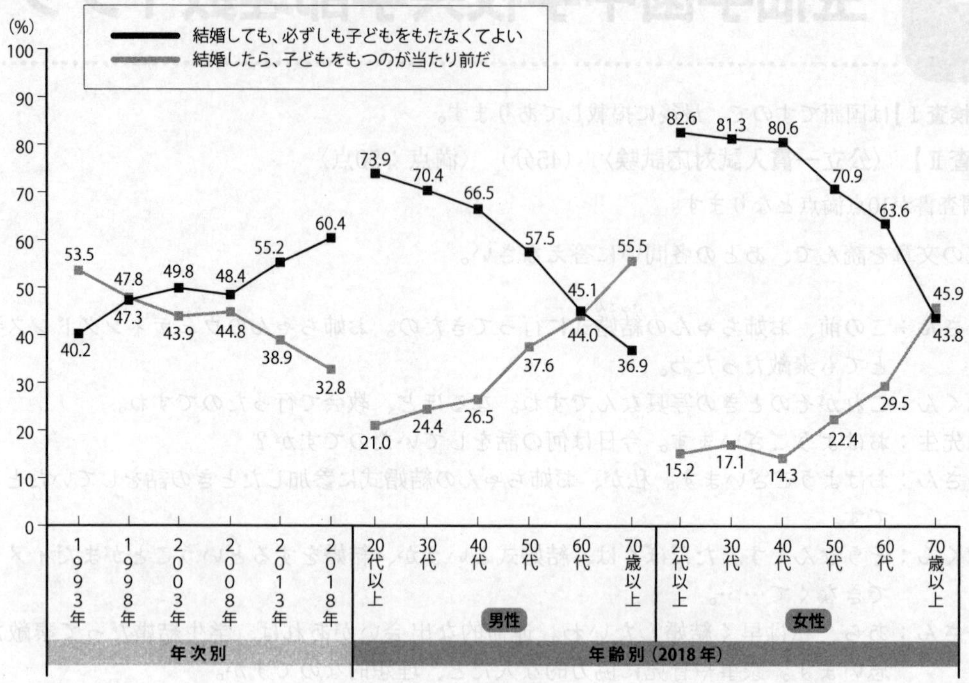

（NHK放送文化研究所「現代日本人の意識構造［第九版］」より）

理子さん：時代と共に変化していますね。

数也くん：それに、年齢や性別でも考え方にちがいが見られますね。

〔問題１〕 **（資料１）**および**（資料２）**から読み取れることとして**正しくないもの**を、次の**ア〜エ**から１つ選び、記号で答えなさい。

ア 「結婚すること」について年次別に見ると、「人は結婚するのが当たり前だ」と考える人の割合は1993年の調査以降一貫して減少している。

イ 「結婚すること」について年齢別に見ると、70歳以上の男性は「人は結婚するのが当たり前だ」と考える人の割合が「必ずしも結婚する必要はない」と考える人よりも多いが、70歳以上の女性は「必ずしも結婚する必要はない」と考える人の割合の方が多い。

ウ 「子どもをもつこと」について年次別に見ると、2003年の調査以降は「結婚しても、必ずしも子どもをもたなくてよい」と考える人の割合が「結婚したら、子どもをもつのが当たり前だ」と考える人を一貫して上回っている。

エ 「子どもをもつこと」について年齢別に見ると、男性も女性も「結婚したら、子どもをもつのが当たり前だ」と考える人の割合は、年齢が上がるにつれて一貫して上昇している。

数也くん：子どもをもたなくてよいと考える人は、こんなにいるのですね。子どものぼくとしては、複雑な気分です……。

宝田先生：これは、大人が子どもをきらっているということを意味しているのではありません。経済的な理由で子どもを育てるのが難しいと考えたり、仕事の都合で育児のために時間が取れないと考えたり、その理由は様々でしょう。

理子さん：でもこれでは、少子化がますます進むのではないでしょうか？

宝田先生：それは否定できませんね。**（資料３）**を見てみましょう。これは人口ピラミッドといって、男女別に年齢ごとの人口を表したグラフです。こちらは宝仙学園のある「東京都」のものです。

（資料３）東京都の人口ピラミッド（2021年１月１日現在）　　（単位　万人）

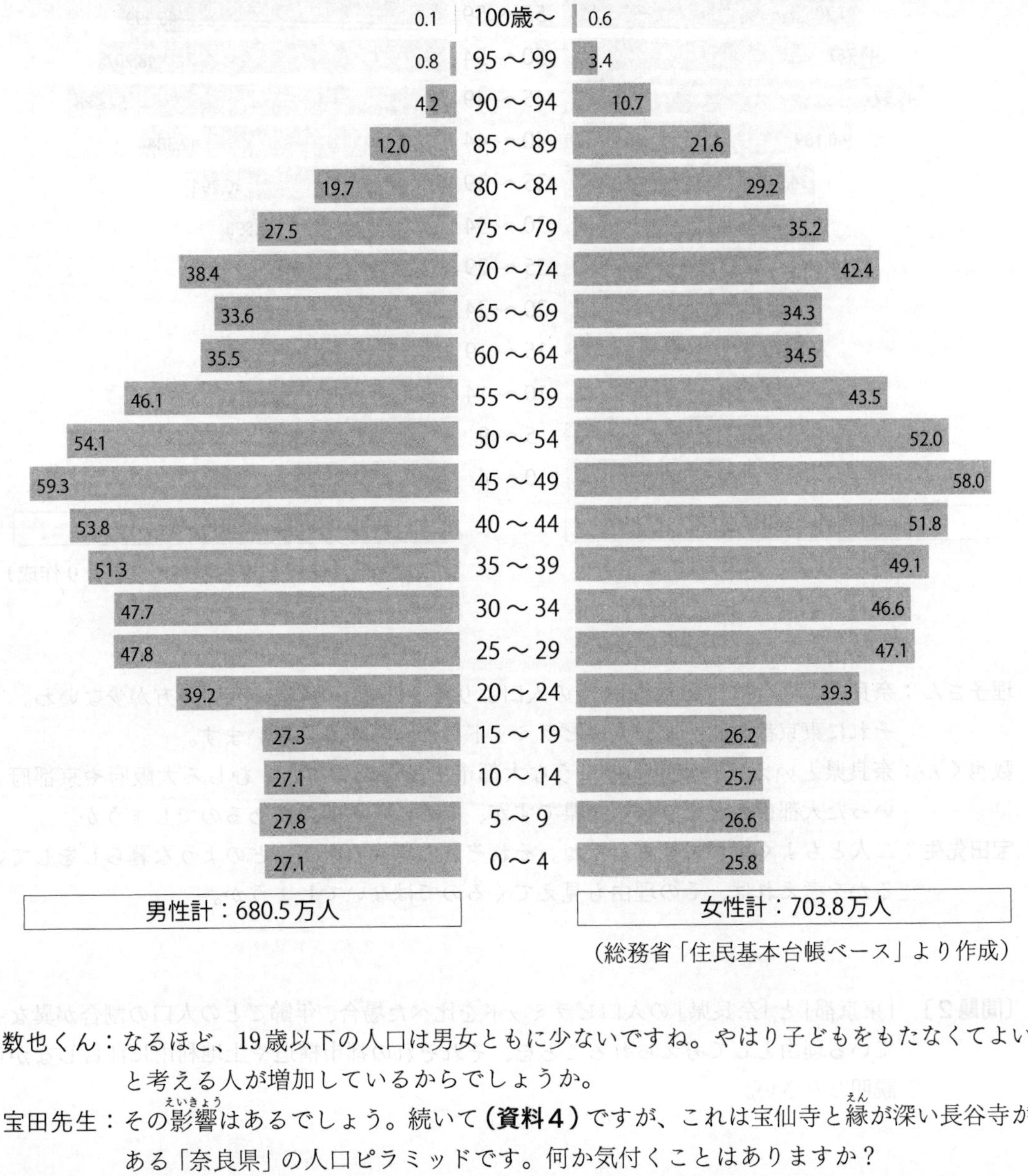

（総務省「住民基本台帳ベース」より作成）

数也くん：なるほど、19歳以下の人口は男女ともに少ないですね。やはり子どもをもたなくてよいと考える人が増加しているからでしょうか。

宝田先生：その影響はあるでしょう。続いて**（資料４）**ですが、これは宝仙寺と縁が深い長谷寺がある「奈良県」の人口ピラミッドです。何か気付くことはありますか？

（資料４）奈良県の人口ピラミッド（2021年１月１日現在）　　（単位 人）

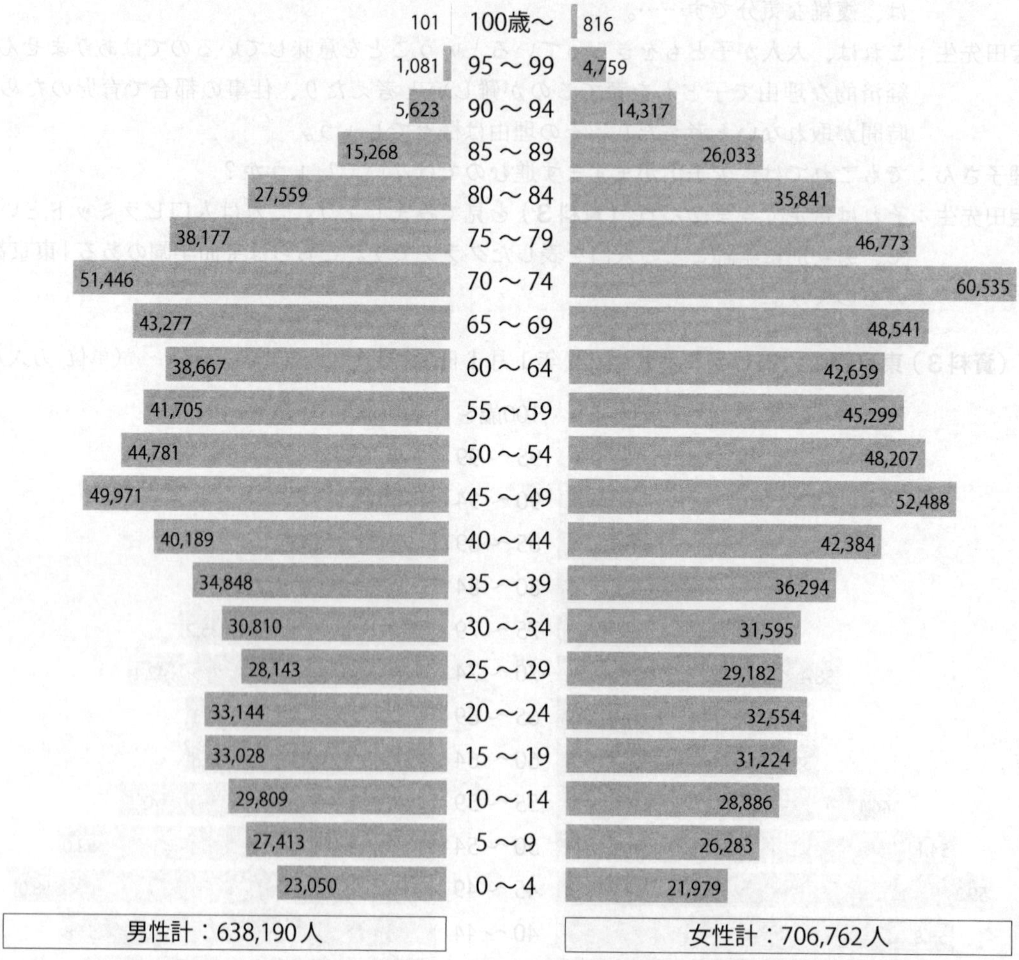

（総務省「住民基本台帳ベース」より作成）

理子さん：奈良県の場合は、15歳～24歳の人口よりも、25歳～34歳の人口の方が少ないわ。それに東京都と比べて、人口ピラミッドの形もちがうと思います。

数也くん：奈良県といえば、東京都のような大都市ではないですね。むしろ大阪府や京都府といった大都市ととなり合った県ですが、そのことと関係があるのでしょうか。

宝田先生：二人ともよく気が付きましたね。それぞれの年代の人が、どのような暮らしをしているかを考えれば、その理由も見えてくるのではないでしょうか。

〔問題２〕　「東京都」と「奈良県」の人口ピラミッドを比べた場合、年齢ごとの人口の割合が異なっている理由として考えられることを、それぞれの都市構造や土地利用に注目しながら説明しなさい。

宝田先生：そういえば、昨年の４月から結婚できる年齢が変わったのですが、理子さんは知っていますか？

理子さん：女性が結婚できる年齢が、16歳から18歳に引き上げられました。これで男女ともに結婚できるのは18歳からになったと思います。

宝田先生：正解です。

数也くん：どうしてこれまでは、男女で差があったのですか？

宝田先生：結婚についての法律を担当する法務省の説明によると、男性と女性とでは心身の発達の度合いにちがいがあり、女性の方が発達が早いとされていたからだそうです。

数也くん：男子の方が、内面は未熟だってことですか。納得いきませんね。

宝田先生：数也くんの怒り（いか）ももっともです。男女間で成熟のちがいがあると考えるのはおかしいということで、今回統一されたのです。

理子さん：私は、以前どこかで、家長となる男性は家庭に責任をもてるまでに時間が必要だからだと聞いたことがあるような気がするのですが、どうなんでしょう？

宝田先生：たしかに昔は、男性が働いてお金をかせいで、女性は家事に専念するという役割分担の考え方がありました。ただし、時代とともにこの考え方も変わってきています。

（資料５）は、年齢ごとにどれだけの女性が働いているかの割合で示したもので、「M字型曲線」と呼ばれるグラフです。まずは1995年のものから見ていきましょう。

（資料５）M字型曲線（1995年）

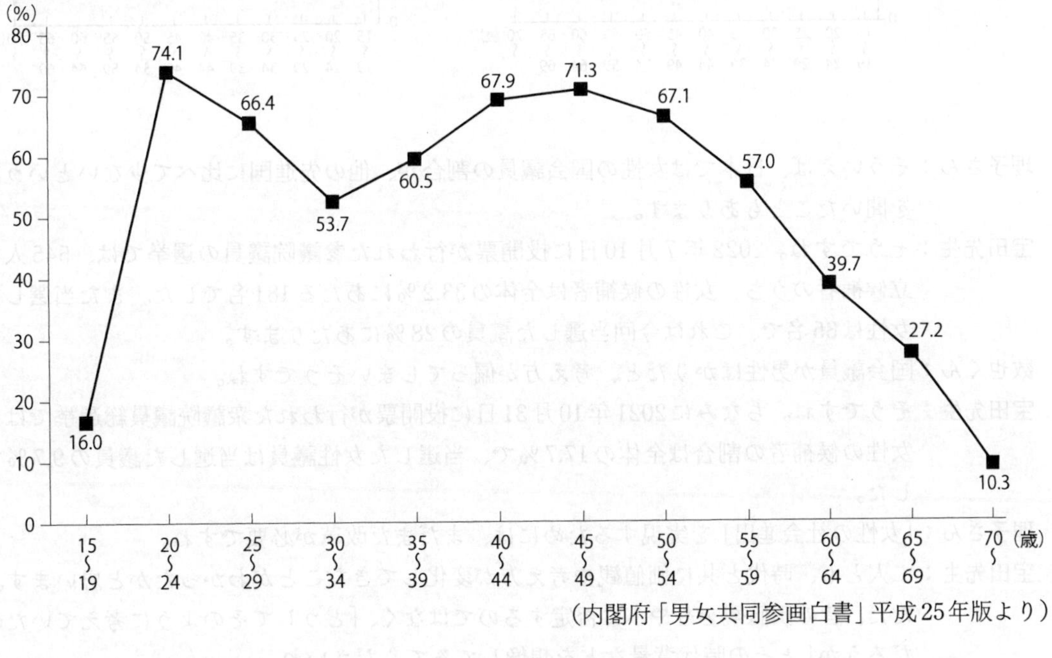

（内閣府「男女共同参画白書」平成25年版より）

数也くん：どうして「M」みたいな形になるのですか？

宝田先生：日本の女性は、大学などを卒業する「20～24」歳ころから働き始め、その後結婚や出産、育児をきっかけに一度仕事を辞め、子育てが一段落した後に再び働き出す人が多かったことを反映して、このような形になっています。

理子さん：でも、少し古いグラフですよね。今はどのような形になっているのでしょうか？

〔問題3〕 現在のM字型曲線に最も近いと思われるものを、次の**ア**〜**エ**から1つ選び、記号で答えなさい。なお、1995年のものを点線で示しているので、参考にすること。

ア

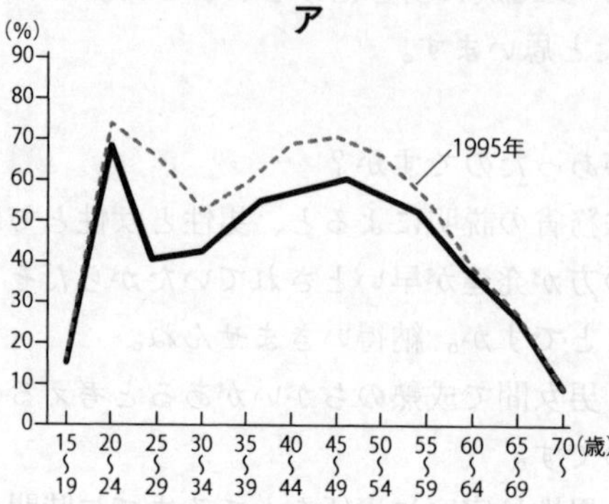

イ

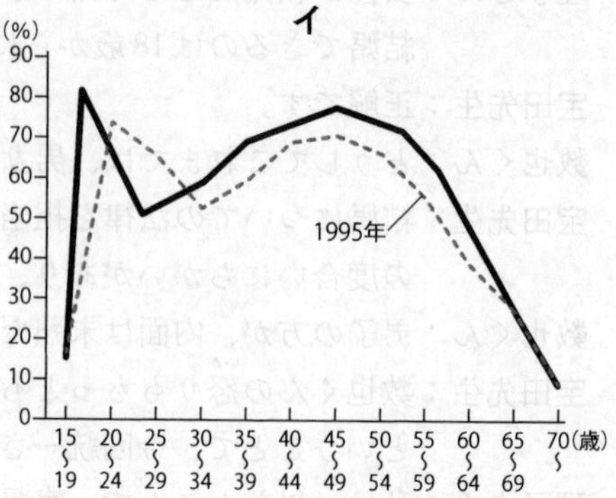

ウ

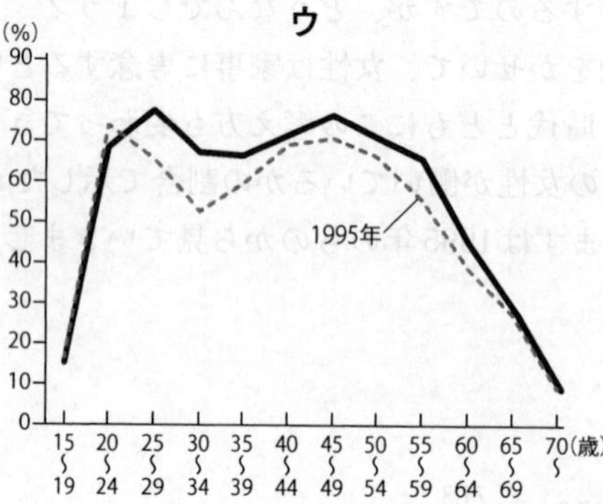

エ

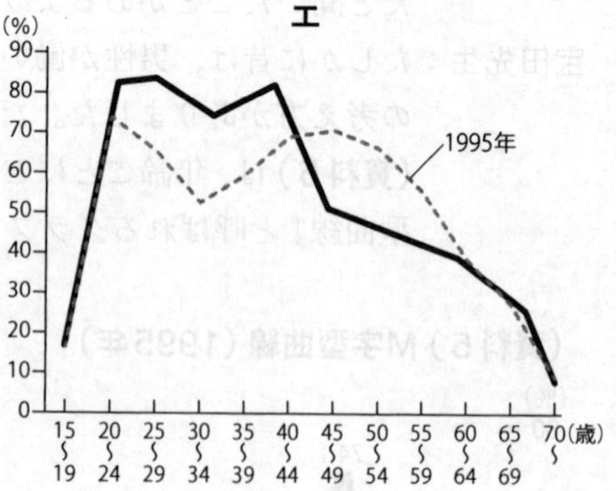

理子さん：そういえば、日本では女性の国会議員の割合が、他の先進国に比べて少ないという話を聞いたこともあります。

宝田先生：そうですね。2022年7月10日に投開票が行われた参議院議員の選挙では、545人の立候補者のうち、女性の候補者は全体の33.2％にあたる181名でした。また当選した女性は35名で、これは今回当選した議員の28％にあたります。

数也くん：国会議員が男性ばかりだと、考え方が偏（かたよ）ってしまいそうですね。

宝田先生：そうですね。ちなみに2021年10月31日に投開票が行われた衆議院議員総選挙では、女性の候補者の割合は全体の17.7％で、当選した女性議員は当選した議員の9.7％でした。

理子さん：「女性の社会進出」を実現するためには、まだまだ改革が必要ですね。

宝田先生：二人とも、時代と共に価値観や考え方が変化してきたことがわかったかと思います。ただ、昔の価値観をむやみに否定するのではなく、「どうしてそのように考えていたのだろうか」とその時代背景などを想像してみてくださいね。

〔問題4〕 日本において、女性の国会議員を増やすことを考えます。「現在、女性議員が少ない原因」として考えられることと、その解消のために必要な政策や法改正について、あなたの考えをそれぞれ具体的に説明しなさい。

2 次の文章を読んで、あとの各問いに答えなさい。

理子さん：この前、予防接種を受けてきました。

数也くん：注射をする前にアルコールでうでをふくと、冷たく感じますよね。

理子さん：なぜアルコールでうでをふくと、あんなに冷たく感じるのでしょう。

宝田先生：それは、アルコールが液体から気体に状態変化したからですよ。

数也くん：えっ、単にアルコールがとても冷たいからではないのですか？

宝田先生：アルコールが特別冷たいということはありません。よく思い出してください。アルコールでうでをふいた瞬間（しゅんかん）だけでなく、アルコールがかわいて注射をする直前まで冷たい感じが残り続けていませんでしたか？

理子さん：そうですね。うでをアルコールでふいた後に(1)冷たい感じが残り続けることと状態変化に関係があるのですか？

宝田先生：そのとおりです。実験をしてみましょう**（図１）**。室温28℃の実験室でビーカーを用意し、アルコールを入れます。温度計で温度を測ると、アルコールは26℃です。この後、温度計を空気中に出すとどうなるでしょうか。

（図１）アルコールの実験

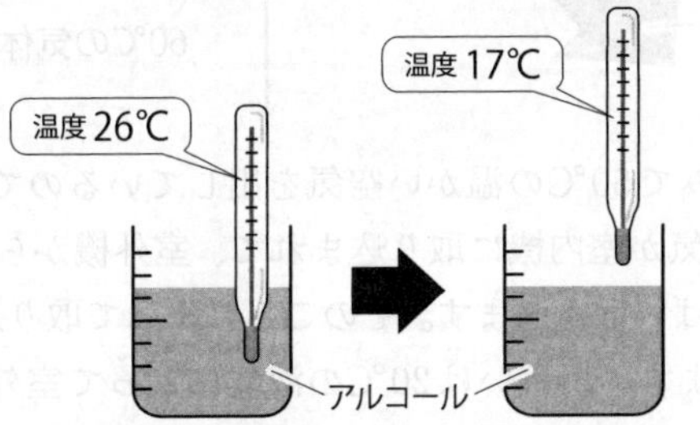

数也くん：すごい、みるみるうちに温度計の示す温度は下がって、30秒後には17℃になりました。

宝田先生：温度が下がったこと以外にも気付いたことはありませんか？

理子さん：温度計を出した直後は、温度計の周りにアルコールがついていましたが、30秒後には温度計の周りについていたアルコールがなくなっています。

宝田先生：いいところに気付きましたね。温度計の表面についたアルコールが蒸発したのです。アルコールが液体から気体に状態変化した際、温度計から熱をうばって温度が下がったのです。このように、熱をうばう反応のことを「吸熱反応」といいます。

理子さん：これと同じような現象が、アルコールでうでをふいたときに、わたしのうででも起こったのでしょうか？

〔問題１〕 (1)冷たい感じが残り続けるとありますが、このように感じる理由を「反応」という言葉を用いて具体的に説明しなさい。

理子さん：液体から気体に状態変化すると吸熱反応が起こりましたが、気体から液体に状態変化したときも、何か特別な反応が起こるのですか？

宝田先生：先ほどとは逆に熱が放出されて周囲が温かくなります。このように、熱を放出する反応のことを「発熱反応」といいます。この発熱反応を利用したものに、家などで使われているエアコンの暖房(だんぼう)があります。

数也くん：エアコンの中に気体になったり液体になったりするものがあるのですか？

宝田先生：そうです。状態変化を起こしやすい「冷ばい」というものが利用されています。**(図2)**はエアコンの暖房の仕組みを簡単に表したものです。冷ばいは室内機と室外機をつないでいるパイプの中を通っています。**(図2)**の左側の室内機とは、部屋の中に温かい空気を出す機械ですね。

(図2) エアコンの仕組み

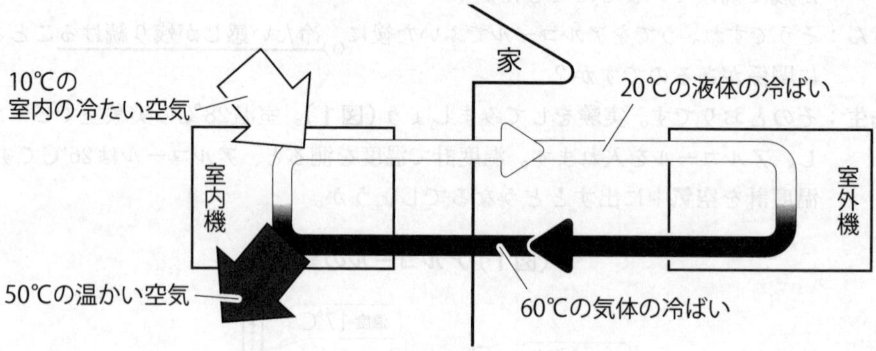

理子さん：どのような仕組みで50℃の温かい空気を出しているのですか?

宝田先生：室内の10℃の空気が室内機に取り込(こ)まれて、室外機からパイプを通って送られてきた60℃の気体の冷ばいとふれます。そのことによって取り込まれた空気が50℃に温められて室内に戻(もど)ります。冷ばいは20℃の液体になって室外機へ送られます。

数也くん：でも同じ仕組みならば、冷ばいなんて使わずに60℃の空気をパイプに通せばよいのではないですか？

宝田先生：いや、そうではないのです。パイプの中身と室内の空気がふれるのは一瞬だからです。例えば**(図3)**のように、パイプ内の60℃の冷ばいを60℃の空気に変えたとしたら、室内の10℃の空気は少ししか温度が上がりません。

数也くん：なるほど、パイプ内が冷ばいだからこそ、十分に温度が上がるのですね。

(図3) 室外機につながっているパイプ内を空気にしたとき

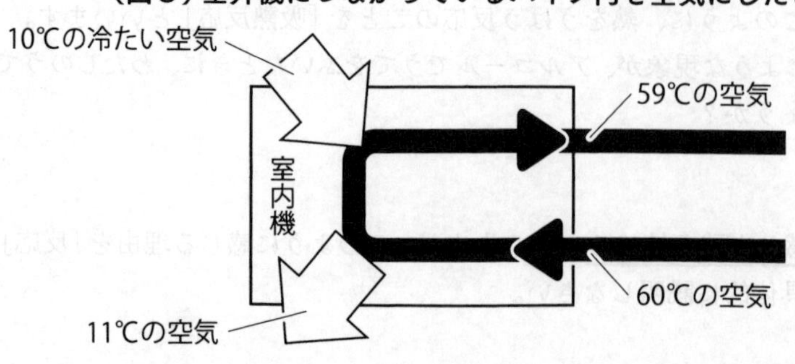

〔問題2〕 室内機の内部で取り込まれた室内の冷たい空気が温かい空気に変わるのはなぜですか。「反応」という言葉を用いて説明しなさい。

数也くん：**(図2)**の右側にある室外機とはなんですか？

宝田先生：家の外にある、室内機とパイプでつながれた箱のようなものですよ。

理子さん：室外機はどんな役割をしているのですか？

宝田先生：室内機から送られてきた液体の冷ばいを気体の冷ばいに変化させています。**(図4)**はエアコンの室外機の仕組みを簡単に表したものです。室内機から送られてきた20℃の液体の冷ばいは、温度を下げる装置を通って5℃になります。その後、5℃の液体の冷ばいが家の外の空気にふれると、液体の冷ばいは15℃の気体の冷ばいに状態変化します。

(図4)室外機の仕組み

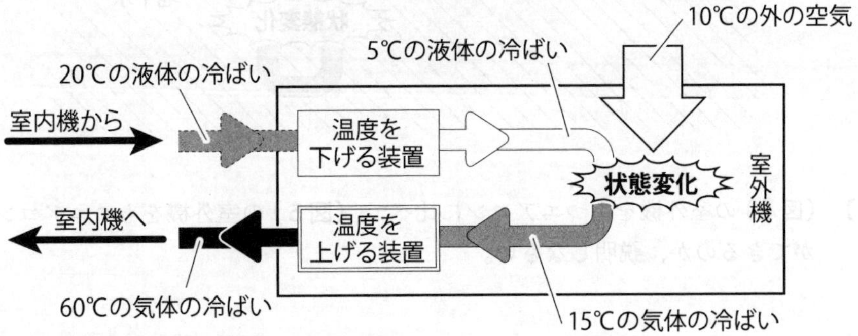

理子さん：ここでも状態変化が起きているのですね。

宝田先生：その通りです。その後、15℃の気体の冷ばいは、温度を上げる装置を通って60℃になり、室内機へと送られます。このように、冷ばいはパイプの中を通って、室内機と室外機をめぐっているのです。

数也くん：すごいですね、状態変化によって部屋の中が温かくなるのですね。

理子さん：でも、エアコンはとても電気代がかかると聞いたことがあります。

宝田先生：そうですね。理子さんの言うとおりです。特に、**(図4)**で示した温度を上げる装置で気体の冷ばいの温度を上げるときの温度差が大きいと、エアコンは多くの電気を使うため、電気代がとてもかかります。

数也くん：そうなのですね。温度を上げるときに多くの電気を使うのですね。

宝田先生：さらに外の気温が10℃以下になってしまう場合、**(図4)**で状態変化した後の気体の冷ばいは、15℃以下になってしまうときがあります。そうなると、外の気温が10℃のときよりも電気を多く使います。

数也くん：それは困りますね。

宝田先生：そこで、最近は**(図5)**のように、室外機内のパイプを地中までのばして、そのパイプを地下水にひたしたエアコンがつくられました。このエアコンは家の外の空気にふれるものとはちがい、15℃の地下水にふれて冷ばいを状態変化させています。地下水は15℃くらいで安定しているので、このようなエアコンは節電ができたり、環境(かんきょう)にやさしかったりするのです。

(図５) 室外機につながっているパイプを地下水までのばしたとき

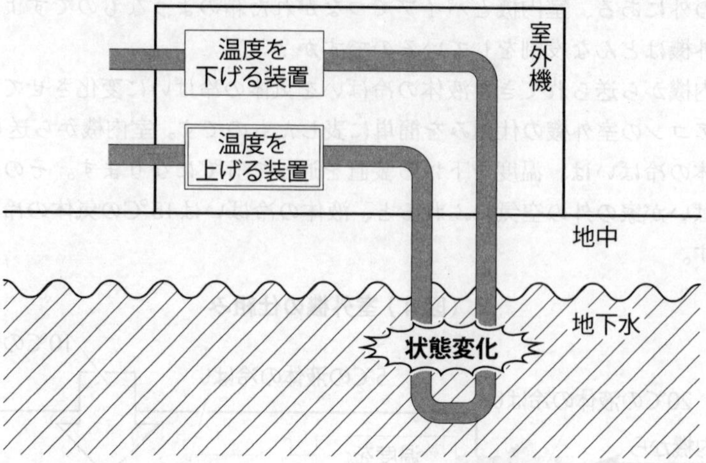

〔問題３〕 **(図４)** の室外機をもつエアコンに比べて、**(図５)** の室外機をもつエアコンはなぜ節電ができるのか、説明しなさい。

3 次の文章を読んで、あとの各問いに答えなさい。

理子さんと数也くんは授業で次のようなルールのパズルを解いています。

【パズルのルール】

1.**（図1）**のようにボタン16個が正方形になるように並んでおり、それぞれのボタンが点灯**（図1の□）**または消灯**（図1の■）**している。

（図1）

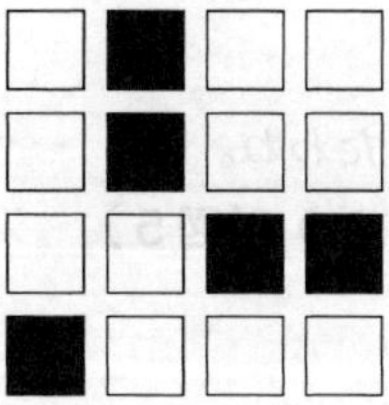

2.**（図2−1）**のようにボタン①をおすと、そのボタンとおしたボタンととなり合うボタンが点灯していたものは消灯し、消灯していたものは点灯するように変化する。続けて、ボタン②をおすと**（図2−2）**のように変化する。

（図2−1）ボタン①をおしたときの変化

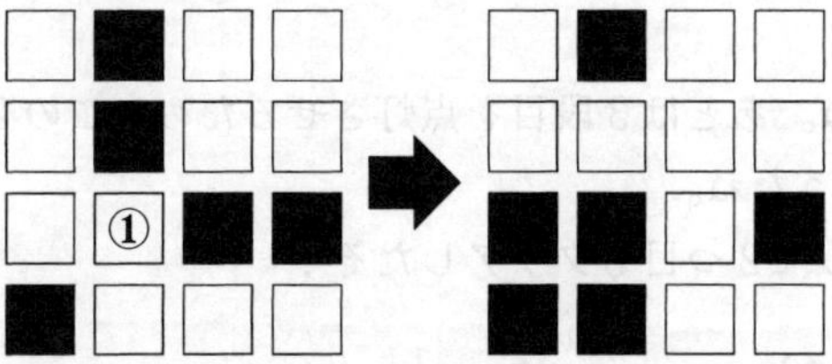

（図2−2）ボタン②をおしたときの変化

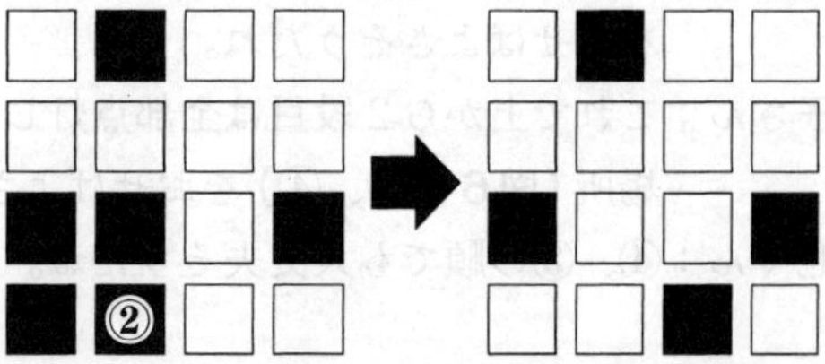

3．すべてのボタンが点灯するとクリアとなる。

〔問題1〕 下の**（図3）**のボタン①、②を順におした後ではどのボタンが点灯し、どのボタンが消灯しているか。解答用紙の図で、消灯しているボタンを黒くぬりつぶして答えなさい。

（図3）

（図４）

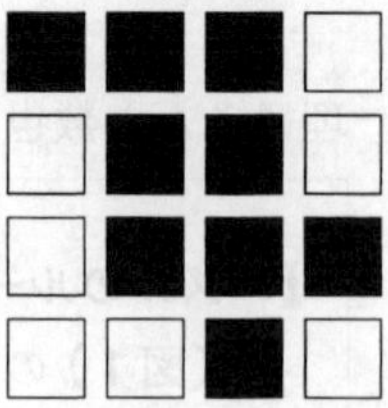

理子さん：１つ目のパズルはこれね。**（図４）**
数也くん：どうしようかな……。全部点灯させるには……。
理子さん：わかった！　２つのボタンをおせばクリアできるわ。
数也くん：えっと、……どれだ？

〔問題２〕　**（図４）**のパズルをクリアするためにおすべきボタンはどれか。
解答用紙の図の**ア～タ**の中から**２つ**選び、記号で答えなさい。

（図５）

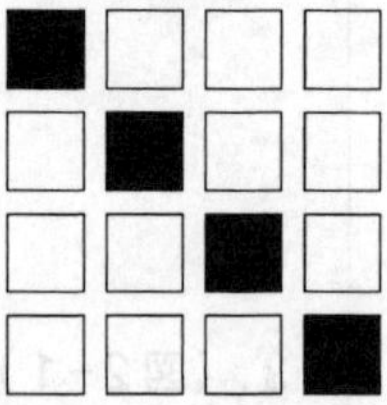

理子さん：１つ目のパズルは簡単だったわね。
数也くん：２つ目のパズルを解いてみよう。**（図５）**
理子さん：どうすればいいのかしら？
数也くん：う～ん。難しいな。
理子さん：すべてのボタンを点灯させればよいのだから、上の段から順に点灯させるのはどうかしら？
数也くん：どういうこと？
理子さん：このパズルは１段目の一番左だけが消灯しているから、この場所**（図６の①）**をおせば１段目はすべて点灯するわ。
数也くん：本当だ。じゃあ次は、上から２段目の一番左を点灯させるためにこの場所**（図６の②）**をおせばよさそうだね。
理子さん：これで上から２段目は全部点灯したね。あとは３段目を点灯させるためにこの２つの場所**（図６の③、④）**をおせばよさそうだね。
数也くん：④、③の順でも大丈夫（だいじょうぶ）そうだね。よし、２つ目もクリアしたぞ！

（図６）

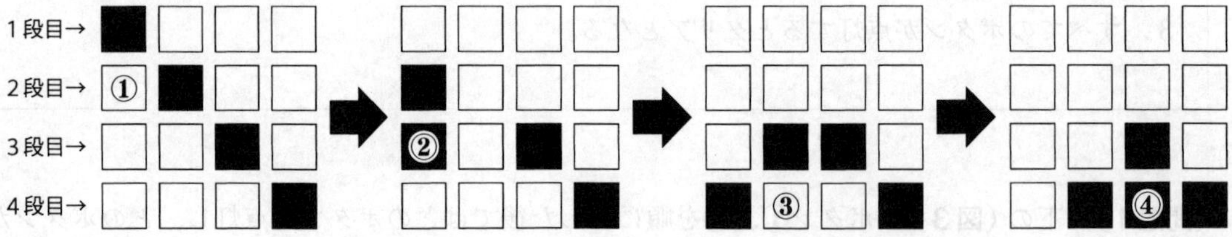

理子さん：よし、３つ目のパズル**（図７）**も同じように解いてみようよ！
数也くん：……、すごい！　４つのボタンをおせばクリアできるぞ！

（図７）

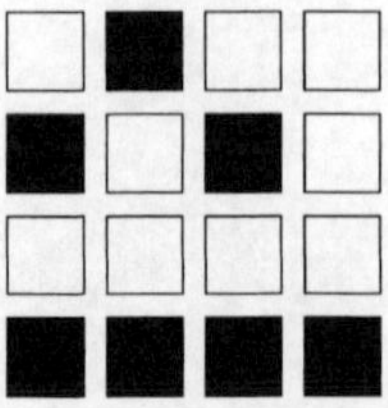

〔問題３〕　理子さんと数也くんのように上の段から順に点灯させて**（図７）**のパズルをクリアするためには、どのボタンをどのような順番でおせばよいか。解答用紙の図の**ア～タ**の中から**４つ**選び、順に記号で答えなさい。

理子さんと数也くんは２つ目と３つ目のパズルから次のような予想をたて、宝田先生に話してみました。

> **〈二人の予想〉**
> このパズルでは、一番上の段から順に点灯するようにボタンをおしていけばクリアできる。

〔図８〕

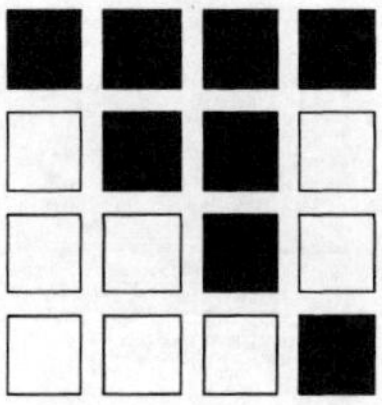

宝田先生：二人とも素晴らしい。確かにこのパズルは、その手順で必ずクリアできます。
数也くん：やったね。すごい発見だ！
宝田先生：でも、例えばこのパズル**（図８）**で**〈二人の予想〉**を試してみるとどうですか？
数也くん：……全部で７つのボタンをおしてクリアできました！
宝田先生：実はこの問題、３つのボタンをおせばクリアできます。
数也くん：え？　そんなに少ないんですか？
理子さん：私たちの予想を使うと２段目だけでも４つのボタンをおす必要がありますね。でも３回でできる……。あ、わかった！　正方形になるように並んでいるからか！
宝田先生：理子さんは気付きましたか？　**〈二人の予想〉**を、少し視点を変えて使えば3つのボタンでクリアする手順もすぐに発見できますね。

〔問題４〕　**（図８）**の問題を、どのように考えて**〈二人の予想〉**を使えば3つのボタンでクリアする手順が発見できるのか、説明しなさい。

〔問一〕 文章1 によると、「メディアの情報を受け取る人にとって大事なこと」とはどういうことですか。八〇字以内でまとめなさい。

〔問二〕 文章2 によると「メディアを作る人にとって大事なこと」とはどういうことですか。八〇字以内でまとめなさい。

〔問三〕 文章1・文章2 の両方を踏まえて、あなたがこれから人と対話するうえで大事にしなければならないことを、具体例を挙げながら三五〇字以上、四〇〇字以内でまとめなさい。なお、次の〔きまり〕に従いなさい。

〔きまり〕
- 題名は書きません。
- 最初の行から書き始めます。
- 段落をかえたときの残りのます目は、字数として数えます。
- 最後の段落の残りのます目は、字数として数えません。

物事にはいろんな側面がある。どこから見るかでまったく変わる。あなたは普段、父親や母親の言いつけをよく守る子供であるとする。でも今日夕ご飯を食べながら、「最近あまり勉強していないんじゃない？」と母親に言われて、思わず口答えをしてしまったとする。このときの口答えの理由は何だろう。

ある人は、「あの子は最近お母さんが口うるさいと思っていらいらしていたんだよ」と言う。また別の人は、「自分ではやっているつもりだったから、お母さんはわかっていないと思ったんだ」と言う。またもう一人の人は、「実は最近、自分でも確かに勉強時間が足りないと思っていたので、つい反抗してしまったんだよ」と言う。「別の心配事があってそれが気になっていて、思わず口答えしてしまったのさ」と説明する人もいるかもしれない。

あなたの本当の心情は僕にはわからないけれど、でも少なくとも、どれかひとつだけが正解であとは全部間違っているということはないんじゃないかな。事件や現象は、いろんな要素が複雑にからみあってできている。どこから見るかで全然違う。

さまざまな角度の鏡を貼り合わせてできているミラーボールは、複雑な多面体によって構成される事実と喩えることができる。でもこれを正確にありのままに伝えることなどできない。だからメディアは、どれか一点の視点から報道する。それは現場に行った記者やディレクターにしてみれば、事実ではないけれど（自分の）真実なのだ。

視点を変えれば、また違う世界が現れる。視点は人それぞれで違う。だから本当は、もっといろんな角度からの視点をメディアは提示するべきなのだ。いや、提示されるはずなのだ。

でも不思議なことに、ある事件や現象に対して、メディアの論調は横並びにとても似てしまう。なぜならその視点が、最も視聴者や読者に支持されるからだ。

だからあなたに覚えてほしい。事実は限りない多面体であること。メディアが提供する断面は、あくまでもそのひとつでしかないということ。もしも自分が現場に行ったなら、全然違う世界が現れる可能性はとても高いということ。

自分が現場で感じた視点に対して、記者やディレクターは、絶対に誠実であるべきだ。なぜならそれが、彼が知ることができる唯一の真実なのだから。でも現実はそうじゃない。

（森達也『たったひとつの「真実」なんてない』より　一部改訂）

文章2

たった一つの真実を追究します。

こんな台詞を口にするメディア関係者がもしいたら、あまりその人の言うことは信用しないほうがいい。確かに台詞としてはとても格好いい。でもこの人は決定的な間違いをおかしている。そして自分がその間違いをおかしていることに気づいていない。

真実はひとつじゃない。事実は確かに一つ。ここに誰かがいる。誰かが何かを言う。その言葉を聞いた誰かが何かをする。たとえばここまでは事実。でもこの事実も、どこから見るかで全然違う。つまり視点。なぜなら事実は、限りなく多面体なのだから。

あなたのクラスの授業。カメラをどこに置くかで見えるものはまったく違う。先生の立っている場所にカメラを置く場合と、クラスの問題児の席のすぐ傍にカメラを置く場合とで、世界はまったく変わる。世界は無限に多面体だ。

動物のドキュメンタリーを例に挙げよう。アフリカのサバンナで、子供を3匹産んだばかりの母ライオンがいる。ところがその年のアフリカは記録的な干ばつに襲われていて、ライオンのエサである草食動物がとても少ない。だから母ライオンは満足に狩りをすることができない。飢えている。痩せ細ってお乳も出ない。子ライオンたちもぐったりと衰弱して、もうほとんど動けない。

このままでは家族全員が餓死してしまう。母ライオンは今日も、弱った足を引きずりながら狩りに出る。もしも今日も獲物を発見できなければ、子供たちはみんな死んでしまうかもしれない。そのとき母ライオンは2匹のトムソンガゼルを発見した。大きなほうは無理でも小さなほうならば、弱った自分の足でも捕まえることができるかもしれない。

母ライオンはじりじりと、2匹のトムソンガゼルににじり寄ってゆく。その場面を観ながらあなたは、何を思うだろう。きっと手に汗握りながら、がんばれと思うはずだ。がんばってあのトムソンガゼルを仕留めて、巣で待つ3匹の子ライオンにお乳を飲ませてやってくれ。命を救ってくれ。

ここで場面は変わる。今度は群れから離れてしまったトムソンガゼルのドキュメンタリーだ。干ばつで草がほとんどない。母親と生まれたばかりのトムソンガゼルは、サバンナを長くさまよいながら、必死に草を探し求める。やっと草を見つけた。2匹は無心に草を食べる。その時カメラのレンズが、遠くからじりじりと近づいてくる痩せ細った雌ライオンの姿を捉える。その視線は明らかに、子供のトムソンガゼルを狙っている。

この場面を観ながら、あなたはきっと、早く逃げろと思うはずだ。早く気がついてくれ。今なら間に合う。あの凶暴なライオンから逃げてくれ。

これが視点だ。どちらも嘘ではない。でも視点をどこに置くかで、世界はこれほどに違って見える。

その言葉に、ぼくは彼らの絶望の深さを感じた。

雇用が戻ると信じているわけじゃない。でもこっちを見てくれただけで、支持することを決めたというのだ。

市長にとって、街を見放したのは政治家だけではない。メディアの人間たちもニューヨークやワシントンという大都市に住むエリートで、自分たち労働者たちには目もくれようとしない。手紙を書いても返事をくれないオバマ大統領と、同じ範疇に入る人間たちなのだ。

かくして、彼らはメディアの言うことなど信じなくなる。

何もしてくれないエリートが難しい言葉でどんなに正論を言っても、そんなものはきれいごとにすぎない。それよりも、時に乱暴で差別用語が交じっていようとも、自分たちのところまで降りてきてエリートたちを批判するトランプ氏に快哉をさけぶのだ。

たとえばトランプ大統領の「オバマに盗聴された」という言葉を支持者たちが信じるのは、オバマ的なるもの、つまり自分たちには目もくれないエリートたちを攻撃する姿勢を支持しているということの表明なのだ。

盗聴が本当にあったかどうかは大した問題ではない。だってあいつら（エリートたち）ならやってもおかしくないことなのだから。

トランプ支持者たちと話していると、そんな彼らの思いをひしひしと感じることになる。

そしてそこには聞くという行為にかかわる本質的なものが秘められている。

人はおうおうにして、聞きたいことしか聞かない、ということだ。

「オバマに盗聴された」とトランプ大統領が言えば、証拠はなくてもそのまま受け入れる。その一方で「そんなのウソだ」とどんなにメディアが主張しても、そちらの言葉には耳を貸さない。

そうした姿勢は、トランプ支持者に限るのだろうか。いや、そうではないと思う。

白状すると、ぼくもツイッターなどをぼんやりと眺めているとき、気がつくと自分と似た立場の人たちの声には耳を傾けながら、逆の立場の人たちの書き込みは「また言ってるよ」と呆れる思いで読まずに流してしまうことがある。

みんなはどうだろう。

嫌なことはできるだけ避けて、耳触りのいいことを聞こうとしているという経験はないだろうか。意識していようが、無意識にであろうが。

人は聞きたいことを聞きたい、ひいては聞きたいことしか聞かない動物なのかもしれないと、ぼくは思う。でもだからこそ自戒の念を込めて、そのことをいつも意識しておいてはどうだろう。自分は聞きたいことだけしか、聞いてはいないだろうか。心をちゃんと開いて、耳を澄ましているだろうかと。

（松原耕二『本質をつかむ聞く力　ニュースの現場から』より一部改訂）

彼らが好んで観ているのはトランプ氏を支持する右派のケーブルテレビやネットメディアだ。そして忘れてはいけない。もうひとつはトランプ氏が毎日のようにつぶやいているツイッターだ。

アメリカのメディアというと、ぼくらはニューヨーク・タイムズ紙とか、ワシントン・ポスト紙、テレビでいえばCBSやABCなどの三大ネットワークを思い起こすけれど、彼らはこうした伝統あるメディアこそ敵だと思っているのだ。

実際、選挙が終わってみると、メディアの予想がはずれてトランプ候補が当選したから、彼らはその思いをさらに強めたに違いない。

でもどうして、多くのトランプ支持者たちは伝統的なメディアの報道に耳を貸さなくなったのだろう。

ペンシルバニア州にモネッセンという小さな街がある。かつては鉄鋼で栄えたものの、日本などアジアの国々に押されて衰退し、人口も減り続けていた。その街を歩くと、廃墟になっている建物があちこちにあって、人通りはほとんどない。当然、治安も悪くなる。ぼくが取材に行っていたときも、薬物中毒の女性が車を運転して事故を起こし、捕まっていた。人口は減っているのに麻薬の密売人ばかり増えていると、人々は嘆いた。

このまま荒れ果てていくのを止めなければ、街はゴーストタウンになってしまう。危機感を強めた市長は、思い切って当時のバラク・オバマ大統領に手紙を書いた。助けてほしいと。ところが待てど暮らせど返事は来ない。市長はもう一度、手紙を書いた。それでも来ない。結局三通出したあとで、オバマ大統領に見切りをつけた。そして今度はそのとき次の大統領に立候補していたトランプ候補の陣営にコンタクトをとってみた。するとすぐに返事が来たうえに、しばらくしてトランプ候補自身がやってきた。グローバル経済はこうした街をつくってしまう、だから反グローバリズムの政策をとるべきだと演説したのだ。この街に雇用を取り戻してみせると。

市長と市民が感激したのは言うまでもない。それまでオバマ大統領が所属する民主党を支持していた街は、まるでオセロゲームで白が黒にいっせいにひっくり返るように、トランプ支持に回った。こうした労働者たちがトランプ候補を大統領に押し上げたのだ。

その市長に聞いてみた。トランプ氏が大統領になったら、本当に雇用は戻ると思いますかと。

すると市長はしばらく考えてから口を開いた。

「無理だろう」

ぼくは驚いた。だって雇用を戻すという希望をトランプ氏に託した、だから支持に回ったのではなかったのか。

「じゃあ、なぜトランプ氏を支持したんですか？」

「トランプはこっちを振り返ってくれた」と市長は言った。「中央から見放され、忘れられていたこの街を、少なくともトランプは見てくれたんだ」

2023年度

宝仙学園中学校共学部理数インター

【適性検査Ⅰ】〈公立一貫入試対応試験〉(四五分)〈満点：四〇点〉

【注意事項】設問に字数制限がある場合には、句読点も字数に数えます。

一 次の 文章1 ・ 文章2 を読み、後の問いに答えなさい。

次の文章は、ドナルド・トランプ氏が大統領だったときのアメリカについて述べている。当時の大統領の選挙戦では、トランプ候補とヒラリー・クリントン候補が争っていた。

文章1

トランプ大統領の選挙戦を取材していたときのことだ。

ペンシルバニア州のピッツバーグという大きな都市の郊外(こうがい)に、トランプ支持者が集まる場所があると聞き、行ってみた。車で一時間ほど走ると、いきなりトランプ候補のどでかい写真パネルが目に入ってきた。そしてそばにはアメリカ国旗にくるまれたようなデザインの一軒家(いっけんや)が建っている。

トランプハウスだ。

地元の不動産業者が自分の扱(あつか)う物件を改造してつくった家で、中にはTシャツや、ステッカー、バッジなどトランプグッズの数々が置かれていた。一日に数千人のトランプファンが訪れるという。

ぼくが行った日も大きな駐車場(ちゅうしゃじょう)に、ひっきりなしに車が出入りしていた。降りてくるのは全て白人。彼(かれ)らの多くは家族連れで、巨大(きょだい)なトランプパネルの前で記念撮影(さつえい)をし、思い思いのトランプグッズを大事そうに抱(かか)えて帰っていく。

彼らに話を聞いた。

そのころの選挙情勢では、ヒラリー・クリントン候補がややリードしていた。それをぶつけると、みなそろって顔をしかめた。

「メディアはあてにならない。ウソばっかり言うから」

2023年度 宝仙学園中学校共学部理数インター ▶解　答

※　編集上の都合により，公立一貫入試対応試験の解説は省略させていただきました。

適性検査Ⅰ　(45分)　＜満点：40点＞

解　答

一　**問１**　(例)　人は聞きたいことしか聞かないということを心に留め，好ましいと思うことや興味のあることだけでなく，反対意見や興味のない情報にも耳を傾けるようにすること。

問２　(例)　物事には色々な側面があるため，報道する真実は一つとは限らないことを忘れず，視聴者の支持に偏ることなく，多角的に報道するよう心掛け，その難しさを認識すること。

問３　右記の作文例を参照のこと。

問３　(例)

　文章1では、トランプ元大統領を支持した層についてのエピソードを例に、聞きたいことにしか耳を貸さなくなりがちな我々に対する戒めが述べられている。文章2では、あるメディア事件や現象に対し横並びの報道をするメディアを例に、物事を多面的に見ることの大切さが述べられている。
　学校で、クラスメイト同士のもめごとが起きたさい、一方と仲の良かった私は、その言い分をうのみにして、もう片方を強く責め立てたが、後日、冷静に話を聞いてみると、仲の良い友人にも大きな非があったことを知って、自分を恥じたことがある。
　このことは、ささいなことのように思えるが、かたよった見方は自らの視野をせばめるだけでなく、今後の人生において誤った選択をする危険性をはらんでいるのではないかと考えた。幅広い観点から物事をとらえ、確かな判断を下すためにも、色々な意見と真剣に向き合い、自分をみがいていきたいと思う。

適性検査Ⅱ　(45分)　＜満点：50点＞

解　答

1　**問題１**　エ　　**問題２**　(例)　奈良県では，大学進学や就職を機に県外へ引っ越す人が多いため，25歳～39歳の人口割合は低くなっていると考えられる。一方，東京都は，大学進学や就職を機に流入してくる人が多いので，奈良県では低い25歳～39歳の人口割合が高くなっていると考えられる。　**問題３**　ウ　**問題４**　(例)　女性は，出産や育児によって離職することが多いので，国会内に託児施設を充実させたり，国会内に子どもを連れてこられるようにしたりするなど，議員生活と育児を両立できるようにする。

2　**問題１**　(例)　液体のアルコールがあると，アルコールが液体から気体に状態変化するときに吸熱反応が起こり，理子さんのうでから熱をうばうため。　**問題２**　(例)　室内機の部分で冷たい空気が60℃の気体の冷ばいにふれると，冷ばいが20℃の液体の冷ばいに状態変化するときに発熱反応が起こり，冷たい空気が温められるから。　**問題３**　(例)　図４のエアコンは10℃の外の空気にふれさせることで冷ばいを状態変化させているが，図５のエアコンは15℃の地下水にふれさせることで冷ばいを状態変化させており，図４のエアコンよりも冷ばいが高い温度で温められているから。

[3] **問題１**　右の図Ⅰ　**問題２**　イとサ　**問題３**　(例)　カ→コ→ス→ソ　**問題４**　(例)　図８の上側が右側にくるように見れば，右の図Ⅱのようになり，○をつけた３つを押せばクリアできる。

図Ⅰ

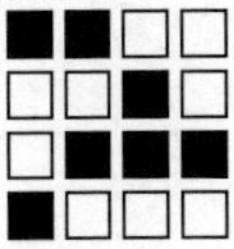

図Ⅱ

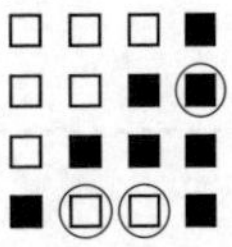

Memo

2022年度　宝仙学園中学校共学部理数インター

〔電　話〕　03(3371)7109
〔所在地〕　〒164－8628　東京都中野区中央2-28-3
〔交　通〕　地下鉄丸ノ内線・都営大江戸線「中野坂上駅」より徒歩5分

【算　数】〈2月1日午前試験〉（40分）〈満点：100点〉

【注意事項】 定規・分度器・コンパスは使わないでください。

1 次の[　　]にあてはまる数を答えなさい。

(1) $36 + (24 \times 58 - 624) \div 12 = \boxed{\quad}$

(2) $3\frac{1}{2} : 6.3 = \boxed{\quad} : 9$

(3) $(8.2 - 4.6) \div 0.3 + 24 \times 0.625 = \boxed{\quad}$

(4) $33.3 \times 66.6 - 22.2 \times 44.4 + 33.4 \times 33.3 + 44.4 \times 72.2 = \boxed{\quad}$

(5) $\left\{2 - (\boxed{\quad} + 0.3) \div 1\frac{1}{5}\right\} \times 1\frac{1}{2} = 1\frac{1}{8}$

2 次の問いに答えなさい。

(1) 3で割ると2余り，7で割ると6余る3けたの整数のうち，最も小さい数はいくつですか。

(2) ある商品を定価の20％引きで売ると400円の利益があり，定価の40％引きで売ると200円の損失になります。利益を520円にするためには定価の何％引きで売ればよいですか。

(3) A地点とB地点が一本道でつながっています。太郎君はA地点からB地点に向かって秒速6mで，次郎君はB地点からA地点に向かって秒速5mで，同時に出発しました。太郎君は次郎君とすれちがってから35秒後にB地点に到着しました。A地点からB地点までの距離は何mですか。

(4) A君，B君の2人がジャンケンをして，得点を競います。最初2人の得点は50点ずつで，勝つと得点が5点増え，負けると2点減り，あいこでは得点は変わりません。何回かジャンケンをしたとき，A君，B君の得点がそれぞれ89点，131点でした。このとき，A君は何回勝ちましたか。

(5) 42195mのマラソンのコースがあります。6台の時計を等間隔に，スタートを1台目，ゴールを6台目としてコースに置きます。さらに，98本の旗を等間隔に，スタートを1本目，ゴールを98本目としてコースに立てます。このとき，4台目の時計に最も近い旗は何本目の旗ですか。

(6) 平らな底のプールに，ある深さまで水が入っています。そこに長さの和が284cmである2本の棒A，Bをまっすぐに立てたところ，棒Aは全体の長さの$\frac{1}{5}$，棒Bは全体の長さの$\frac{2}{9}$が水面の上に出ました。プールに入っている水の深さは何cmですか。ただし，棒の体積は考えないものとします。

3 右の図のような，縦 12 cm，横 4 cm，高さ 2 cm の直方体の積み木がたくさんあります。この積み木を図１のように，１段に３つ並べ，10 段積み上げて作った立体があります。このとき，次の問いに答えなさい。ただし，この立体は机の上に置いてあり，机と接している面の面積は考えないことにします。

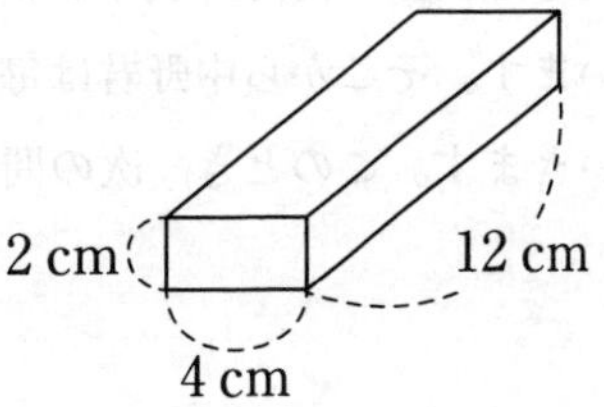

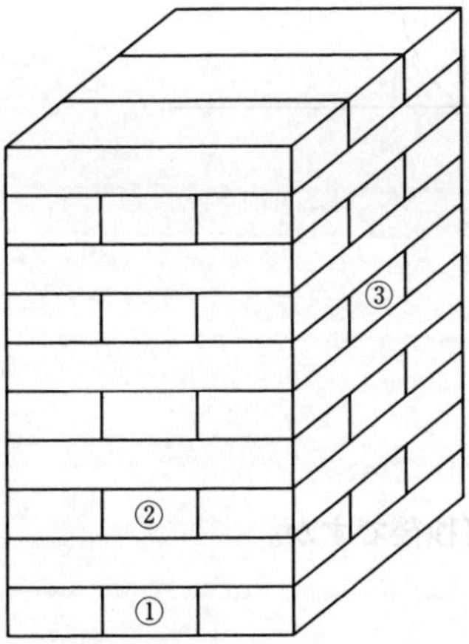

図１

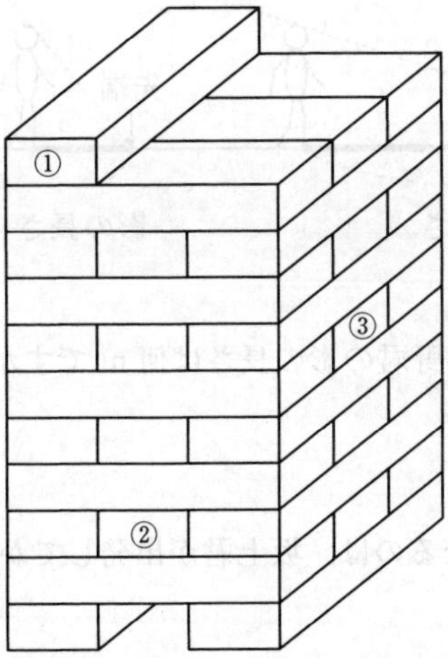

図２

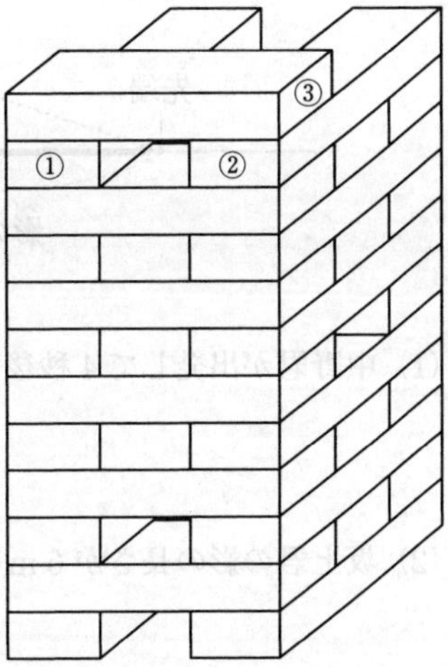

図３

(1) 図１の立体の表面積は何 cm^2 ですか。

(2) 図１の積み木 ① を他の積み木が動かないようにぬいて，図２のように上に置きました。図２の立体の表面積は何 cm^2 ですか。

(3) 図２から，さらに積み木 ② と積み木 ③ を他の積み木が動かないようにぬいて，図３のように置きました。図３の立体の表面積は何 cm^2 ですか。

4 高さ 3.6 m の街灯の真下に，身長 1 m 80 cm の中野君と，身長 1 m 50 cm の坂上君が立っています。そこから中野君は毎秒 1.2 m の速さで，坂上君は毎秒 1 m の速さで同じ方向に歩いていきます。このとき，次の問いに答えなさい。

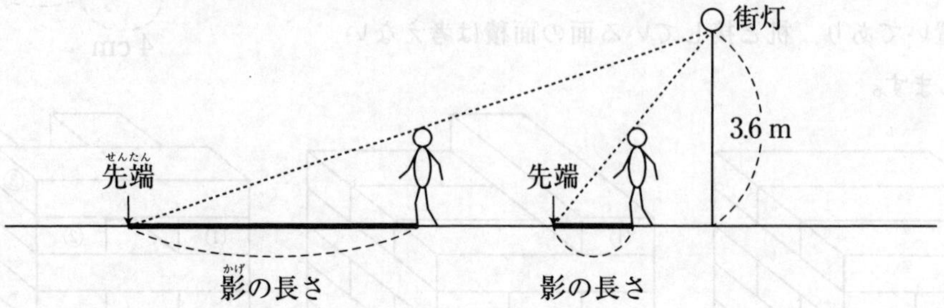

(1) 中野君が出発して 4 秒後の中野君の影の長さは何 m ですか。

(2) 坂上君の影の長さが 6 m になるのは，坂上君が出発してから何秒後ですか。

(3) 坂上君が出発してから 4 秒後に中野君が出発するとき，中野君の影の先端が坂上君の影の先端に追いつくのは，中野君が出発してから何秒後ですか。

【社　会】〈２月１日午前試験〉（理科と合わせて40分）〈満点：50点〉

【注意事項】特別な指示がないかぎり，問われている語句は漢字で記入してください。

1 次の会話文を読んで、あとの各問いに答えなさい。

宝田先生：昨年、１年越しで「東京オリンピック」が開催されましたね。

数也くん：ぼくは、「開会式」を見るのがとても楽しかったです。どのような国や地域が参加しているか見ることができますし、それぞれの国の特徴ある(A)民族衣装などを着ていることもあるからです。

理子さん：私も「開会式」を見ました。最初に入場行進してきた国は(B)ギリシャでしたね。どうして開催国の日本ではなく、ギリシャが最初だったのですか？

宝田先生：それは、古代オリンピックがギリシャの国のオリンピアで、そして近代オリンピックがギリシャの国のアテネで、それぞれ世界で最初に開催されたからですよ。ところで、数也くんと理子さんは、「閉会式」も見ましたか？

数也くん：はい、見ました。３年後の2024年は、(C)フランス（パリ）で開催されることを知りました。(D)東京都知事からパリ市長にオリンピック旗が渡されていました。

理子さん：今回の東京オリンピックでは、日本人選手が大活躍でしたね。思い出すだけで興奮して来ます。宝田先生、メダルの数はどれぐらいだったのでしょう？

宝田先生：日本のメダル獲得数は、金メダル27個、銀メダル14個、そして銅メダル17個の合計で58個でした。リオオリンピックでは合計41個だったので、それだけ日本人選手の活躍が多かったということでしょう。ところで、今回のオリンピックのメダルがどのように作られたのか、二人は知っていますか？

数也くん：「都市鉱山」から作られたと聞いています。古くなった携帯電話やパソコンなどを解体して抽出された金・銀・銅や希少な金属を［　X　］といいますが、それらの資源を鉱山にみたてているのが「都市鉱山」です。

理子さん：たしか、「都市鉱山からつくる！ みんなのメダルプロジェクト」というものがあったと思います。

宝田先生：その通りです。二人とも、よく知っていますね。このプロジェクトは「小型家電のリサイクルの定着と環境にやさしい(E)持続可能な社会が東京2020大会のレガシー」となることを目指していました。

数也くん：そういえば、メダルのほかにも、副賞として「ビクトリーブーケ」（下写真）が選手に贈られているのも見ました。

理子さん：鮮やかな明るい色を基調としていて、とてもきれいでした。東京パラリンピックのときにも「ビクトリーブーケ」が贈られていましたが、オリンピックの時の「ひまわり」ではなく、パラリンピックのマスコットと同じ色のピンクの「バラ」が使われていましたね。

宝田先生：この「ビクトリーブーケ」には、主に東北３県の花が使用されていました。今回のオリンピック開催は東日本大震災から10年の節目を迎え、福島県産のトルコギキョウとナルコラン、(F)宮城県産のヒマワリとバラ、(G)岩手県産のリンドウを使って震災復興や支援への感謝を世界の人々に届けることを狙いにしたようです。もちろん、開催都市である(H)東京都産のハランも使われました。

数也くん：岩手県に住んでいるおばあちゃんから、リンドウの生産は、1989（平成元）年に長野県を抜いて、全国１位になったと聞きました。

宝田先生：東京都中央卸売市場の統計をみると、東京都に出荷されているリンドウの約７割が岩手県産なのです。なぜこれほどまでに岩手県での生産が成長したかというと、1969年から実施された米の生産制限制度、いわゆる［ Y ］が挙げられます。米の生産の代わりにリンドウを転作することが奨励されたのです。

理子さん：特に岩手県内のどのあたりで生産が多いのでしょうか？

数也くん：統計で調べてみると、岩手県の西部の(I)八幡平（はちまんたい）市の作付面積が最も多いみたいですよ。

理子さん：なるほど。他の花のことも知りたくなってきました。家に帰ったら自分でも調べてみようと思います。

問1　下線部(A)について、次の写真ア～エは、「イラン」、「カザフスタン」、「トンガ」、「モンゴル」のいずれかの国の入場行進の様子である。このうち、「イラン」にあてはまるものを1つ選び、記号で答えなさい。

ア

イ

ウ

エ

問2　下線部(B)について、ギリシャでは2009年に深刻な財政危機が発覚した。この財政危機の要因については色々と指摘されているが、その一つに通貨の統合が挙げられている。EUの共通通貨の名称を答えなさい。

問3　下線部(C)に関連して、次の表は日本への輸出品割合上位５品目とその割合（％）を示したものであり、表**ア**～**エ**は、「サウジアラビア」、「中国」、「ブラジル」、「フランス」のいずれかの国のものである。このうち、「フランス」にあてはまるものを１つ選び、記号で答えなさい。

ア

	品目	割合（％）
1	機械類	48.6
2	衣類	8.4
3	金属製品	3.5
4	家具	2.6
5	プラスチック製品	2.2

イ

	品目	割合（％）
1	鉄鉱石	38.2
2	とうもろこし	15.1
3	肉類	10.9
4	有機化合物	6.3
5	コーヒー	4.7

ウ

	品目	割合（％）
1	医薬品	15.7
2	機械類	13.6
3	ぶどう酒	9.3
4	航空機械	8.1
5	バッグ類	6.3

エ

	品目	割合（％）
1	原油	93.2
2	石油製品	2.1
3	有機化合物	1.2
4	アルミニウム	0.9
5	鉄鉱石	0.6

（「日本国勢図会2021/22」より作成）

問4　下線部(D)について、東京都知事を選ぶ選挙について述べた次の文Ⅰ・Ⅱの正誤の組合せとして適当なものを、下の**ア**～**エ**から１つ選び、記号で答えなさい。

Ⅰ．投票できるのは、東京都に住む満20歳以上の男女のみである。
Ⅱ．立候補できるのは、東京都議会議員のみである。

ア　Ⅰ－正しい　Ⅱ－正しい　　**イ**　Ⅰ－正しい　Ⅱ－誤り
ウ　Ⅰ－誤り　Ⅱ－正しい　　**エ**　Ⅰ－誤り　Ⅱ－誤り

問5　下線部(E)について、現在日本では６つのリサイクル法が施行されており、その１つが「家電リサイクル法」である。次の**ア**～**エ**のうち、「家電リサイクル法」の**対象ではないもの**を１つ選び、記号で答えなさい。

ア　冷蔵庫・冷凍庫　　**イ**　食器洗い乾燥機（食洗機）
ウ　テレビ　　**エ**　洗濯機・衣類乾燥機

問6　下線部(F)について、次の**ア**～**エ**のうち、宮城県の伝統的工芸品として適当なものを１つ選び、記号で答えなさい。

ア

イ

ウ

エ

問7　下線部(G)に関連して、次の雨温図**ア**～**エ**は、「<u>盛岡市</u>」(岩手県)、「<u>尾鷲市</u>」(三重県)、「<u>岡山市</u>」(岡山県)、「<u>八丈島</u>」(東京都) のいずれかのものである。このうち、「盛岡市」にあてはまるものを１つ選び、記号で答えなさい。

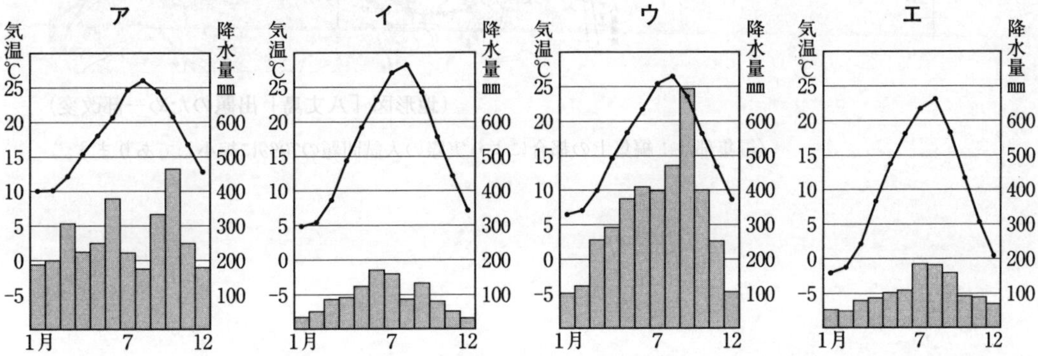

(「理科年表2021」より作成)

問8　下線部(H)について、次の地形図は、東京都のハランの生産地である「八丈島」のものである。この地形図をみて、あとの問いに答えなさい。

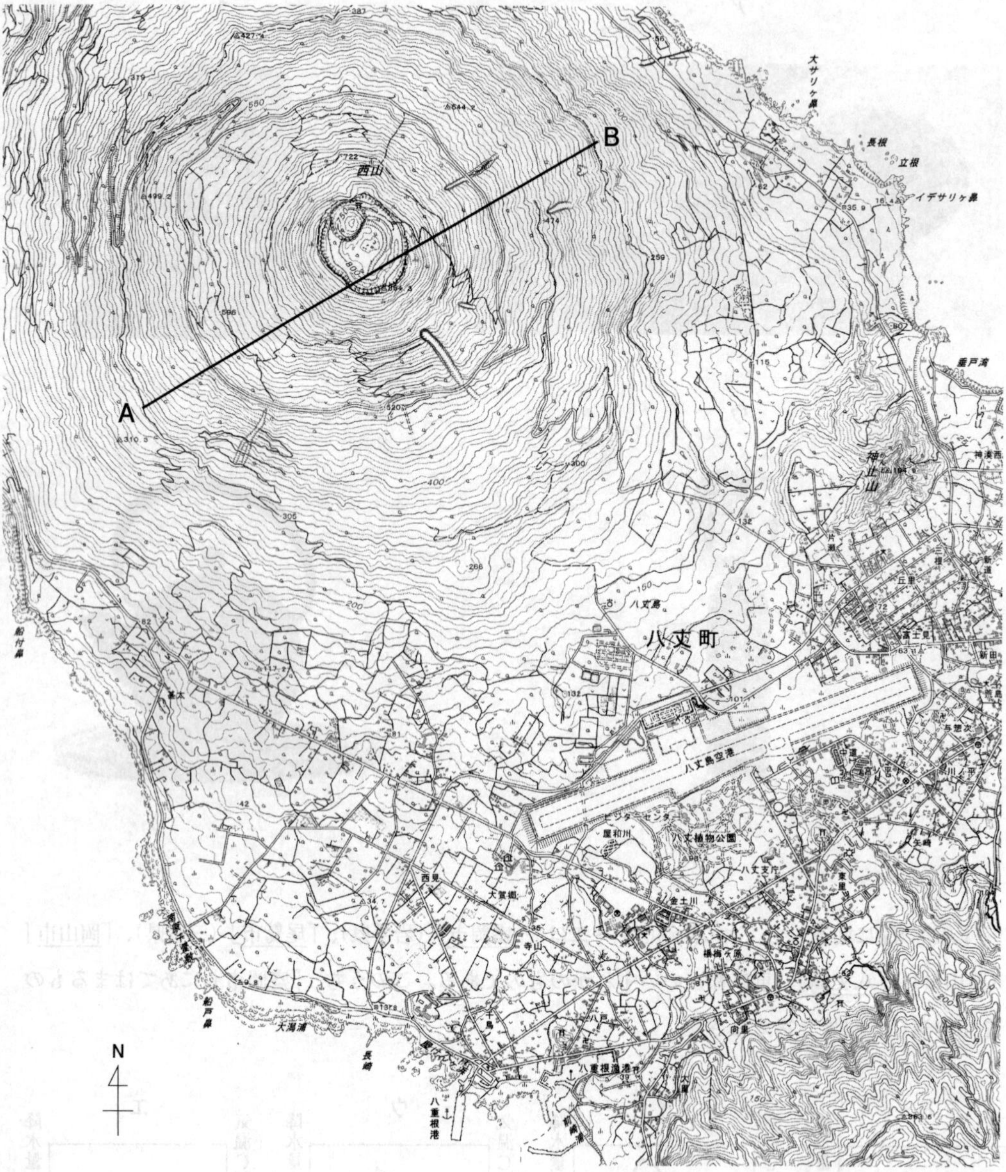

(地形図「八丈島」出題のため一部改変)

〈編集部注：編集上の都合により実際の入試問題の70%に縮小してあります。〉

(1)「八丈島空港」の大きさは、この地形図上では８cmである。実際の距離は何mかを計算しなさい。

(2) 次のア～エのうち、地形図上のＡ－Ｂの断面図として最もふさわしいものを１つ選び、記号で答えなさい。

ア

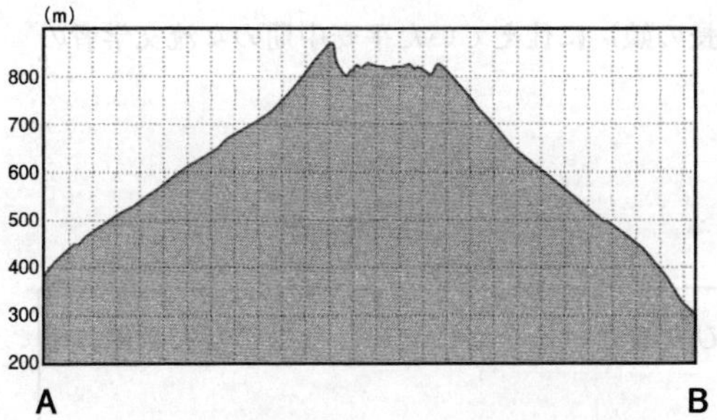

イ

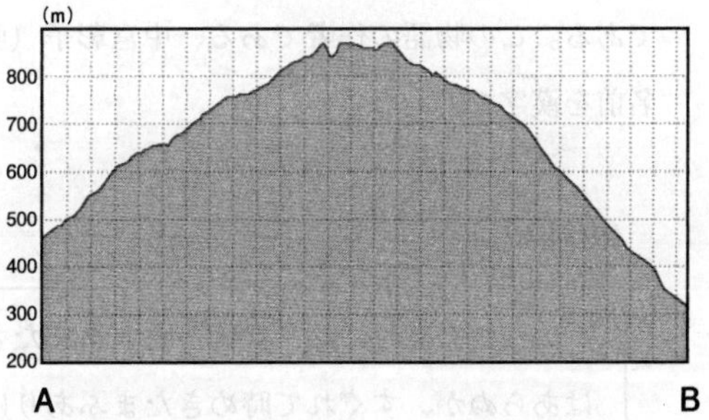

ウ

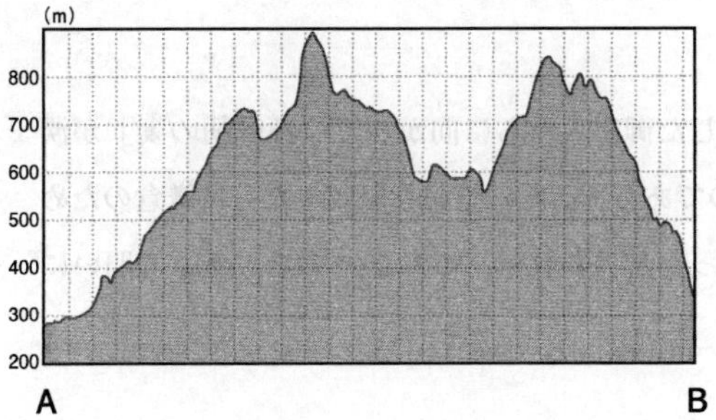

エ

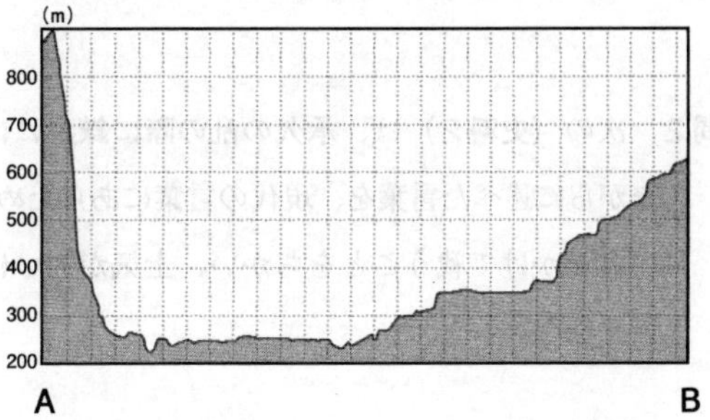

問９ 下線部(Ⅰ)について、八幡平市にある八幡平という火山は、岩手県と秋田県の県境となっている。この八幡平も連なる、東北地方の中央を南北に走る日本最長の山脈の名称を漢字で答えなさい。

問10 会話文中の［ X ］・［ Y ］にあてはまる語句を、それぞれ答えなさい。ただし、［ Y ］は漢字２字で答えること。

2 昨年開催された東京オリンピックでは、ボクシングで入江聖奈選手が金メダルを獲得するなど、今まで以上に多くの女性アスリートの活躍が見られた。長い目で歴史を見ると、女性の活躍は多くの困難と共にあったが、大きく歴史を動かしてきた。それぞれの時代に活躍した日本の女性たちについてあとの問いに答えなさい。

問1 次の（**史料1**）は、当時の貴族社会の理想的な男性を主人公にして描かれた物語の書き出しの一節である。この物語の作者である、中宮彰子（藤原道長の娘）に仕えていた平安中期の女流文学者の名前を漢字で答えなさい。

（**史料1**）

> いづれの御時（おほむとき）にか、女御（にょうご）、更衣（かうい）あまたさぶらひたまひけるなかに、いとやむごとなき際にはあらぬが、すぐれて時めきたまふありけり。

問2 次の（**史料2**）は、承久の乱の際に鎌倉にはせ参じた御家人たちに向かって「源頼朝の妻」が涙ながらに述べた言葉を、現代の言葉にあらためたものである。これに感激した武士たちは鎌倉のために命をかけて戦うことをちかい、士気が大いに上がったと言われる。これを読んで、あとの問いに答えなさい。

（**史料2**）

> みな心を一つにして聞きなさい。これが最期のことばです。今は亡き源頼朝公が、朝廷の敵（平氏）を倒し鎌倉幕府を開いてからというもの、お前たちがいただいた［　A　］は、山よりも高く海よりも深いほどです。それに対する［　B　］の気持ちが浅くてよいものだろうか。それが今、よからぬ者のはかりごとのために朝廷は幕府を倒せと命令しています。名誉を大切にする武士ならば、そのよからぬ者をうち取って、源氏三代の将軍が残した跡をりっぱに守ってみせなさい。それでも朝廷の側につきたいという者がいるなら、今すぐ申し出てここを立ち去りなさい。

(1)（**史料2**）の内容を述べた「源頼朝の妻」とは誰か。その名前を漢字で答えなさい。

(2)（**史料2**）中の［　A　］・［　B　］にあてはまる語句を、それぞれ漢字で答えなさい。

問3　江戸時代、関所では通行手形・荷物を調べられ、時には身体検査もされるなど厳重に検査された。とくに「入り鉄砲」と「出女」は厳しく取り締まられていた。次の **(図1)** には、ある有名な関所が置かれた場所が描かれている。この場所を、下の **(地図)** 中の**ア**～**エ**から1つ選び、記号で答えなさい。

(図1)

(地図)

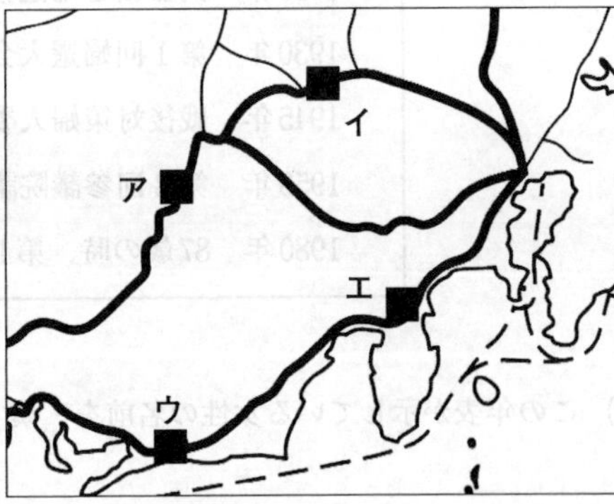

(━━ は五街道を示している)

問4　明治時代に入り、江戸幕府が欧米諸国と結んだ不平等条約の改正を目指して、岩倉使節団は欧米諸国を歴訪した。そして岩倉使節団には多くの留学生が同行し、その中には女性も含まれていた。これに関連して、あとの問いに答えなさい。

(1)　岩倉使節団が派遣された明治時代初期には新政府による多くの改革が行われた。岩倉使節団が派遣された1871年に行われた改革を、次の**ア**～**エ**から1つ選び、記号で答えなさい。

ア　新橋～横浜間に鉄道が開通した。
イ　20歳以上の男子に兵役を課す命令が出された。
ウ　全国にある藩を廃止して府県を設置した。
エ　収穫高に応じて米で納めていた税の制度が改められた。

(2)　右の **(図2)** は、2024年から使用される予定の新5千円札の見本である。ここに描かれている人物は、岩倉使節団に同行して6歳でアメリカに渡り、帰国後は女子英学塾を創立し、女子教育に力を尽くした。この人物の名前を漢字で答えなさい。

(図2)

問５　次の年表は、ある女性の主な活動の抜粋である。この年表を見て、あとの問いに答えなさい。

1920年	平塚らいてうらとともに新婦人協会を成立
1921年	渡米しアメリカの女性問題や労働問題を研究
1924年	婦人参政権獲得既成（かくとくきせい）同盟会を結成
1925年	同盟会を婦選獲得同盟と改称
1930年	第１回婦選大会を開催
1945年	戦後対策婦人委員会を組織
1953年	第３回参議院議員通常選挙に当選
1980年	87歳の時、第12回参議院議員通常選挙に当選

(1)　この年表が示している女性の名前を、漢字で答えなさい。

(2)　年表中の平塚らいてうは、青鞜（せいとう）社の創設者のひとりである。雑誌『青鞜』の発刊に際しては、次の**（史料３）**の言葉を残している。この一節に出てくる**「他」**が誰なのかを明らかにした上で、当時の女性の立場や状況を、具体例を挙げながら説明しなさい。

（史料３）

> 元始、女性は実に太陽であった。真正の人であった。
> 今、女性は月である。**他**に依って生き、**他**の光によって輝く、病人のような蒼（あお）白い顔の月である。

問６　第二次世界大戦後の女性の社会進出について、あとの問いに答えなさい。

(1)　日本国憲法は、法的権利の弱かった女性の権利確立をめざして、草案作成がなされた。これに関連して、次の憲法条文中の［　　　］にあてはまる語句を答えなさい。

> 第14条　すべて国民は、［　　　］に平等であつて、人種、信条、性別、社会的身分又は門地により、政治的、経済的又は社会的関係において、差別されない。

(2) 緒方貞子さんは、日本人として、また女性として初めて国連難民高等弁務官となり、1991年から2000年まで10年間、難民の援助に尽力した。これに関連して、現在の難民について述べた文として正しいものを、次のア～エから１つ選び、記号で答えなさい。

ア アフガニスタンからの難民の最大の受入国は、日本である。

イ 日本の難民の認定率はＧ７の中で最も高く、近年は50%を超えている。

ウ 地域紛争によって故郷を追われる人は、2010年代にはほとんどいなくなった。

エ より良い生活を求めて自発的に国を離れた人たちは「難民条約」の定義では難民には含まれない。

【理　科】〈２月１日午前試験〉（社会と合わせて40分）〈満点：50点〉

【注意事項】 定規・分度器・コンパスは使わないでください。

1　太陽の光を図１のような１辺10 cm の正方形の虫めがねを用いて集め、紙にどのようにうつるか調べました。

図２はアの位置に置いた虫めがねを通過した太陽の光のようすを表したものです。紙の位置をイ～オまで変えたときに、紙にうつる光の面積の関係も示しています。これについてあとの各問いに答えなさい。

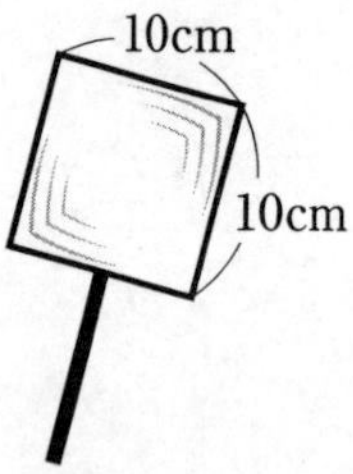

図１

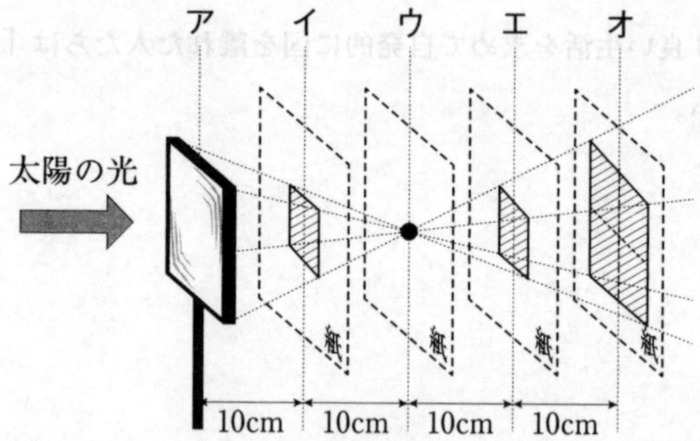

斜線は虫めがねを通過した光の当たる部分

図２

問１　図２について、次の各問いに答えなさい。

(1)　紙をウに置くと、太陽の光は一点に集まりました。この点の名前を答えなさい。

(2)　紙をオの位置に置いたときの紙にうつった光の面積は虫めがねの大きさと同じでした。紙の置く場所をエの位置に変えたとき虫めがねを通過した光の当たる正方形の部分は、１辺何 cm になりますか。

(3)　図３のように、エの位置に紙を置くと、図４のＡ～Ｃで明るさが異なりました。Ａ～Ｃの各部位を明るい順に並べなさい。ただし、太陽の光はレンズに垂直に入り、明るさの同じ部分はないものとします。

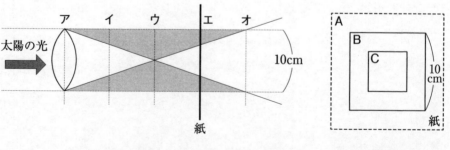

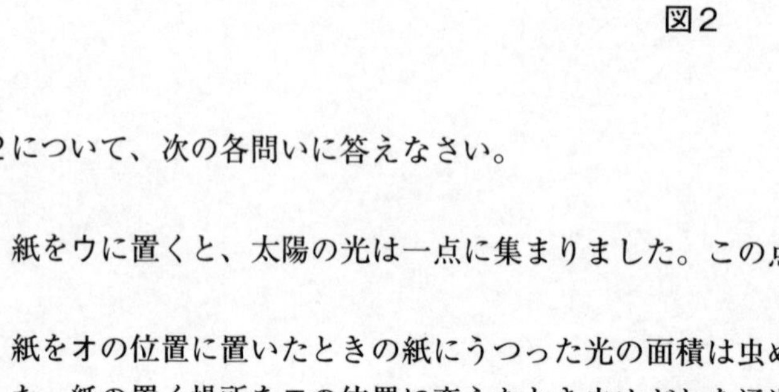

図３

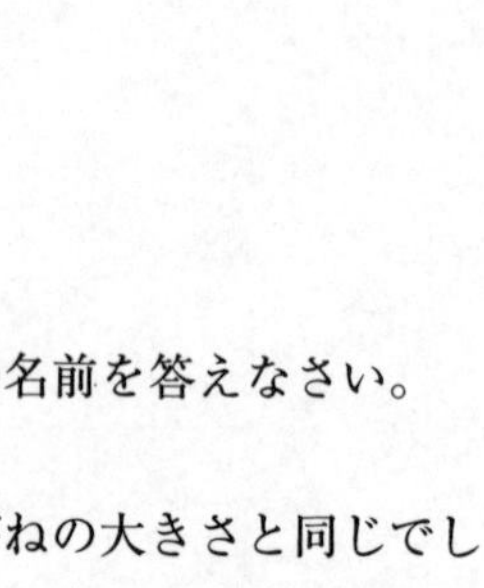

図４

問2　次に紙のかわりに同じ大きさの太陽光パネルを置く場合を考えます。太陽光パネルは、パネルに当たる光が明るいほど、発電量は大きくなります。次の各問いに答えなさい。

(1)　一般に太陽光パネルは、パネルの温度が25℃のときの発電効率を100％としています。太陽光パネルは熱に弱く、パネルの温度が25℃を超えると図5のように発電効率が下がっていきます。ある日の太陽光パネルの1分あたりの発電量を測定したところ100Wでした。1時間後に再び測定したところ、1分あたりの発電量は80Wになっていました。はじめパネルの温度が25℃だったとすると、1時間後のパネルの温度は何℃になりますか。

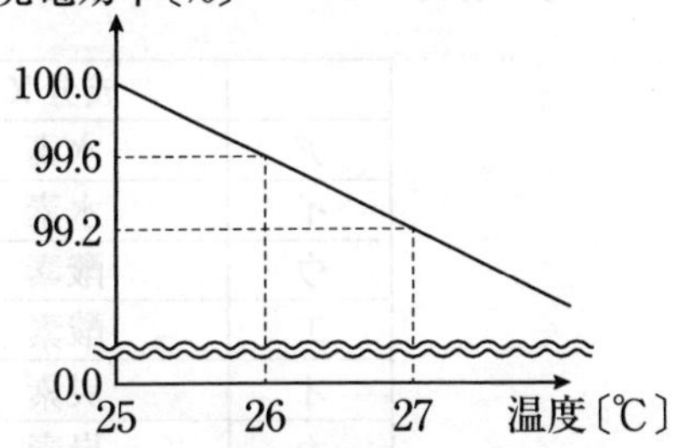

図5

(2)　太陽光パネルを図2のエの位置に置いたときと、オの位置に置いたときとで発電量の関係はどうなりますか。解答用紙に<、>、＝のいずれかを書きなさい。また、その理由を説明しなさい。

2　色々な物の燃焼について、次の各問いに答えなさい。

問1　図1は燃えているろうそくを表しています。炎(ほのお)の熱で熱せられたろうは、しんを伝わり炎心(えんしん)で燃焼しています。このとき、熱せられたろうが炎心に移動するまでに起こっている変化と同じ変化を、次のア～ウの中から一つ選び、記号で答えなさい。

図1

ア　ドライアイス（固体の二酸化炭素）が、だんだんと小さくなった。
イ　しめった空気中に置いた鉄の表面に、赤茶色のさびが生じた。
ウ　氷がとけて水になり、やがて蒸発して水蒸気になった。

問２　ろうには主に、成分Ｘと成分Ｙがふくまれています。成分Ｘと成分Ｙは燃焼するときに空気中の気体Ｚと結びつき、成分Ｘは水に、成分Ｙは二酸化炭素にそれぞれ変化します。成分Ｘ、成分Ｙ、気体Ｚの組み合わせとして正しいものを、次のア～カの中から一つ選び、記号で答えなさい。

	成分Ｘ	成分Ｙ	気体Ｚ
ア	水素	酸素	炭素
イ	水素	炭素	酸素
ウ	酸素	水素	炭素
エ	酸素	炭素	水素
オ	炭素	水素	酸素
カ	炭素	酸素	水素

問３　天然ガスの主な成分はメタンという気体です。メタンはろうと同じように成分Ｘと成分Ｙをふくむため、燃焼によって水と二酸化炭素を生じます。次の各問いに答えなさい。

(1)　8ｇのメタンを完全に燃焼させると、18ｇの水と22ｇの二酸化炭素だけが生じました。このとき、メタンの燃焼に使われた気体Ｚは何ｇですか。

(2)　水にふくまれる成分Ｘの重さの割合が$\frac{1}{9}$、二酸化炭素にふくまれる成分Ｙの重さの割合が$\frac{3}{11}$であるとき、8ｇのメタンには成分Ｘと成分Ｙ以外の成分が何ｇふくまれることになりますか。ただし、成分Ｘと成分Ｙだけしかふくまれない場合は「0」と答えなさい。

(3)　物が燃えたときに発生する熱の量の大きさは、Ｊ（ジュール）という単位で表されます。1ｇのメタンが完全に燃えると、56000Ｊの熱量が発生します。また、1ｇの水に4Ｊの熱が加わると、温度が1℃上がります。いま、ある量のメタンを完全に燃焼させ、発生した熱がすべて200ｇの水に加わったとき、水の温度が14℃上がりました。このとき燃焼したメタンは何ｇですか。

3　次の会話文を読み、あとの各問いに答えなさい。

理子さん：この前、学校の授業で人体について勉強しましたが、私たちのからだってとても不思議ですよね。食べたものが消化・吸収されるしくみにはおどろかされました。

数也くん：そうですね。①<u>胃から出る胃液</u>が強酸なのは食べたものを溶（と）かすためだけではなく、食べたものを殺菌（さっきん）するためでもあるのですね。ところで一つ気になったのですが、胃液によって胃自体は溶けないのですか？

宝田先生：いいところに気づきましたね。それは胃の内側表面の粘膜（ねんまく）に秘密があるのです。胃の粘膜は［　1　］性の粘液（ねんえき）を出すことで胃液を中和しています。そのため、胃自体は溶けないのですよ。

理子さん：すごい！ 私たちのからだはよくできていますね。

数也くん：消化器官といえば、②小腸のつくりも面白いですね。小腸の内側のかべには、たくさんのひだがありとても特ちょう的でした。

宝田先生：小腸は食べたものを消化して水や栄養分を吸収するはたらきをしている消化器官です。水や栄養分を吸収できないと私たちは生きていけないので、私たちのからだを支えるとても大切な器官なのですよ。ところで、植物にも似たようなつくりとはたらきをしている器官がありますが、どこか分かりますか？

理子さん：［ 2 ］ですか？

宝田先生：その通りです。形も似ていますが、水や栄養分を吸収するはたらきはまさに同じですね。このように植物の［ 2 ］は腸とつくりやはたらきが似ていることから、「裏返しの腸」と呼ばれているのですよ。

数也くん：動物と植物、まったくちがうように見えても実は共通しているところがあるのですね。

理子さん：他にもないか探してみます。

問1　下線部①について、胃液の中にふくまれる消化こうその名前とはたらきを答えなさい。

問2　［ 1 ］に入る語句として最も適当なものを次のア～ウから一つ選び、記号で答えなさい。

ア　酸　　　イ　中　　　ウ　アルカリ

問3　下線部②について、図1は小腸のつくりを模式的に示したものです。これに関して、あとの各問いに答えなさい。

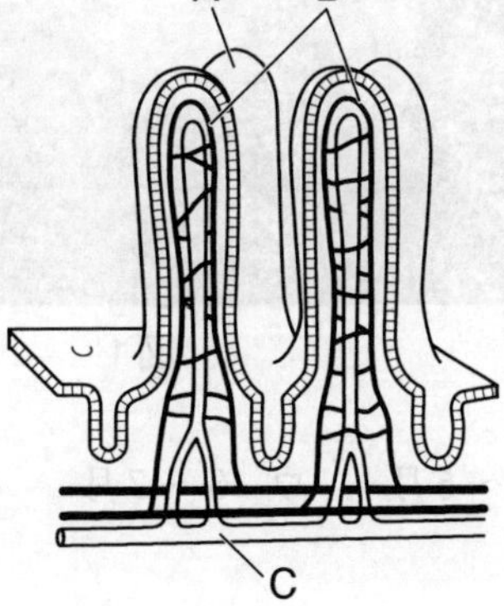

図1

(1)　A～Cをそれぞれ何というか名前を答えなさい。

(2)　B、Cに取りこまれて運ばれる物質として適当なものを、次のア～エからすべて選び、記号で答えなさい。

ア　アミノ酸　　イ　しぼう酸　　ウ　ブドウ糖　　エ　モノグリセリド

(3)　小腸の内側のかべにはたくさんのひだAがあるが、これにはどのような利点があるか説明しなさい。

問4　[2]に入る植物のつくりの名前を答えなさい。

問5　[2]以外で動物と植物のからだのつくりやはたらきで似ているものを一つ挙げ、どのようなところが似ているか説明しなさい。

4　天気について、次の各問いに答えなさい。

問1　北の高気圧からの冷たい空気と、南の高気圧からの暖かい空気の流れが、日本付近でぶつかり、図1のような東西に長い雲の帯ができます。このような雲ができやすい時期として最も適当なものを、次のア～オから一つ選び、記号で答えなさい。

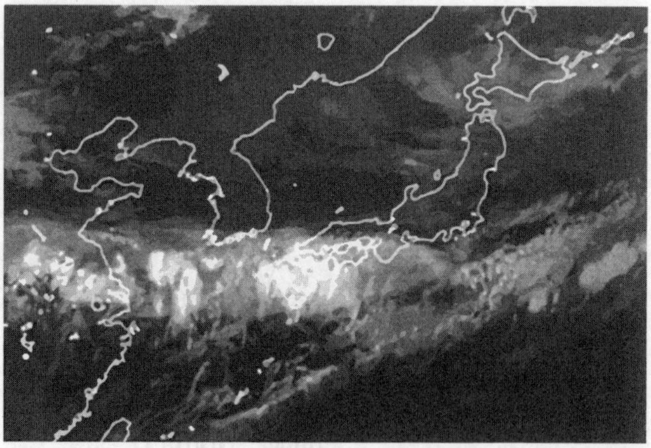

図1

ア　1～2月　　イ　4～5月　　ウ　6～7月　　エ　8～9月　　オ　11～12月

問2　台風は何が発達してできたものですか。最も適当なものを、次のア～エの中から一つ選び、記号で答えなさい。

ア　温帯高気圧　　イ　温帯低気圧　　ウ　熱帯高気圧　　エ　熱帯低気圧

問3　日本の台風の風の特性に関する次の文章の①、②に最も適当なものを、①はア、イ、②はウ、エからそれぞれ一つずつ選び、記号で答えなさい。また、［③］に入る語句を答えなさい。

台風は巨大(きょだい)な空気のうず巻きになっており、地上付近では上から見て①（ア．時計回り　　イ．反時計回り）に強い風がふきこんでいます。そのため、台風の②（ウ．西側　　エ．東側）では、台風自身の風と台風を移動させる周りの風が同じ方向にふくため風が強くなります。台風を移動させる周りの風は、西から東へ流れる上空の風で［③］といい、春の天気にも大きな影響(えいきょう)をあたえています。

問4　冬の秋田市と仙台(せんだい)市（図2）の天気について最も適当なものを、次のア～エの中から一つ選び、記号で答えなさい。

ア　秋田市は雪が多いが、仙台市は雪が少なくかんそうした天気のよい日が続く。
イ　仙台市は雪が多いが、秋田市は雪が少なくかんそうした天気のよい日が続く。
ウ　秋田市も仙台市も同じくらい雪が多い。
エ　秋田市も仙台市も雪が少なくかんそうした天気のよい日が続く。

図2

三

次の①～⑤の傍線部のカタカナを漢字で答えなさい。

① 昆虫をサイシュウする。
② 金属にアツリョクをかけて変形させる。
③ ニッショウ時間が足りず、発芽しなかった。
④ 銀行にお金をアズける。
⑤ 詩的な要素にトむ本。

四

次の①～⑤の傍線部の漢字の読み方をひらがなで答えなさい。

① 先行きに暗雲がたちこめる。
② 有名作品の模写をする。
③ 薬品が表皮につかないように注意する。
④ 料理に用いる。
⑤ 敵に情けをかける。

五

次の①～⑤の□に漢字一字を入れて、慣用句を完成させなさい。

① □を仇(あだ)で返す　…　世話になってきた人に対して害を与えること。
② 出る□がない　…　自分の能力を生かす場所がないこと。
③ 冷や□を食う　…　冷たくあつかわれること。
④ □前の灯(ともしび)　…　危機がせまり、今にも滅んでしまいそうなこと。
⑤ □を折る　…　精を出して物事に取り組むこと。

問六　本文中にある枠内の歌詞について以下の問いに答えなさい。

(1)　用いられている表現技法を次の中からすべて選び、記号で答えなさい。

ア　擬声語　　**イ**　繰り返し　　**ウ**　擬態語　　**エ**　体言止め

(2)　次の文章は、本文中の歌詞をめぐって、先生と生徒の間でなされた会話です。これを読み、空欄 **X** ・ **Y** ・ **Z** に入る言葉を考えて書きなさい。なお、 **X** ・ **Y** はそれぞれ五字以内、 **Z** は十五字以内で答えなさい。

先生　鯨井さんは、本文中の波線部「わたしはそのへん、すんなり受け入れちゃうけどな。フィクションはフィクションっていうか」と言っていますが、まずはこの発言について考えてみましょう。
生徒A　先生、「フィクション」って何ですか。
先生　簡単に言うと「作りもの」ということです。
生徒B　つまり、波線部で、鯨井さんは **X** と **Y** は別だと言っているということですね。だから、彼女はどのような主語が歌詞で使われていてもかまわないと考えるんですね。
先生　その通りです。では、次に、本文中の歌詞についてはどのように考えますか？
生徒C　典は「物語形式にこだわるのはやめたけど、かといって別のアイディアがなくて」と言っているから、いいアイディアが浮かばないので、とりあえず「物語形式」のことも意識しながら作詞したわけですよね。
生徒A　そうですね。そして、「理科の宿題」と合体させることをひらめいた。
生徒B　あせって作ったという割に、私はこの詞、よくできているなあと感心しちゃった。
生徒C　え、ほんとに？　深い意味はない詞だなあ、と思ったけど…。
生徒B　私も最初はそう思ったんだけど、改めて考えてみるとおもしろいよ。歌詞のテーマに着目してみてごらん。
生徒A　光合成？
生徒B　そう。光合成って「葉緑体・太陽光・水・二酸化炭素」があってはじめて「酸素」と「でんぷん」を創り出すことができるじゃない。これって何かに重ならない？
生徒A　なるほど。「葉緑体・太陽光・水・二酸化炭素」が **Z** の姿と重なるのか！　バンド演奏もみんなで何かを創り出すことだと考えると光合成とのつながりが見えてきますね。
先生　そうですね……そういった読解も可能かもしれませんね。

問三　傍線部②「こういう反応が返ってくることはわかりきってた」とありますが、典はどのようなことを予想していたのですか。解答欄に合うように、二十字前後で答えなさい。

［　　　　　　　　　　］という予想。

問四　二重傍線部a～dについて説明したものとして最も適当なものを次の中から選び、記号で答えなさい。

ア　二重傍線部a「われに返った」とあるように、いち早く冷静になった佐々矢は、歌詞の内容はともかく、その言葉の持つテンポと曲調が合うのか確かめるべく、ギターで曲を弾き始めた。

イ　二重傍線部b「笑いを隠そうともしてないし」とあるように、鯨井さんは、ボーカルである自分のことを第一に考えて典が歌詞を作ってくれたということが嬉しくてたまらない様子でいる。

ウ　二重傍線部c「へらっとしそうな頬を必死にこらえている」とあるように、幹は、ボーカル担当の鯨井さんの声に合わせてコーラスを歌うことに喜びを感じながらも、その思いを悟られないように気をつけている。

エ　二重傍線部d「黙って耳を傾けた」とあるように、典は、他の仲間達の歌声に集中することで、自分の作成した歌詞のどこに問題があるのかを冷静に確かめようとしていた。

問五　傍線部③「でも、っていうか。だからこそ、っていうか」とあるが、このときの典の様子を説明したものとして最も適当なものを次の中から選び、記号で答えなさい。

ア　一週間かけて苦労して作成した歌詞があまりよい出来とは言えず落ち込んでいたが、仲間達が自分をはげまそうとその歌を無理に楽しそうに歌っている姿を見て、彼らの優しさにいやされている。

イ　作成した歌詞が曲調と上手く合うのか心配だったが、すぐに曲に合わせて歌詞のテンポをうまく調節する仲間達を見て、音楽のセンスに優れた彼らの才能に驚くとともに、頼もしく感じている。

ウ　仲間達が自分の作成した歌詞を歌っているのを聞いて、改めておかしな歌詞だとはずかしくなるが、ふざけた歌詞でも懸命に歌ってくれる彼らの姿を見て、言いつくせない喜びを感じている。

エ　自分が作った歌詞に自信が持てなかったが、曲に合わせて楽しげに歌う仲間達を見て、彼らが自分の歌詞の出来をそれほど気にしていなかったのだと意外に思いながらも、安心している。

いいってわかってるけど、心臓が、こんなにやかましく鳴ってる。めちゃくちゃどきどきしてる、今。誰かと一緒に、ひとつのものをつくっている。

仲間に加わっている。

初めて経験するような感覚がぞわぞわと湧き上がって、頭から足の先まで染まっていく。冷房がついた部屋にいるのに汗が出てくる。

はずかしくて、苦しくて、うれしくて、楽しい。

……けど、舞い上がってるだけじゃまずい。この詞が※この曲にちゃんとハマるのか、確認するためにみんなこうして歌ってくれてるわけで。誰より書いた俺こそが、そこをしっかり確かめなきゃいけないんだった。

「よーりょくたいが　あるからできる　あーおはあるかりせーのいろー」

歌詞とメロディを追っていき、最後のフレーズがきれいにひびいたのを待って、俺は拍手を贈った。

そしたら三人も、明るい顔で俺に拍手を返してくれた。

（眞島めいり『夏のカルテット』一部改変）

（注）※　今回は……以前、このメンバーで図書室に集まり、校歌を歌ったことがある。

※　オオカナダモ……水草の一種。光合成の実験でよく用いられる。

※　あの曲　※　この曲……いずれもヘンデルが一七二〇年に作曲した「調子の良い鍛冶屋」という曲のこと。

問一　傍線部①「その心もとなさの中にいた」とは、どういうことですか。これについて説明したものとして最も適当なものを選び、記号で答えなさい。

ア　メンバーの要望に応える詞は作れないと判断したが、一方で勝手な詞を作っていいものかと不安だったということ。

イ　ボーカルの鯨井さんに気持ちよく歌ってもらうために、歌詞の主語を何にするべきか考え続けていたということ。

ウ　はじめて歌詞を作成するにあたって、作詞の基本的な手順が全く分からず、一人気持ちがあせっていたということ。

エ　歌詞を書こうとしたが、その具体的な方向性をまとめることができなくて、何日間も悩み続けていたということ。

問二　空欄［A］・［B］・［C］・［D］に入る言葉として最も適当なものを次の中からそれぞれ一つずつ選び、記号で答えなさい。ただし、同じものを二度使ってはならない。

ア　ぱっと　　**イ**　ぱっちり　　**ウ**　きゅっと　　**エ**　ぺらりと

て焦った結果、ふたつが合体してこうなりました」

あえて低いテンションで俺はぼそぼそ言った。むちゃくちゃな方向転換をかましたって自覚はたっぷりあるんだけど。

俺の説明になってない説明を聞いた三人は、それぞれ口もとに中途半端な笑いを浮かべたまま、ぱきっと固まっている。

笑顔が引きつってるようにも見える。「典、何言ってんの?」って。

あ、これは。

やらかした。終了のお知らせです。

②こういう反応が返ってくることはわかりきってたのに、ゆうべの俺はとんでもない賭けに出てしまった。ばかだ。ほんとばか。やっぱり夜中のテンションは危険なんだよ。

ルーズリーフを今すぐ奪い返したい。シャーペンで書いた汚い字を消しゴムで一気に消して、破って、捨ててしまいたい。でも緊張でどっと疲れたのと、いたたまれないのとで椅子から立ち上がる力が出ない。

そうやって放心状態の俺がぐずぐずしてるうちに、

「……な、ちょっと貸して」

a先にわれに返った佐々矢が動き出した。

鯨井さんの手からルーズリーフを抜き取り、カウンターの高い台に置く。ケースから出してあったギターを足もとから持ち上げて、黒いストラップを首にくぐらせた。

迷いなく、※あの曲を弾き始める。もうすっかり楽譜を覚えたらしい。

「みーずーあおく　かーわるのーはー　さんそがふーえた　せーじゃないー」

歌い出しは完璧だった。笑わないようにがんばってるせいで、声がだいぶゆれちゃってるけど。

メロディが変わる箇所に差しかかると、今度は鯨井さんと幹が、すっとコーラスに加わった。

「おおかなだーも　ひかりあてーて　こうごうせいのへんかかんさつー」

b鯨井さんは笑いを隠そうともしてないし、c幹は幹で、へらっとしそうな頬を必死にこらえているみたいだ。

d俺はそんな三人を見つめながら、黙って耳を傾けた。

やっぱり、どこまでもふざけた歌詞だった。内容があるようなないような、とにかくヘンな歌。何なんだろう、これ。自分で書いたくせに勝手にはずかしくなって、かーっと熱さが首のあたりまでせり上がってくる。

③でも、っていうか。だからこそ、っていうか。

みんなが歌ってくれてうれしかった。

うれしいなんて言ってる場合じゃないのかもしれない。ちゃんとしたものを仕上げられなくてごめんって謝るべきかもしれない。そうしたほうが

「でも書いてきてくれたんでしょ？」

カウンターの上に手のひらが［B］広げられる。意図は明らかだ。

ようやく決心が、というかあきらめがついて、俺はリュックサックのファスナーをふたたび開け、クリアファイルを取り出した。

はさんであったＢ５のルーズリーフを、差し出された手に［C］のせる。

「ありがと」

［D］つかんだ鯨井さんは、そのルーズリーフを顔の前に近づけると、俺がＨＢのシャーペンで書きなぐった文字を目で追い始めた。一行ずつ、真剣なまなざしで。

時間の流れが引きのばされたような、すごく長く感じる数秒間だった。

鯨井さんがふき出すまでは。

「ちょっ、何これ！」

「え？　見して」

佐々矢が勢いよく椅子から立ち上がり、カウンターから身を乗り出すようにして鯨井さんの手もとをのぞきこむ。肩と腰をひねった体勢でしばらく黙読したあと、「ふへっ」とうわずった音を発した。笑っていいのか、まともに受け止めるか決めかねてるみたいで、表情がどっちつかずだ。

幹は何が起きているのかわからないって顔で、ふたりのそんな反応にただ戸惑っていたけど、佐々矢が手をちょいちょい動かして呼ぶので、鯨井さんの横から遠慮がちにルーズリーフをのぞきこんだ。

そこにはこう書かれている。

> 水青く変わるのは
> 酸素が増えたせいじゃない
> 水青く変わるのは
> 二酸化炭素が減ったから
> ※オオカナダモ　光あてて
> 光合成の変化観察
> 葉緑体があるからできる
> 青はアルカリ性の色

「物語形式にこだわるのはやめたけど、かといって別のアイディアがなくて。当番の日は近づいてくるし、そういや理科の宿題もやってないし……っ

二　次の文章を読んで、あとの問いに答えなさい。

中学一年生の霜村典は、図書委員の仲間の瀬尾幹、鯨井夏野、寺佐々矢の三人と一緒に、夏休みの研究課題で昔の曲に歌詞をつけて演奏することになった。

「それで、まあ、取りかかってはみたんだけど」
しゃべりながら、ふと眼鏡の右のレンズに指紋がついている気がしたので、外してふこうとした。ところがまったくもって気のせいだった。心が落ち着いていないだけ。
仕方なくかけ直す。
「……けど、初めっからつまずいた。まず一人称が決まらなくて。歌うのは鯨井さんだから、とりあえず〈わたし〉にして、二人称を〈きみ〉で書いてみようとしたら、なんか違った。〈ぼく〉〈おまえ〉〈あなた〉、いろいろためしたけど、うーんって感じで」
「ふだん使わない人称じゃ、しっくりこないってことね？」
ふんふんと鯨井さんがうなずく。
「わたしはそのへん、すんなり受け入れちゃうけどな。フィクションはフィクションっていうか。〈ぼく〉視点の好きな歌だっていっぱいあるし」
「〈I〉と〈you〉の場合もあるよね」
幹が英語を例に出した。
「無理に〈わたし〉にこだわんなくても、典が書きやすいのでよかったんじゃね？　大事なのは内容だろ」
佐々矢が気をつかって言ってくれたけど、俺は首をふる。
「そもそも、書きたいストーリーって何？　ってとこがはっきりしなくてさ。イメージがないわけじゃないんだけど、すごくぼんやりしてて……」
スタート地点で、うっすらでもいいから何か具体的な景色が必要だった。そうすればそっちに向かって一歩をふみ出せる。だけどすべてがあやふやで、音もにおいも手触りもない。味だってしない。七日間ずっと、①その心もとなさの中にいた。
「それに、※今回は歌ってくれるひとがあらかじめ決まってるわけだから」
俺は目の前の鯨井さんを見上げる。
「鯨井さんが歌いやすいものがいいし、佐々矢が校歌を弾いてくれたときみたいに、楽しくて盛り上がるやつにしたいとも思って。俺、あの感じすごく好きだったから。……って考えれば考えるほど、わかんなくなった」
鯨井さんは［A］開けた両目で見つめ返してくる。
俺が今しゃべったことを、ひとつずつしっかり噛みくだいて呑みこんでるみたいに、少しのあいだ口を閉じて。それから一回、まばたきをした。

問五 次の文章は傍線部⑤「辛崎の松は花より朧にて」についてまとめた【ノート】です。これを読み、[X]に入るものとして、最も適当なものを次の中から選び、記号で答えなさい。

【ノート】

語句
辛崎……現在の滋賀(しが)県(けん)の琵琶湖(びわこ)の西岸の地名。
花……ここでは桜のこと。
朧……霞(かすみ)や雲によってぼんやりとしていてはっきりしない様子。

現代語訳
湖に浮かぶぼんやりとしたもやのせいで、岸に立っている松のほうが桜よりも朧に見える

ポイント
この俳句を理解するポイントは、松と朧が一緒(いっしょ)に表現されているところにある。松尾芭蕉が登場するまで、松は松濤・松籟など音とセットで表現されるのが常識だった。しかし、芭蕉は[X]。

ア 風に吹かれる松の音をより印象的に表現するために、あえて朧という言葉を使用した
イ それまでの常識を無視して、松の音に関する表現を使わないことで逆に松の音を強調した
ウ 松と朧を組み合わせることで、松を音の側からとらえることの素晴らしさを再確認した
エ 伝統にとらわれず、朧という言葉を松と組み合わせることによって松を視覚的に表現した

問六 「詩」が生まれるのはどのようなときですか。本文全体をふまえて、次の空欄(くうらん)にあてはまるように、四十字以内で書きなさい。

ある事物に関心を持ち、言葉で表そうとするものの、[　　　　]**とき。**

問七 空欄[A]に入る言葉を本文中から六字で探して書きぬきなさい。

問二　傍線部②「これが言葉の長所なのです」とありますが、「言葉の長所」について述べたものとして最も適当なものを次の中から選び、記号で答えなさい。

ア　体型や毛色などの猫の外見を細かい点にいたるまでていねいに説明することで、その猫の正確な姿を人に伝えることができる。

イ　一匹一匹(いっぴき)の猫の姿や形は異なるが、その違い(ちが)とは別に、猫という言葉によって他の人と猫全般(ぜんぱん)について会話することができる。

ウ　磯や浜辺といった色々な海に関する言葉を知ることで、現実の海についてよりたくさんのことを知ることができるようになる。

エ　辞書に書かれている海という言葉の意味さえ理解できていれば、海という言葉の指し示す内容を正確に表現できるようになる。

問三　傍線部③「松という言葉を使いなれてゆくうちに、松についてすべてを知っているつもりになるという傾きが生じやすいのです」とありますが、その結果どのようなことが生じますか。次の中から最も適当なものを選び、記号で答えなさい。

ア　松という言葉が松の全てを表していると錯覚し、松についてより多くのことを知ろうとしなくなる。

イ　松という言葉に関する知識はどんどん増えていくが、本物の松がどのようなものか分からなくなる。

ウ　松という言葉を使えば使うほど、自分より松のことを知っている者はいないと勘違い(かん)いするようになる。

エ　辞書にある松についての説明を暗記すれば、松のことはすべて知っていると思いこむようになる。

問四　傍線部④「類型化」の説明として最も適当なものを次の中から選び、記号で答えなさい。

ア　姿を見せずにかくれひそんでいたものを表に出して目に見える形としてあらわすこと。

イ　複数の知識や情報を関連づけて大きな一つのまとまりを持ったものに仕上げること。

ウ　性質や特徴(とくちょう)が似たものから共通部分を取り出して決まりきった型としてまとめること。

エ　空想やアイデアに具体的な形を与えることで考えを理解できるようにあらわすこと。

（中略）松と朧は、それまでの※歌人俳人の発想になかったらしいのです。いわば、松に朧という言葉は使うべきでないという類型発想を、芭蕉が破ったということができます。このように松が描かれてみると、たしかに、松の※遠景のやわらかなけむりようが見えてきます。

言葉が詩になるというのは、こういう例のような場合を言います。私が述べた詩の定義〝言葉で、新しくとらえられた、意識と事物の一面〟に、これはあてはまるでしょう。

なぜ、詩が書けるか、ということの章の結論を出しましょう。

言葉は、ある対象を名指すことはできるが対象の内容を［A］ものではない。それだからこそ、事物の内容について無限の見方が可能になる。たとえ、ある事物について、これまで多くの人がいろいろな見方をしてきたにしてもそれはすべてを言い尽くしているわけではなく、いわば一面です。未開拓の領域は後世の人に残されているのです。

私たちがある対象を歌ったり描いたりするのは、その対象への関心があるからですが、その関心が働く限り、新しい見方は無限に可能になり、詩が生まれる可能性もあるというわけです。

（吉野弘『詩の楽しみ』一部改変）

（注）※喚起……物事を呼び起こすこと。
※松風……松林に吹く風が、鋭くとがった松の葉をゆらすときの音。
※松柏……松の木と柏の木のこと。いずれも樹齢の長い常緑樹の代表。
※芭蕉……松尾芭蕉のこと。江戸時代の俳諧師（俳句を詠む人のこと）。「蕉風」と呼ばれる独自のスタイルを確立した。
※歌人俳人……歌人は和歌を詠む人のこと。俳人は俳句を詠む人のこと。
※遠景……遠くに見える景色のこと。

問一　傍線部①「不完全な符号です」とありますが、「言葉」が「不完全な符号」になってしまうのはなぜでしょうか。その理由として適当なものを二つ選び、記号で答えなさい。

ア　意味の取りちがえが生じやすくうまく事物を指し示すことができないしるしだから。
イ　言葉を聞いて思い浮かべる事物のイメージが千差万別になってしまうしるしだから。
ウ　一度見てしまえばその事物を思い浮かべることが比較的簡単にできるしるしだから。
エ　そもそも対象となる事物を見たことのない人には説明しようがないしるしだから。
オ　事物の内容をそのまま伝えるときにたくさん手間がかかってしまうしるしだから。

体的内容はあいまいだが同種の事物を一括して代表できるという利点とをあわせ持っていることがわかったわけです。

さて、言葉が、このような性質のものであるからこそ、詩が可能になるということに話を移しましょう。

言葉が意識や事物を名指していると私は述べました。しかし言うまでもないことですが、言葉は、名指した意識及び事物とは別のものです。たとえば、松という言葉は、松そのものではありません。人間がただ一方的に、松という言葉で松という植物を名指し、日常で松の全体あるいはその性質形状などを漠然と代表させているというだけのことなのです。ところが、言葉の最も日常的な使い方は、松という言葉で松の性質や形状などをすべて含んで代表していいるつもりという使い方なのです。

松という言葉が松そのものではない、ということぐらいは、誰でも知っていますが、③松という言葉を使いなれてゆくうちに、松についてすべてを知っているつもりになるという傾きが生じやすいのです。言葉の日常的な使われ方は、〝すべて知っているつもり〟の使われ方といってもいいでしょう。

もちろん、それは無意識のうちにそうなっているのですが、そのために、対象に深い注意を払わないという結果になりやすいのです。つまり、言葉の日常的な使われ方では、言葉がある対象に人を引き合わせてくれると同時に、その対象に深入りすることを妨害するという姿をとるのです。これを、一つの比喩で語りますと、誰かを、ある秘密の部屋に通ずる入口のドアまで連れて行って、そのドアに鍵をかけてしまう人のようなものです。ところが、部屋の前まで連れて行ってもらっただけなのに、その部屋の内部がすべてわかったと錯覚してしまうのも、私たちの言葉への対応の仕方なのです。

言葉で名指したものはすべてわかっているつもりという、この日常的な言葉意識は、言葉によって行なう物の見方や表現法にも④類型化を招き入れるようになります。たとえば、よく晴れた空のことを〝抜けるような青空です〟と表現して、それで満足できる物の見方です。

こうした類型化した物の見方を嫌うというところを出発点にして、日常的な言葉の使い方から離れるという段階が、つぎに考えられます。簡単に言えば、自分の目で物を見直そうということで、わかっているつもりのこととか、類型的な物の見方とは質のちがう平面に出てゆこうということです。それを、ここでは仮に文学的表現と呼ぶことにします。

そういう表現を、不完全な言葉で行なおうとするわけですから、このこと自体かなり厄介なことですが、文学的表現の領域にも、すでに多くの類型ができあがっていて、それに慣らされてしまうということがあるのです。

松の例を引きますと、松は、風のからむ松の音の側からとらえられるという傾きがあります。松籟、松韻、松濤は、いずれも※松風のことです。※松柏という言葉もあって、長寿と繁栄のシンボルの意味に使われていますが、松のとらえ方にしても、かなり狭いものです。

松に関連して思い出されるのが、※芭蕉（一六四四―九四）の俳句――⑤辛崎の松は花より朧にて――です。

二〇二二年度　宝仙学園中学校共学部理数インター

【国　語】〈二月一日午前試験〉（四〇分）〈満点：一〇〇点〉

【注意事項】設問に字数制限がある場合には、句読点・記号も字数に数えます。

一　次の文章は、詩について述べたものです。これを読み、あとの問いに答えなさい。

言葉は、意識や事物を名指すことはできますが、意識や事物の内容をまるごと伝えることのできない①不完全な符号です。そして、不完全な符号であるということが、新しい表現を無限に可能にし、詩を可能にするのです。

このことを少し説明してみます。

海を一度も見たことのない人（海の写真も見たことがない人）に、海を説明する場合を想像してみてください。沼を大きくしたようなもので、見渡す限りが水なのだと説明しても、聞いた人が、海を想像できるでしょうか。海を見たことのない人にとって、海という言葉は海を想像する手掛かりとして、ひどく不完全なものなのです。不完全な符号と言ったのは、そういう意味です。

しかし、不完全な符号と言ったことの意味は、実はこれだけではありません。

言葉で、海を思い描くことのできなかった人でも、海を見てしまえば、そのあとは、容易に海を思い描くことができます。けれどもその海の海岸線が砂浜か磯かによって、海の印象は異なることでしょう。あるいは海岸で見た海と、一週間も船で航行した海とでは、その印象は、もっと異なるでしょう。さらに、飛行機から見下ろした海なら、別の印象があるでしょう。つまり、同じ海という言葉でも、思い浮かべる海は、人それぞれに、また、同じ人でも時によって、ちがうと考えられます。これが、不完全な符号ということの二つめの意味です。

それでは、言葉は不完全なだけかと言いますと、そうではありません。言葉は、その言葉で名指したものを、個々の形状とは切り離し、集約した像として※喚起することを可能にします。海の例で言えば、いろいろな所で見た特定の海の姿とは別に、それらに共通な、海の映像を呼び起こす（それは人によってちがいますが）はたらきです。このはたらきがあるので、私たちは、言葉で、ある事物を話題にすることができます。猫という言葉はどこの猫ということとは無関係に、猫一般を指すことができます。実際には、たとえば自分の家で飼っている三毛猫を思い浮かべるかもしれませんが、それとは別に、猫と名付けられている動物の像を呼び起こすことができるわけです。②これが言葉の長所なのです。

このように、言葉は、名指しはするが事物の内容をまるごと示すことはできないという短所と、その短所をちょうど裏返したような長所、つまり具

2022年度
宝仙学園中学校共学部理数インター ▶解説と解答

算 数 ＜２月１日午前試験＞（40分）＜満点：100点＞

解 答

1 (1) 100 (2) 5 (3) 27 (4) 5550 (5) 1.2 **2** (1) 104 (2) 16％引き (3) 462m (4) 17回 (5) 59本目 (6) 112cm **3** (1) 1104cm^2 (2) 1248cm^2 (3) 1664cm^2 **4** (1) 4.8m (2) 8.4秒後 (3) 10秒後

解 説

1 四則計算，比の性質，計算のくふう，逆算

(1) $36+(24\times58-624)\div12=36+(1392-624)\div12=36+768\div12=36+64=100$

(2) $3\frac{1}{2}:6.3=3.5:6.3=35:63=(35\div7):(63\div7)=5:9$だから，□＝５となる。

(3) $(8.2-4.6)\div0.3+24\times0.625=3.6\div0.3+24\times\frac{5}{8}=12+15=27$

(4) $33.3\times66.6-22.2\times44.4+33.4\times33.3+44.4\times72.2=33.3\times66.6+33.4\times33.3+44.4\times72.2-22.2\times44.4$ $=33.3\times(66.6+33.4)+44.4\times(72.2-22.2)=33.3\times100+44.4\times50=3330+2220=5550$

(5) $\left\{2-(□+0.3)\div1\frac{1}{5}\right\}\times1\frac{1}{2}=1\frac{1}{8}$より，$2-(□+0.3)\div1\frac{1}{5}=1\frac{1}{8}\div1\frac{1}{2}=\frac{9}{8}\div\frac{3}{2}=\frac{9}{8}\times\frac{2}{3}=\frac{3}{4}$，$(□+0.3)\div1\frac{1}{5}=2-\frac{3}{4}=\frac{8}{4}-\frac{3}{4}=\frac{5}{4}$，$□+0.3=\frac{5}{4}\times1\frac{1}{5}=\frac{5}{4}\times\frac{6}{5}=\frac{3}{2}$ よって，$□=\frac{3}{2}-0.3=1.5-0.3=1.2$

2 整数の性質，売買損益，旅人算，つるかめ算，植木算，相当算

(1) ３－２＝１，７－６＝１より，３で割ると２余り，７で割ると６余る整数に１を足すと，３でも７でも割り切れる。また，３と７の最小公倍数は，３×７＝21だから，３で割ると２余り，７で割ると６余る整数は，21の倍数から１を引いた整数である。そのような整数は，小さい順に，21×１－１＝20，21×２－１＝41，21×３－１＝62，21×４－１＝83，21×５－１＝104，…となるので，３けたの整数のうち，最も小さいものは104とわかる。

(2) 定価の20％引きの値段は，定価の40％引きの値段よりも，400＋200＝600(円)高い。また，定価の20％引きの値段と定価の40％引きの値段の差は，定価の，40－20＝20(％)にあたる。よって，定価の20％が600円だから，定価は，600÷0.2＝3000(円)とわかる。すると，定価の20％引きは，3000×（１－0.2）＝2400(円)であり，この値段で売ると，400円の利益があるから，原価は，2400－400＝2000(円)となる。したがって，利益を520円にするためには，2000＋520＝2520(円)で売ればよいから，(3000－2520)÷3000＝0.16より，定価の16％引きで売ればよい。

(3) ２人が進んだようすは右の図１のように表せる。図１より，２人がすれちがうまでに次郎君が進んだ距離(きょり)は，太郎君が35秒間で進む距離と等しいから，６×35＝210(m)である。よって，２人がすれちがったのは，出発してから，210÷５

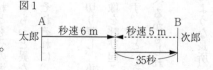

図１

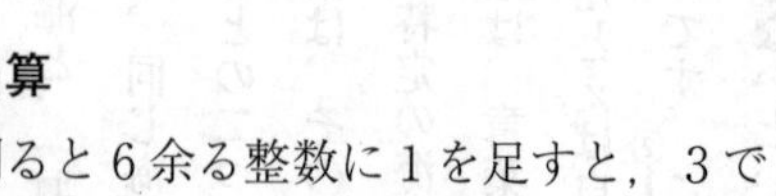

＝42(秒後)なので，Ａ地点からＢ地点までの距離は，（６＋５）×42＝462(ｍ)と求められる。

(4)　まず，２人の得点の合計は最初よりも，(89＋131)－(50＋50)＝120(点)増えている。勝ち負けが１回つくごとに，２人の得点の合計は，５－２＝３(点)増え，あいこのとき，得点の合計は変わらないから，勝ち負けがついた回数，つまり，Ａ君が勝った回数とＢ君が勝った回数の和は，120÷３＝40(回)とわかる。ここで，Ｂ君が40回全部勝ったとすると，Ｂ君の得点は，50＋５×40＝250(点)になるが，実際の得点との差が，250－131＝119(点)である。そこで，Ｂ君の勝ちを負けにしていくと，１回ごとに，５＋２＝７(点)ずつ得点は減っていく。よって，Ａ君の勝った回数(Ｂ君の負けた回数)は，119÷７＝17(回)とわかる。

〔ほかの考え方〕　Ｂ君の得点はＡ君の得点よりも，131－89＝42(点)多い。２人の勝った回数が同じとき，２人の得点は同じになるが，Ｂ君の勝った回数がＡ君の勝った回数より１回多くなるごとに，２人の得点の差は，５＋２＝７(点)ずつ増えていく。よって，Ｂ君の勝った回数はＡ君の勝った回数よりも，42÷７＝６(回)多い。したがって，上の図２より，Ａ君の勝った回数は，(40－６)÷２＝17(回)と求めることができる。

図２
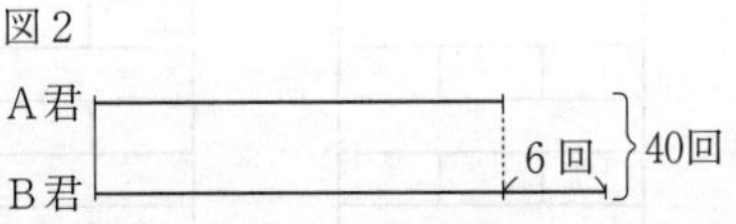

(5)　６台の時計をスタートからゴールまで等間隔(とうかんかく)に置くとき，時計と時計の間の場所は，６－１＝５(か所)できるから，時計と時計の間隔は，42195÷５＝8439(ｍ)となる。よって，４台目の時計はスタートから，8439×（４－１）＝25317(ｍ)のところにある。同様に考えると，98本の旗をスタートからゴールまで等間隔に立てるとき，旗と旗の間隔は，42195÷(98－１)＝435(ｍ)になる。したがって，25317÷435＝58余り87より，４台目の時計は，１＋58＝59(本目)の旗から87ｍ進んだところにあり，60本目の旗から，435－87＝348(ｍ)のところにあるので，４台目の時計に最も近い旗は59本目の旗とわかる。

(6)　棒Ａ，Ｂの水につかっている部分の長さは等しいから，棒Ａの全体の長さの，$1-\frac{1}{5}=\frac{4}{5}$と，棒Ｂの全体の長さの，$1-\frac{2}{9}=\frac{7}{9}$は等しい。よって，棒Ａの全体の長さと棒Ｂの全体の長さの比は，$\left(1\div\frac{4}{5}\right):\left(1\div\frac{7}{9}\right)=\frac{5}{4}:\frac{9}{7}=35:36$となる。この比の，35＋36＝71にあたる長さが284cmだから，比の１にあたる長さは，284÷71＝４(cm)とわかる。したがって，棒Ａの全体の長さは，４×35＝140(cm)だから，水の深さは，$140\times\frac{4}{5}=112$(cm)と求められる。

3　立体図形―表面積

(1)　問題文中の図１の立体を前・後ろ，右・左，上から見た図は右の図アのようになる。前・後ろから見える面積は，（２×10)×（４×３)＝20×12＝240(cm^2)，右・左から見える面積も，20×12＝240(cm^2)，上から見える面積は，（４×３)×12＝144(cm^2)で，机と接している面の面積は考えないから，表面積は，

図ア
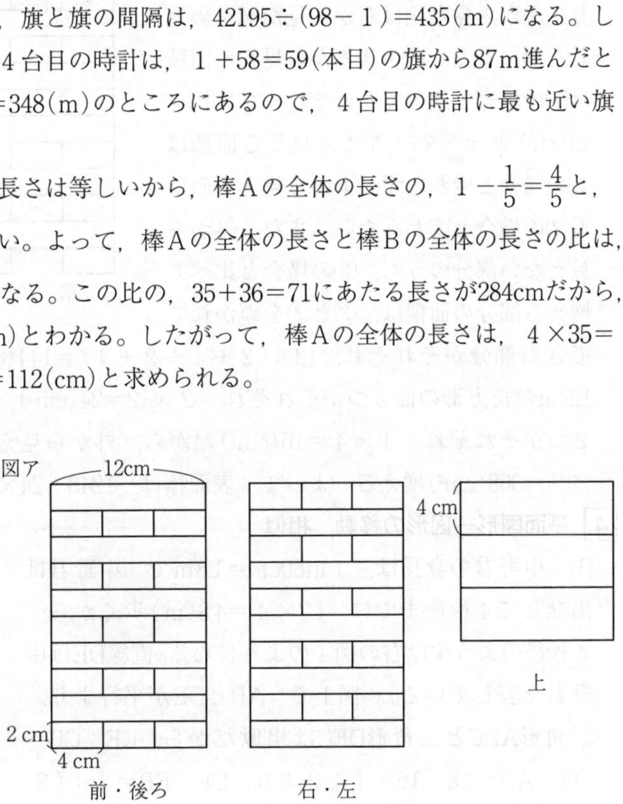

240×２＋240×２＋144＝1104(cm^2)と求められる。

(2)　問題文中の図２の立体を前，右・左，上から見た図は下の図イのようになり，後ろから見た図は前から見た図を裏返した形になる。前・後ろから見える面積は(1)の場合と変わらず，右・左から見える面積はそれぞれ，２×12＝24(cm^2)増え，上から見える面積は(1)の場合と変わらない。これらのほかに下の図ウのような，①をぬいてできる外から見えない部分があり，その面積は，12×(２＋４＋２)＝96(cm^2)である。よって，表面積は，(1)の場合と比べて，24×２＋96＝144(cm^2)増えるから，1104＋144＝1248(cm^2)になる。

図イ

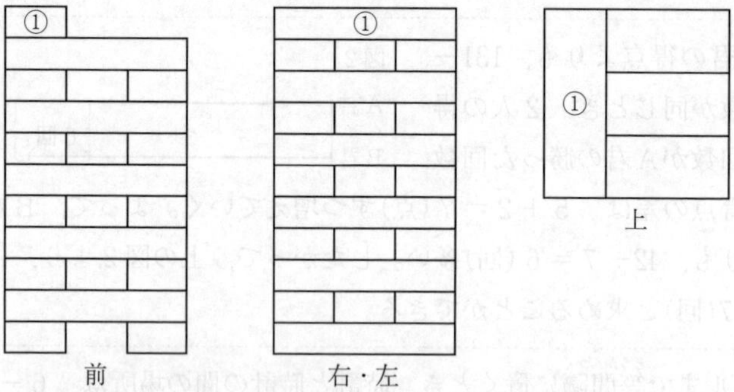

図ウ

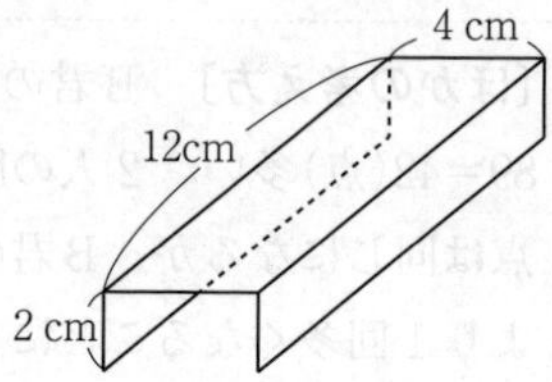

(3)　問題文中の図３の立体を前・後ろ，右，上から見た図は右の図エのようになり，左から見た図は右から見た図を裏返した形になる。前・後ろから見える面積は(2)の場合と比べてそれぞれ，２×12＝24(cm^2)増え，右・左から見える面積は(2)の場合と変わらず，上から見える面積も(2)の場合と変わらない。また，外から見えない部分のうち，(2)の場合と比べて増える部分の面積は，②と③をぬかれてできた部分がそれぞれ，12×(２＋４＋２＋４)＝144(cm^2)，①と②にはさまれた，縦２cm，横12cmの長方形の面２つがそれぞれ，２×12＝24(cm^2)，③を上に置いてできた１辺４cmの正方形２つがそれぞれ，４×４＝16(cm^2)だから，外から見えない部分の面積は，144×２＋24×２＋16×２＝368(cm^2)増える。よって，表面積は，1248＋24×２＋368＝1664(cm^2)と求められる。

図エ

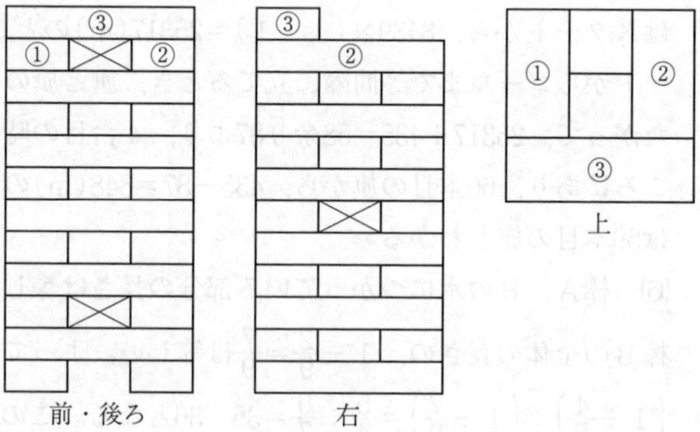

4　平面図形―図形の移動，相似

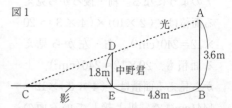

(1)　中野君の身長は，１m80cm＝1.8mで，中野君は出発して４秒後までに，1.2×４＝4.8(m)歩くから，４秒後のようすは右の図１のようになる(直線DEは中野君を表している)。図１で，ABとDEが平行より，三角形ABCと三角形DECは相似だから，CE：CB＝DE：AB＝1.8：3.6＝１：２より，CE：EB＝１：(２－１)＝１：１とわかる。よって，CEの長さ，つまり，中野君の影(かげ)の長さは，EBの長さと等しいから，4.8mとわかる。

図１

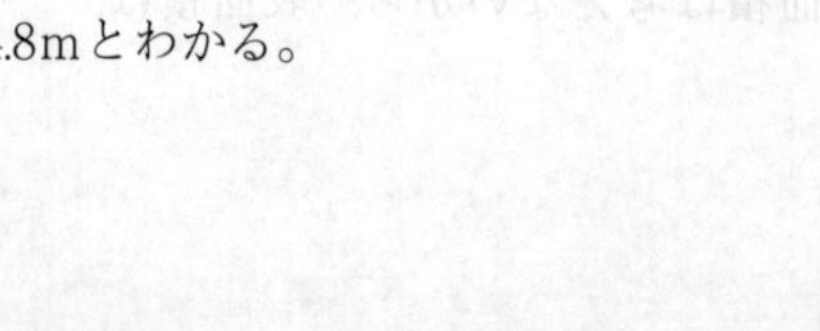

(2)　坂上君の身長は，１m50cm＝1.5mだから，坂上君の影の長さが６mになるときのようすは，右の図２のようになる(直線GHは坂上君を表している)。図２で，ABとGHが平行より，三角形ABFと三角形GHFは相似だから，FH：FB＝GH：AB＝1.5：3.6＝５：12より，FH：HB＝５：(12－5)＝５：７となる。よって，HBの長さは，$6\times\frac{7}{5}=8.4$(m)だから，図２のようになるのは，坂上君が出発してから，8.4÷１＝8.4(秒後)とわかる。

図２

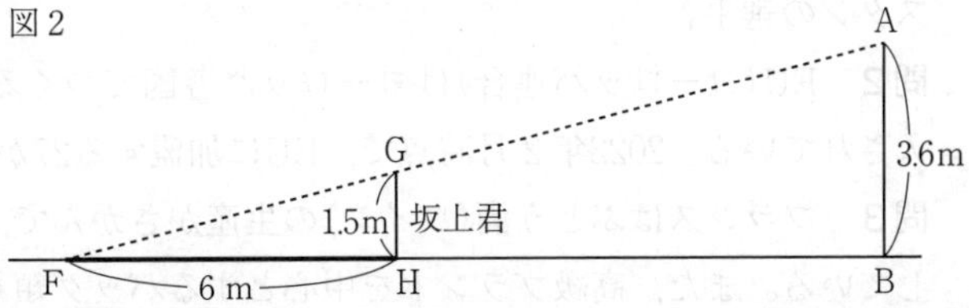

(3)　中野君の影の先端(せんたん)が坂上君の影の先端に追いついたときのようすは，右の図３のようになる(直線JKは坂上君，直線LMは中野君を表している)。図３で，JKとLMが平行より，三角形JIKと三角形LIMの相似となり，IK：IM＝1.5：1.8＝５：６である。そこで，IKの長さを⑤，IMの長さを⑥とすると，(1)より，IMとMBの長さは等しいので，MBの長さも⑥となり，KBの長さは，⑥×２－⑤＝⑦となる。つまり，坂上君が歩いた距離は⑦，中野君が歩いた距離は⑥とわかる。また，坂上君と中野君が同じ時間で歩く距離の比は，速さの比に等しく，１：1.2＝５：６なので，中野君が出発してから，坂上君と中野君が歩いた距離の比も５：６となる。すると，中野君が出発してから，坂上君が歩いた距離は，⑥×$\frac{5}{6}$＝⑤となるので，中野君が出発するまでの４秒間で，坂上君が歩いた距離は，⑦－⑤＝②である。よって，１×４＝４(m)が②にあたるから，①にあたる距離は，４÷２＝２(m)となり，MBの長さ，つまり，中野君が歩いた距離は，２×６＝12(m)となる。したがって，図３のようになるのは，中野君が出発してから，12÷1.2＝10(秒後)である。

図３

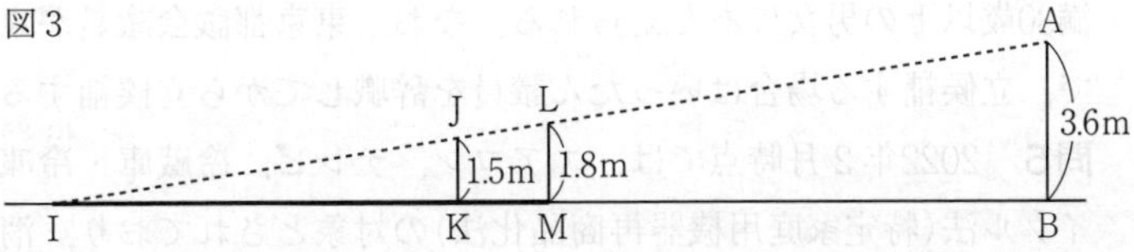

社　会　＜２月１日午前試験＞（理科と合わせて40分）＜満点：50点＞

解　答

1　問１　イ　問２　ユーロ　問３　ウ　問４　エ　問５　イ　問６　ウ　問７　エ　問８　(1)　2000(m)　(2)　ア　問９　奥羽山脈　問10　X　レアメタル　Y　減反　2　問１　紫式部　問２　(1)　北条政子　(2)　A　御恩　B　奉公　問３　エ　問４　(1)　ウ　(2)　津田梅子　問５　(1)　市川房枝　(2)　(例)　「他」は男性をあらわしている。当時の女性は経済的に自立することができず，男性に頼って生活をしていた。　問６　(1)　法の下　(2)　エ

解　説

1　東京オリンピックを題材とした問題

問１　イランは西アジアに位置する国で，国民のほとんどがイスラム教徒である。イスラム教徒の女性は一般に，ヒジャブとよばれるスカーフのようなもので頭をおおい，あまり肌(はだ)を外に出さないような服を身につける。よって，イがあてはまる。なお，アはトンガ，ウはモンゴル，エはカザフ

スタンの選手。

問２　EU(ヨーロッパ連合)はヨーロッパ各国でつくる地域共同体で，共通通貨としてユーロが導入されている。2022年２月時点で，EUに加盟する27か国のうち19か国がユーロを用いている。

問３　フランスはぶどう酒(ワイン)の生産がさかんで，日本もフランスから多くのぶどう酒を輸入している。また，高級ブランドを中心とするバッグ類も，輸入品の上位に入っている。なお，アは中国，イはブラジル，エはサウジアラビア。

問４　東京都知事を選ぶ選挙における選挙権(投票する権利)は，東京都に住む満18歳以上の男女にあたえられる。また，東京都知事を選ぶ選挙における被選挙権(立候補する権利)は，日本国民で，満30歳以上の男女にあたえられる。なお，東京都議会議員が東京都知事をかねることはできないので，立候補する場合はいったん議員を辞職してから立候補することになる。

問５　2022年２月時点では，エアコン，テレビ，冷蔵庫・冷凍庫，洗濯機・衣類乾燥機が家電リサイクル法(特定家庭用機器再商品化法)の対象とされており，消費者はリサイクルにかかる費用を負担しなければならない。

問６　宮城県では，各地で宮城伝統こけしの生産が受けつがれており，国の伝統的工芸品に指定されている。なお，アは秋田県大館市などでつくられる曲げわっぱ，イは山形県天童市でつくられる天童将棋駒，エは岩手県盛岡市・奥州市でつくられる南部鉄器。

問７　４つのうち，東北地方の内陸部に位置する盛岡市は最も冬の寒さが厳しいと判断できるので，エが選べる。なお，アは八丈島(東京都)，イは岡山市，ウは尾鷲市(三重県)の雨温図。

問８　(1)　等高線の主曲線(細い線)が10mごとに，計曲線(太い線)が50mごとに引かれていることから，示された地形図の縮尺が25000分の１だとわかる。また，実際の距離は，(地形図上の長さ)×(縮尺の分母)で求められる。したがって，縮尺25000分の１の地形図上で８cmとなる実際の距離は，８×25000＝200000cm＝2000mとなる。　(2)　Aは標高約400m，Bは標高約300mで，２地点のほぼ中央が山頂付近となっていることから，アだと判断できる。

問９　奥羽山脈は東北地方の中央を約500kmにわたって南北に走る日本最長の山脈で，東北地方を太平洋側と日本海側に分けている。

問10　**X**　埋蔵量が少ない，取り出すのが難しいといった理由から希少とされる金属を，レアメタルという。スマートフォンやパソコンなど，現代の社会を支える機器に利用される重要な金属であるため，廃棄される電気製品からこれを取り出す取り組みが行われている。これらが大量に廃棄される都市は，レアメタルがたくさん採れる場所であることから，「都市鉱山」とよばれる。　**Y**　1960年代には，食生活の変化(洋風化)にともなって米の消費量が減り，米が余るようになった。そこで，政府は1969年ごろから生産を制限する減反政策(生産調整)を行ってきたが，2018年に廃止された。

２　歴史上で活躍した女性を題材とした問題

問１　紫式部は平安時代の宮廷女官で，一条天皇のきさきの中宮彰子(藤原道長の娘)に仕えた。紫式部は，この時代に広まったかな文字を使って，(史料１)の文で始まる長編小説『源氏物語』を著し，当時の貴族社会のようすをいきいきとえがいた。

問２　(1)　鎌倉幕府の初代執権北条時政の娘で，初代将軍「源頼朝の妻」とは北条政子である。頼朝が亡くなったあとも幕府の政治に深くかかわり，大きな影響力を持ったことから，「尼将軍」ともよばれた。1221年に承久の乱が起こったさい，政子は(史料２)のような演説で御家人の結束を強め，幕府軍を勝利に導いた。　⑵　鎌倉時代，将軍と御家人は土地を仲立ちとした御恩と奉公の関係で結ばれていた。このうち御恩とは，将軍が御家人の持っている先祖伝来の領地を保護・保障したり，手がらを立てた者に新しい領地や役職をあたえたりすることをいう。

問３　(図１)は，歌川広重の浮世絵「東海道五十三次」のうちの「箱根・湖水図」で，(地図)中のエにある箱根(神奈川県)の峠や芦ノ湖と，そこから見える富士山が描かれている。箱根には東海道の関所が置かれ，「入り鉄砲(関東に持ちこまれる武器)」と「出女(江戸滞在の義務を破って国もとに帰ろうとする大名の妻)」が厳しく取り締まられた。なお，アは中山道の福島関所，イは中山道の碓氷関所，ウは東海道の新居関所の位置。

問４　⑴　アは1872年，イ(徴兵令の発布)とエ(地租改正の実施)は1873年，ウ(廃藩置県の実施)は1871年のできごとである。　⑵　津田梅子は1871年，わずか６歳で最初の女子留学生の一人として岩倉使節団に同行し，アメリカに渡った。帰国後は日本の女性教育向上をめざして活動し，1900年には女子英学塾(のちの津田塾大学)を設立した。

問５　⑴　市川房枝は大正～昭和時代に活躍した女性解放運動家・政治家で，1920年には女性参政権を求めて平塚らいてうらとともに新婦人協会を設立した。第二次世界大戦後は参議院議員として活動し，理想的な選挙の実施などに力を尽くした。　⑵　平塚らいてうは女性の地位向上をめざして活動し，1911年に創刊した雑誌「青鞜」の最初の部分で(史料３)のようにつづった。当時は女性の社会的・経済的地位が低く，男性中心の社会であったことから，らいてうは女性を「他」である男性に頼って生きる状況をなげくとともに，女性の自由解放などを訴えた。

問６　⑴　日本国憲法第14条は「法の下の平等」を規定した条文で，「人種，信条，性別，社会的身分又は門地(家がら)により，政治的，経済的又は社会的関係において，差別されない」としている。　⑵　ア，イ　日本は難民の認定条件が厳しいことなどから，あまり多くの難民を受け入れていない。アフガニスタンからの難民は，国境を接しているパキスタンやイランに多く逃れている。ウ　2000年代以降も，地域紛争や内戦，政治的迫害などによって故郷を追われ，難民となる人が多くいる。　エ　難民とは，何らかの事情でやむをえず自国を離れた人のことで，「より良い生活を求めて自発的に国を離れた人たち」は難民にはあたらないので正しい。

理　科　＜２月１日午前試験＞（社会と合わせて40分）＜満点：50点＞

解　答

１　**問１**　⑴　焦点　⑵　5 cm　⑶　C→A→B　**問２**　⑴　75℃　⑵　エ＝オ／理由…(例)　オに比べてエでは明るさが４倍になるが，光が当たる面積が$\frac{1}{4}$になるため。

２　**問１**　ウ　**問２**　イ　**問３**　⑴　32 g　⑵　0 g　⑶　0.2 g　**３**　**問１**　名前…ペプシン　はたらき…(例)　タンパク質を分解する。　**問２**　ウ　**問３**　⑴　**A**　じゅう毛　**B**　毛細血管　**C**　リンパ管　⑵　**B**　ア，ウ　**C**　イ，エ　⑶　(例)　表面積が増え，栄養分を効率よく吸収できる点。　**問４**　根　**問５**　(例)　似ているもの…動物の血管と植物の維管束　説明…水や栄養分を通す管になっているところ。　**４**　**問１**

ウ　**問２**　エ　**問３**　①　イ　②　エ　③　偏西風　**問４**　ア

解説

1 虫めがねや太陽光パネルについての問題

問１　(1)　太陽の光を虫めがねに通したとき，太陽の光が１点に集まる点を焦点(しょうてん)という。　(2)　図２を横から見たようすを表すと，右の図のようになる。PQとRSが平行より，三角形OPQと三角形ORSは相似で，相似比は，10：20＝1：2である。これより，PQの長さは，$10\times\frac{1}{2}=5$ (cm)である。よって，紙をエの位置に置いたときに光の当たる部分は１辺５cmの正方形になる。　(3)　図４のＡの部分は，太陽の光が直接当たっていて，Ｃの部分は図のPQのように，虫めがねを通った太陽の光が集まっているので，Ｃの部分はＡの部分よりも明るくなっている。Ｂの部分は図のTPやQUのように，太陽の光が虫めがねを通るときに折れ曲がっているため，光がほとんど当たらない。よって，明るいものから順に並べると，C→A→Bとなる。

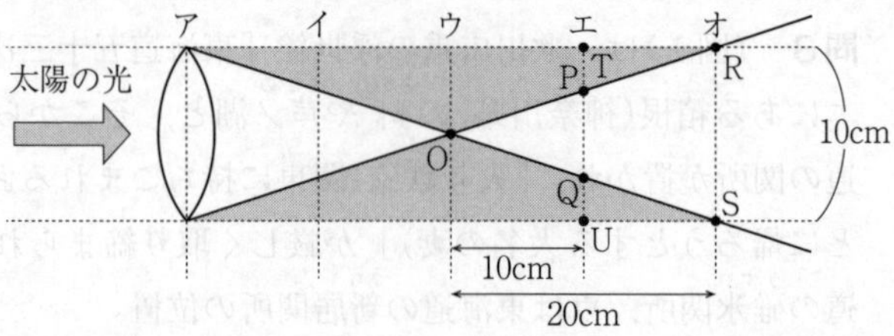

問２　(1)　図５より，太陽光パネルの温度が25℃よりも１℃高くなると，発電効率は，100.0－99.6＝0.4(%)下がっていく。ここでは，発電効率が100%のとき，１分あたりの発電量は100Wなので，発電効率が0.4%下がると，１分あたりの発電量は，100×0.004＝0.4(W)下がる。よって，発電量が，100－80＝20(W)下がったとき，太陽光パネルの温度は25℃よりも，20÷0.4＝50(℃)高くなっているので，１時間後の太陽光パネルの温度は，25＋50＝75(℃)である。　(2)　問１より，太陽光パネルをエに置いたときとオに置いたときの光の当たる部分の面積の比は，(５×５)：(10×10)＝１：４となる。したがって，太陽光パネルをエの位置に置いたときは，オの位置に置いたときと比べて，光の当たる部分の面積が，$1\div4=\frac{1}{4}$(倍)になる。しかし，虫めがねを通過する光の量は変わらないため，明るさは太陽光パネルをエの位置に置いたときの方が，$1\div\frac{1}{4}=4$(倍)明るくなる。よって，発電量は太陽光パネルをどちらに置いたときでもほとんど変わらないと考えられる。

2 ろうそくやメタンの燃焼についての問題

問１　固体のろうが熱せられると，とけて液体になり，しんをのぼっていく。さらに熱せられると，液体のろうが気体のろうに変化し，炎心(えんしん)に移動する。この状態変化は，固体の氷がとけて液体の水になり，蒸発して気体の水蒸気になる変化と同じである。なお，固体のドライアイスは，液体にはならず，直接気体の二酸化炭素に変化する。また，鉄が酸素とゆっくり結びつくと，赤茶色のさび(酸化鉄)ができる。

問２　ろうにふくまれる水素(成分X)が空気中の酸素(気体Z)と結びつくと水になる。また，ろうにふくまれる炭素(成分Y)が空気中の酸素と結びつくと二酸化炭素ができる。

問３　(1)　８gのメタンが燃焼した後にできた物質の重さの合計が，18＋22＝40(g)なので，８gのメタンの燃焼に使われた酸素の重さは，40－８＝32(g)とわかる。　(2)　18gの水にふくまれる水素(成分X)の重さは，$18\times\frac{1}{9}=2$(g)，22gの二酸化炭素にふくまれる炭素(成分Y)の重さは，$22\times\frac{3}{11}=6$(g)である。つまり，メタン８gには水素が２g，炭素が６gふくまれるので，２＋６

＝８（ｇ）より，メタンには水素と炭素以外の成分はふくまれていないことがわかる。　(3)　200ｇの水を14℃上げるのに必要な熱の量の大きさは，４×200×14＝11200（Ｊ）である。１ｇのメタンが完全に燃焼すると56000Ｊの熱量が発生するので，11200Ｊの熱量が発生したときに燃焼したメタンの重さは，11200÷56000＝0.2（ｇ）である。

3　ヒトの消化についての問題

問１　胃液の中にふくまれる消化こうそであるペプシンは，タンパク質をペプトンに分解する。その後，ペプトンはすい液にふくまれる消化こうそや小腸のかべにある消化こう素によってアミノ酸に分解される。

問２　胃から出る胃液にふくまれる塩酸は強い酸性のため，胃の内側表面の粘膜からアルカリ性の粘液を出して胃液を中和することで，胃の粘膜を守っている。

問３　(1)，(2)　図１のＡはじゅう毛（じゅう突起），Ｂは毛細血管，Ｃはリンパ管である。デンプンが分解されてできたブドウ糖と，タンパク質が分解されてできたアミノ酸は，じゅう毛の中にある毛細血管に入り，その後，門脈という血管を通ってかん臓に運ばれる。しぼうが分解されてできたしぼう酸とモノグリセリドは，じゅう毛の中で再びしぼうにもどった後，リンパ管に入る。　(3)　小腸の内側のかべにはたくさんのひだ（じゅう毛）がある。じゅう毛があることで，小腸の表面積が非常に大きくなり，栄養分を効率よく吸収することができる。

問４　植物のつくりのなかで，水や水にとけた栄養分を吸収する部分は根である。根の先たんには多数の根毛があり，根の表面積を大きくすることで，効率よく水を吸収することができる。

問５　たとえば，動物の血管と植物の維管束（道管と師管が束になったもの）はどちらも水や栄養分を通す管になっている。そのほかにも，植物の茎や動物の骨はどちらもからだを支えるはたらきをしている。

4　天気についての問題

問１　６～７月にかけて，北にある高気圧（オホーツク海気団）からの冷たい風と，南にある高気圧（小笠原気団）からの暖かい風が日本付近でぶつかり合い，東西にのびる雲の帯をつくる。２つの高気圧の勢いが同じくらいなので雲の帯があまり動かず，雨やくもりの日が続く。このような時期を梅雨という。

問２，問３　赤道付近の海上で発生した熱帯低気圧が発達して，中心付近の風速が17.2ｍ／秒以上になったものを台風という。台風は低気圧が発達したものなので，地上付近では，上から見て反時計回りに強い風がふきこんでいる。また，台風の進路の東側では，台風の進行方向と，台風の中心にふきこむ風の向きが同じ向きになるので，風が非常に強くなることが多い。日本の上空には，偏西風とよばれる強い西風が１年中ふいており，ふつう日本に接近した台風は偏西風の影響で西から東へ移動する。

問４　冬には，日本の北西にある高気圧（シベリア気団）が発達し，北西の季節風がふく。この季節風の影響で，日本海側にある秋田市では雪や雨の日が多くなり，太平洋側にある仙台市ではかわいた晴れの日が多くなる。

国　語　＜2月1日午前試験＞（40分）＜満点：100点＞

解　答

□一 問１　イ，エ　問２　イ　問３　ア　問４　ウ　問５　エ　問６（例）（ある事物に関心を持ち，言葉で表そうとするものの，）既にある表現では満足できず，自分の言葉で事物をとらえなおそうとする（とき。）　問７　まるごと示す　□二 問１　エ　問２　A　イ　B　ア　C　エ　D　ウ　問３（例）歌詞を他のメンバーに気に入ってもらえないだろう（という予想。）　問４　ア　問５　ウ　問６ (1)　イ，エ　(2)　X（例）歌の世界　Y（例）現実の世界　Z（例）バンドを組んだ図書委員の四人　□三 下記を参照のこと。　□四 ①　あんうん　②　もしゃ　③　ひょうひ　④　もち(いる)　⑤　なさ(け)　□五 ①　恩　②　幕　③　飯　④　風　⑤　骨

●漢字の書き取り

□三 ①　採集　②　圧力　③　日照　④　預(ける)　⑤　富(む)

解　説

□一 **出典は吉野弘の『詩の楽しみ―作詩教室』による。**言葉には，不完全な符号であるという短所と，不完全さを裏返した利点があり，さらに，そういう言葉の性質が詩を可能にしていると述べている。

問１　傍線部①に続き，海という言葉を例に二つの意味を説明している。まず，海を見たことのない人は「沼を大きくしたようなもので，見渡す限りが水」と「説明」されても，「海を思い描」けない。次に，海を見たことがあっても，海という言葉で「思い浮かべる海は，人それぞれに～同じ人でも時によって，ちがう」。これが言葉の不完全さから生じることなので，イ，エが合う。

問２　傍線部②の段落に着目する。「海」という言葉は「特定の海」とは別に「共通な，海の映像」を呼び起こし，「猫」という言葉は「猫一般を指す」。この「はたらき」のおかげで，私たちは「ある事物を話題」にできる。これが「言葉の長所」にあたるので，イが適当である。

問３　前後でくわしく説明されている。日常で「松」という言葉を使う場合，無意識のうちに，それで「松の性質や形状」など「すべて」が「わかったと錯覚」し，対象に「深い注意」を払わなくなりがちだというのである。アが，この内容をもっとも正確にまとめている。

問４　「類型化」とは，特ちょうや性質の似たものを集めて，その共通点を取り出し，まとめることをいう。

問５　前後で，「松」の文学的表現における類型と，芭蕉によって類型発想が破られたことについて説明されている。芭蕉以前の「松」は，「風」に吹かれる時の音として表現されることが多かった。一方，芭蕉は「それまでの歌人俳人の発想」にない「松と朧」を組み合わせ，「遠景のやわらかなけむりよう」を描いたのである。よって，「伝統にとらわれず～松を視覚的に表現した」と説明するエがよい。

問６　二つ目の大段落の最後で筆者は，「類型化した物の見方」からはなれ，「自分の目で物を見直そう」とすることで「詩が可能になる」と述べている。さらに本文の最後では，「なぜ，詩が書けるか」という結論として，ある事物に関心を持ち，「その関心が働く限り，新しい見方は無限に可

能になり」詩が生まれるとされている。これをふまえ，「類型化した言葉では満足できず，自分の目でとらえたことを自分の言葉で表そうとする」などとまとめるとよい。

問７　七段落目に，「言葉は，名指しはするが事物の内容をまるごと示すことはできない」とある。

二　出典は眞島めいりの『夏のカルテット』による。典たち図書委員の四人は夏休みの研究課題として，昔の曲に歌詞をつけて演奏しようということになり，典は自作の歌詞をみんなに見せる。

問１　書いてきた歌詞について典は，「初めっからつまずい」て，「向かって」いくべき「具体的な景色」がはっきりせず，「七日間」ずっと「あやふや」なままだったと思っている。これが「心もとなさ」の内容なので，「方向性」が決まらず「何日間も悩み続けていた」とまとめているエが適する。

問２　**A**　「開けた両目」と続くので，目を大きく開くようすの「ぱっちり」がよい。　**B**　手のひらを「広げ」たのだから，瞬間的に広げるようすの「ぱっと」が合う。　**C**　典が鯨井さんの手にルーズリーフをのせる場面だから，紙や布など薄いものがめくれるようすの「ぺらりと」が適する。　**D**　歌詞の書かれたルーズリーフを鯨井さんが「つかんだ」のだから，強くにぎるようすを表す「きゅっと」が入る。

問３　典の態度，歌詞を見たほかのメンバーの反応を整理する。典は，歌詞を見せる前から弁解し続け，みんなの反応を見て「一気に消して～捨ててしまいたい」と思っている。最初に読んだ鯨井さんはふき出し，佐々矢は「笑っていいのか，まともに受け止めるか」決めかねたような表情である。幹も読んで，三人それぞれ「口もとに中途半端な笑いを浮かべたまま，ぱきっと固まっている」のだから，ほめにくいという雰囲気が読み取れる。つまり，もともと自信がなかった典は，三人のようすを否定的な評価と感じたのだから，「歌詞を他のメンバーに気に入ってもらえないだろう(という予想)」などとするのがよい。

問４　佐々矢がギターを弾きつつ歌い，鯨井さんと幹が加わったコーラスについて，典は「この詞がこの曲にちゃんとハマるのか，確認するため」に歌ってくれているのだと感動しているので，アがよい。

問５　前後に典の心情が描かれている。三人のコーラスを聞いて，「自分で書いた」くせに「ヘンな歌」だと赤面しつつも「うれしかった」とある。また「一緒に，ひとつのものをつくっている」ことに「どきどきして」，「はずかしくて，苦しくて，うれしくて，楽しい」と感じている。この内容にウが合う。

問６　⑴　一行目と三行目で，同じ「変わるのは」を使っており，「繰り返し」にあたる。また，六行目と八行目は，名詞の「変化観察」「色」で終わっているので，「体言止め」である。「擬声語」は，自然界の音声を真似た言葉。「擬態語」は，動きやようすをそれらしく表した語。　⑵　**X**，**Y**　「フィクション」とは，現実にはないつくり話やつくりごと。鯨井さんは，歌詞の内容は想像の世界で，現実とは別と考えているということである。「歌詞の世界」と「実際の世界」のような組み合わせがよい。　**Z**　光合成で酸素とでんぷんをつくるには「葉緑体・太陽光・水・二酸化炭素」が必要である。光合成をバンド活動にたとえるなら，「葉緑体・太陽光・水・二酸化炭素」は，バンドを組んだ図書委員の四人ということができる。

三　漢字の書き取り

①　標本や資料にするため取り集めること。　②　おさえつける力。　③　直射日光が地表を

照らすこと。　④　音読みは「ヨ」で，「預金」などの熟語がある。　⑤　音読みは「フ」で，「豊富」などの熟語がある。

四 漢字の読み

①　雨や雪が降りだしそうな黒い雲。　②　まねて写し取ること。　③　動物の皮膚(ひふ)の最表層の組織。　④　音読みは「ヨウ」で，「用意」などの熟語がある。　⑤　音読みは「ジョウ」で，「感情」などの熟語がある。

五 慣用句の完成

①「恩を仇(あだ)で返す」は，恩を返さずに害をあたえること。　②「出る幕がない」は，“何かをしたり口を出したりする場ではない”という意味。　③「冷(ひ)や飯(めし)を食う」は，ひややかにもてなされること。　④「風前の灯(ともしび)」は，今にも絶えてしまいそうなことのたとえ。　⑤「骨を折る」は，“苦労をいやがらずに物事にはげむ”という意味。

2022年度　宝仙学園中学校共学部理数インター

〔電　話〕　03(3371)7109
〔所在地〕　〒164－8628　東京都中野区中央2-28-3
〔交　通〕　地下鉄丸ノ内線・都営大江戸線「中野坂上駅」より徒歩５分

＊【適性検査Ⅰ】は国語ですので、最後に掲載してあります。

【適性検査Ⅱ】　〈公立一貫入試対応試験〉　（45分）　〈満点：50点〉

＊＊　調査書が10点満点となります。

1　次の文章を読んで、あとの各問いに答えなさい。

数也くん：僕のおじいちゃんは70歳になったのを機に自動車の運転免許証を返納しました。

宝田先生：最近は、高齢者による自動車事故の報道を耳にすることが増えてきましたね。数也くんのおじいさんも、色々と考えての決断だったのでしょう。

理子さん：日本って、他の国と比べて高齢者が運転する割合が多いのでしょうか。

宝田先生：なるほど、たしかに気になるところですね。ここに「日本」「アメリカ」「ドイツ」のそれぞれの国において、高齢者が外出時にどのような移動手段を使うかをまとめた**（資料１）**があります。これをみんなで確認しましょう。

（資料１）高齢者の外出時の移動手段（日本・アメリカ・ドイツ）割合の比較

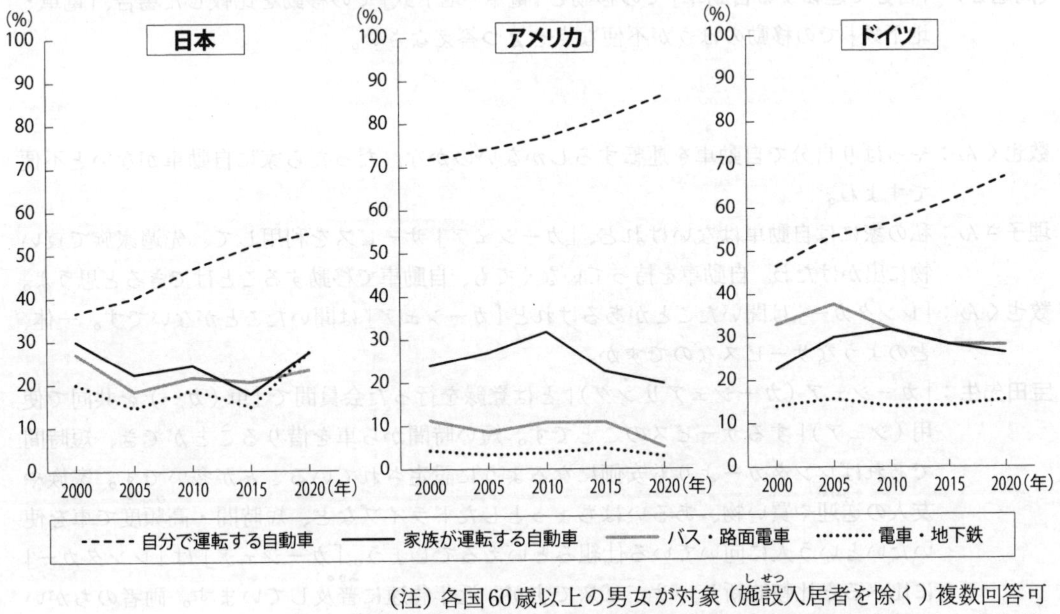

（注）各国60歳以上の男女が対象（施設入居者を除く）複数回答可

（内閣府「高齢者の生活と意識に関する国際比較調査結果」より作成）

〔問題1〕 **(資料1)** から読み取れることとして**適当でないもの**を、次の**ア～エ**から1つ選び、記号で答えなさい。

ア　いずれの国においても、「自分で運転する自動車」の割合は、2000年から2020年まで一貫(いっかん)して増加している。

イ　いずれの国においても、2000年と2020年を比較した場合、「バス・路面電車」の割合も「電車・地下鉄」の割合も、ともに減少している。

ウ　3つの国の中で、2020年時点で「自分で運転する自動車」の割合が最も高い国では、その割合は同年の「家族が運転する自動車」の2倍以上である。

エ　3つの国の中で、2000年時点で「バス・路面電車」の割合が最も高い国は、2020年時点でも「バス・路面電車」の割合が他の国と比べて最も高い。

数也くん：**(資料1)** を見ると、日本では「電車・地下鉄」を利用する高齢者の割合が、海外と比べて高いことが分かりました。

宝田先生：2020年の調査では「電車・地下鉄」の利用は「自分で運転する自動車」の約半分です。それはどうしてでしょうか。

〔問題2〕 「自分で運転する自動車」での移動と「電車・地下鉄」での移動を比較した場合、「電車・地下鉄」での移動のほうが不便な点を**2つ**答えなさい。

数也くん：やっぱり自分で自動車を運転するしかないのかな。だったら家に自動車がないと不便ですよね。

理子さん：私の家には自動車はないけれど、「カーシェア」サービスを利用して、先週家族で買い物に出かけたわ。自動車を持っていなくても、自動車で移動することはできると思うよ。

数也くん：「レンタカー」は聞いたことがあるけれど「カーシェア」は聞いたことがないです。一体、どのようなサービスなのですか。

宝田先生：「カーシェア（カーシェアリング）」とは登録を行った会員間で「車（カー）を共同で使用（シェア）」するサービスのことです。短い時間から車を借りることができ、短時間であればレンタカーよりも安価になるように設定されていることが多いです。家族や友人の送迎(そうげい)や買い物、あるいはちょっとしたドライブなど、短時間・高頻度(ひんど)で車を使いたいという人に向いている仕組みといえるでしょう。「カーシェア」は「レンタカー」に比べると比較的新しいサービスですが、近年急速に普及(ふきゅう)しています。両者のちがいを **(資料2)** にまとめたので、確認してみましょう。

（資料２）カーシェアとレンタカーのサービス内容の比較

カーシェア		レンタカー
約４万台（2020年）	国内車両台数	約92万台（2020年）
15分あたり200円程度	標準的な料金プラン	６時間あたり5000円程度
インターネット中心	申し込み・予約方法	店舗（てんぽ）や電話・インターネット
時間貸し駐車場（ちゅうしゃじょう）など 都心部に多い	貸出しの場所	鉄道駅・空港など
標準的な料金プランに含まれる ※利用者が給油すると料金が割引になる	ガソリン代・保険料	追加で料金プランとは別に必要
利用する１分前までキャンセル可能	キャンセル	１日前までキャンセル可能
キャンセル料金はかからない	キャンセル料金	キャンセル料金がかかる場合もある
借りたい自動車が空いていれば すぐに利用可能	貸出し手続きに かかる時間	店舗での車の状況（じょうきょう）確認や 書類手続きのため30分程度
日常の外出	主な用途（ようと）	旅行・出張先での移動

※一般財団法人自動車検査登録情報協会等のシステムにより集計したもの（軽自動車含む）
（全国レンタカー協会ＨＰより作成）

（資料３）カーシェアで使用されている車両の台数と利用者数（会員数）の推移

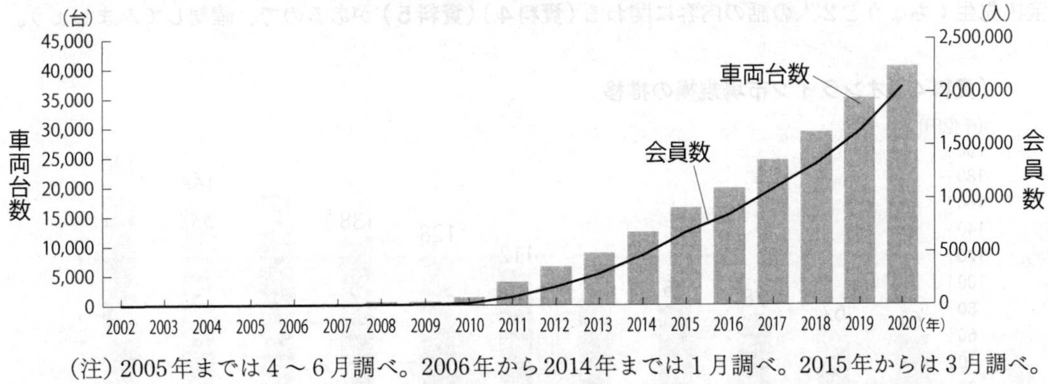

（注）2005年までは４～６月調べ。2006年から2014年までは１月調べ。2015年からは３月調べ。
（公益財団法人交通エコロジー・モビリティ財団ＨＰより作成）

理子さん：このようなサービスが普及したら、車は売れなくなるのではないでしょうか？

宝田先生：国内の自動車販売数は年間に約500万台で、ほぼ横ばいです。**（資料３）**は「カーシェアで使用されている車両の台数と利用者数（会員数）の推移」を示しています。何か、気が付くことがありますか。

数也くん：カーシェアの会員数はすごい勢いで伸（の）びていることがわかります。

理子さん：会員数と併（あわ）せて車両台数も増加しています。

〔問題3〕 次の**ア〜ウ**は、いずれもカーシェアの普及によって成長が期待できると考えられるものである。**ア〜ウ**から1つ選び、カーシェアがどのように好影響(えいきょう)を与(あた)えるのかを明らかにしながら、なぜ成長が期待できると考えたのかを説明しなさい。

ア スーパーマーケット　　**イ** ガソリンスタンド　　**ウ** 自動車教習所

数也くん：車といえば、昨日、オンラインで注文した品物を届けに宅配便のトラックが自宅に3回も来たんです。

理子さん：そういえばこの前の社会の授業で、国内の貨物輸送の約50％をトラック運送が担っていることを学んだわ。やはりトラックでの配達が多いのね。

宝田先生：数也くんのお家のように、コロナ禍(か)で外出を控(ひか)えるようになった人々が、家で楽しく快適に過ごすために買い物をする「巣ごもり需要(じゅよう)」が増えていますね。その影響もあってトラック運送の必要性はさらに高まっているといえるでしょう。

理子さん：確かに、私の家族もオンラインで注文するネット通販(つうはん)を利用することが多くなりました。オンラインで注文すれば翌日に商品が届くこともあります。すべて家の中で完結することができて、買い物のためにお店に行かなくてすむので助かっています。

数也くん：僕の家でもオンラインで品物を注文することが増えていますが、自宅を留守にしていて品物が受け取れずに、再配達をお願いすることがあります。

宝田先生：ちょうど2人の話の内容に関わる**（資料4）（資料5）**があるので、確認してみましょう。

（資料4）オンライン市場規模の推移

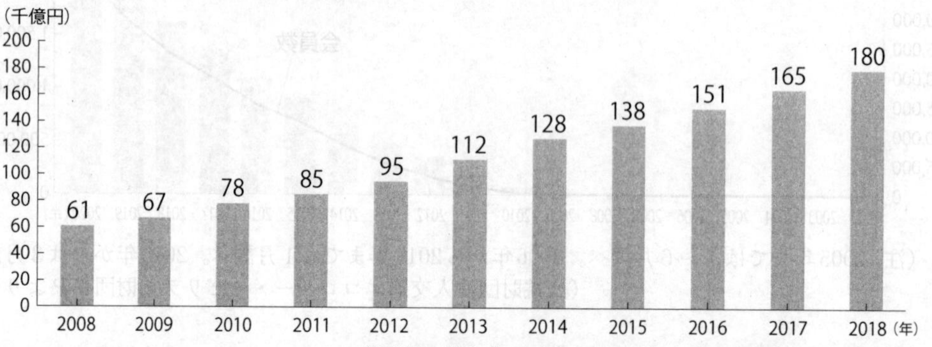

（経済産業省「電子商取引に関する市場調査」より作成）

（資料5）宅配便取扱(とりあつかい)個数の推移

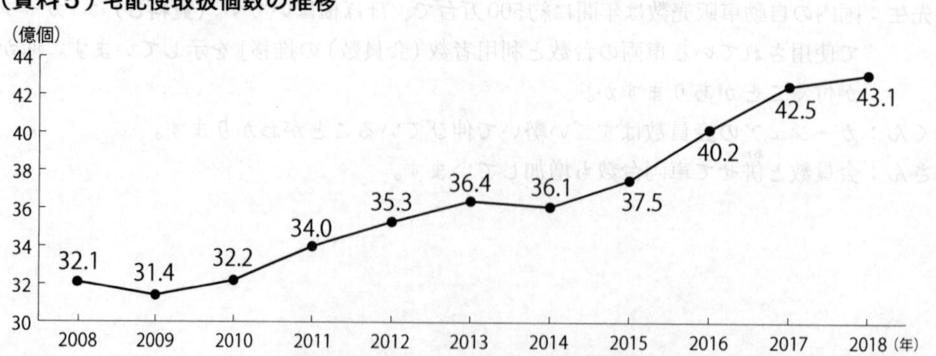

（国土交通省「平成30年度宅配便等取扱個数の調査」より作成）

理子さん：**（資料4）（資料5）**ではオンラインで品物を購入（こうにゅう）する人が増加して、オンライン市場で品物が取引される金額が2008年に比べ、2018年には約3倍に増えていることがわかります。それにともなって、宅配される品物が10年間で大幅（おおはば）に増加していることもわかりました。

宝田先生：次の**（資料6）**は宅配を担うトラック運送業における就業人数の需要（必要となる運転手の人数）・供給（運転手として働くことのできる人数）のバランス、つまり運転手が足りているかどうかを示した資料です。

（資料6）トラック運送業における就業人数の需要と供給のバランス

	2017年度	2020年度	2025年度	2028年度
必要となる運転手の人数	1,090,701	1,127,246	1,154,004	1,174,508
運転手として働くことのできる人数	987,458	983,188	945,568	896,436
運転手の不足人数	103,243	144,058	208,436	278,072

（鉄道貨物協会「需給バランスの推移」より作成）

理子さん：**（資料6）**を見ると、運転手不足は年々深刻になり、2028年度には約28万人のトラック運転手が不足してしまうことが分かります。

数也くん：国内輸送の大部分を担うトラック運送が止まってしまったら、日本はどうなってしまうのでしょうか。

宝田先生：国内の流通が滞（とどこお）り、商品がお店や自宅に届かなくなってしまうことになりかねません。この課題をどうすれば解決できるでしょうか。

数也くん：課題解決につながるような自動車の新技術についてのテレビ番組を観たことがある気がするのだけれど……。よく覚えていません。ともかく、トラックドライバーのお給料を上げればいいと思います。

理子さん：私もその意見に賛成です。トラックドライバーはただ運転するだけじゃなく、時には重たい荷物を運ぶこともしなければいけない大変な仕事だもの。

宝田先生：お給料を上げて課題を解決しようと考えた数也くんの発想力も理子さんの具体的な考察もどちらも素晴らしいですね。数也くんの言っていた、自動車の新技術も解決の糸口になるかもしれません。他にも解決方法はないか考えてみましょう。

〔問題4〕 日本の輸送や宅配における課題を本文や資料より考えて書きなさい。また、それを解決するための具体的な取り組みも答えなさい。ただし、本文中での解決方法以外で答えること。

2 次の文章を読んで、あとの各問いに答えなさい。

数也くん：このあいだテーマパークに行って３Ｄアトラクションに乗ったのですが、とてもリアルでした。

理子さん：私も乗ったことがあるわ。映像が飛び出してくるだけでなく、風が来たり座席がゆれたりして本当にそこにいるみたいですよね。なんであんなにリアルなのかしら。

宝田先生：それは「慣性」を疑似的に体験しているからですね。

数也くん：慣性とはなんですか？

宝田先生：慣性とは、物が止まっているときにはその場に留まり続け、動いているときには同じ向き、同じ速さで動き続ける性質のことです。例えば右向きに走っている電車を考えてみましょう。**（図１）**は電車が走っているときの車内のようすで、ここから急停車したとき**（図２）**のように体がかたむくような感覚になったことはありませんか？

（図１）右向きに走っている電車内のようす

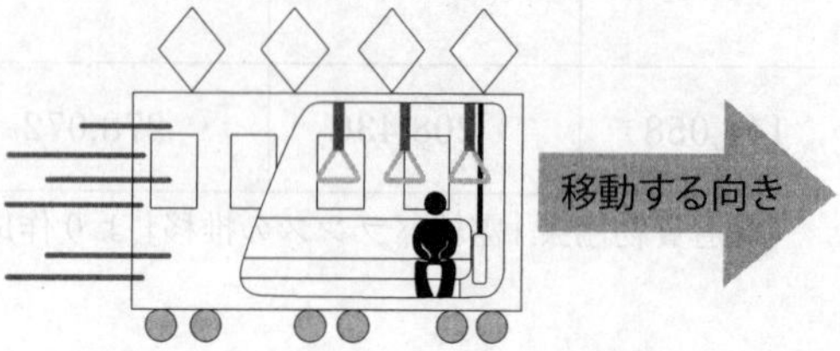

（図２）急停車した電車内のようす

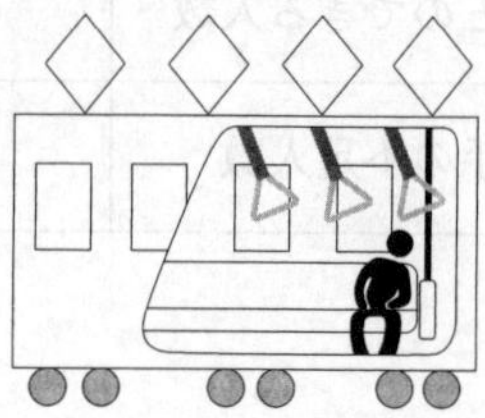

理子さん：あります。いつも電車に乗っているときは、倒(たお)れないように足に力を入れています。どうして体がかたむいてしまうのでしょうか？

宝田先生：つり革や電車内の人は、電車がブレーキをかけている間も、慣性によって電車がブレーキをかける前の速さで右に動き続けようとします。そのため右にかたむいてしまうのです。

理子さん：そうだったのですね。もしかして電車が走り出すときに体がかたむいてしまうのも慣性の影響ですか？

宝田先生：ええそうです。**（図３）**のように止まっていた電車が右向きに走り出すとします。このときつり革や電車内の人は慣性によってその場所に留まり続けようとして、左にかたむいてしまうのです。**（図４）**

数也くん：なるほど、電車が動き出す瞬間(しゅんかん)や止まろうとする瞬間に、慣性によってかたむいてしまうのですね。

（図３）止まっている電車内のようす

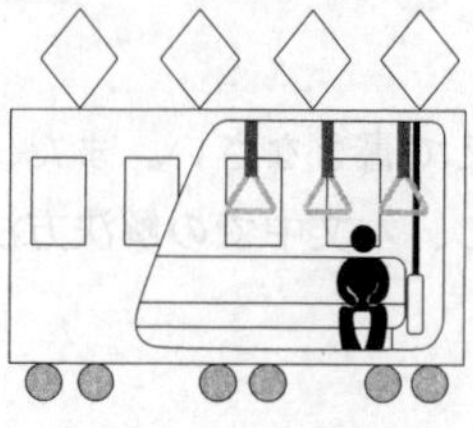

（図４）右向きに走り出した電車内のようす

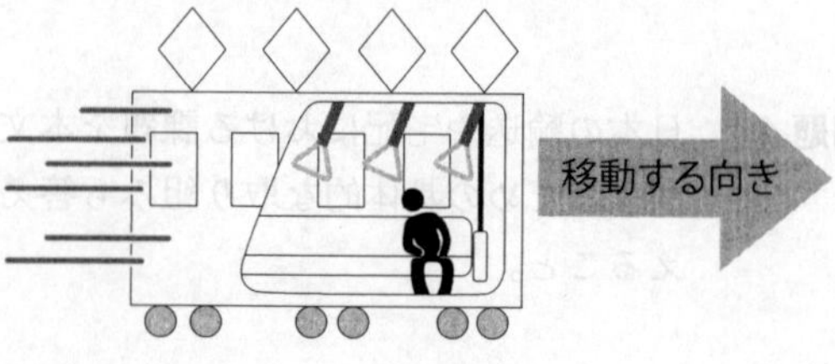

〔問題１〕 次の**ア**～**エ**の中から慣性によって起こる現象を１つ選び、記号で答えなさい。

ア ボートに乗っていた人が、オールで岸をおしたらボートが動く。
イ だるま落としで下の積み木を勢いよくたたいてはじき飛ばし、上の積み木が真下に落ちる。
ウ 走っている自動車の中から、同じ速さで走る自動車を見ると止まっているように見える。
エ 川の流れに逆らって泳いだとき、なかなか進まない。

数也くん：急発進や急停止したときの電車内の物は、全て慣性によって同じ向きにかたむくのですか？

宝田先生：いえ、場合によります。それを確かめるために実験してみましょう。**（図５）**のように水と油が分離（ぶんり）した状態のペットボトルを用意します。水と油では油のほうが軽いから油が上にういていますね。ではこれを右向きに勢いよく動かしてみます。それ！**（図６）**

（図５）水と油が入ったペットボトル

（図６）水と油が入ったペットボトルを勢いよく動かしたときのようす

理子さん：電車の時とちがって、油は左にいかないのですね？

宝田先生：慣性は重たい物ほどその影響を受けやすいからです。水と油では水の方が重いので、ペットボトルの中の水はその場に留まり続けようとして左に動きます。しかしペットボトルの中の油は慣性の影響が少なく、水におし出されて右に移動してしまうのです。

理子さん：液体の重さによって動き方が変わるのですね。でも、このことが電車の中の話に関係があるのですか？

宝田先生：液体だけでなく、気体にも重さがあるので同じように慣性の影響を受けるのです。空気より軽いヘリウムガスでふくらませた風船をうかせ、右向きに走っている電車内に取り付けます。**（図７）**この電車が急停車したとき、風船はどちらに動くでしょうか。

（図７）右向きに走っている電車内のようす

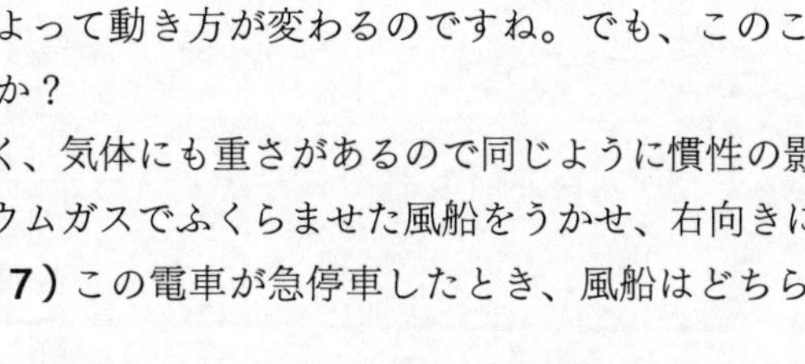

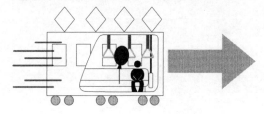

〔問題２〕 **（図７）**の電車が急停車した場合、電車内の風船は左右どちらに動きますか。またその理由を「慣性」という言葉を使って説明しなさい。

数也くん：慣性についてはよくわかりました。３Ｄアトラクションではどのように慣性を疑似的に体験しているのですか？

宝田先生：部屋や座席が映像と同じように動きまわることはできません。ですから慣性の影響で体がかたむいている状態を、部屋や座席を少しだけ動かすことで作り出すのです。

〔問題３〕 レースカーの運転手目線の映像が流れています。どのように部屋を動かせば、実際に急発進しているように感じますか。**ア～エ**から１つ選び、記号で答えなさい。また、それを選んだ理由を説明しなさい。

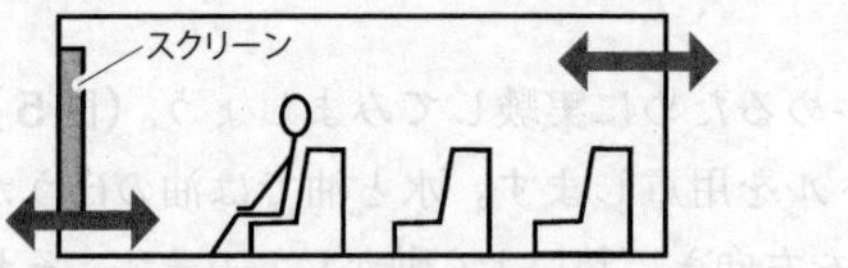

ア 部屋を前後にゆさぶる

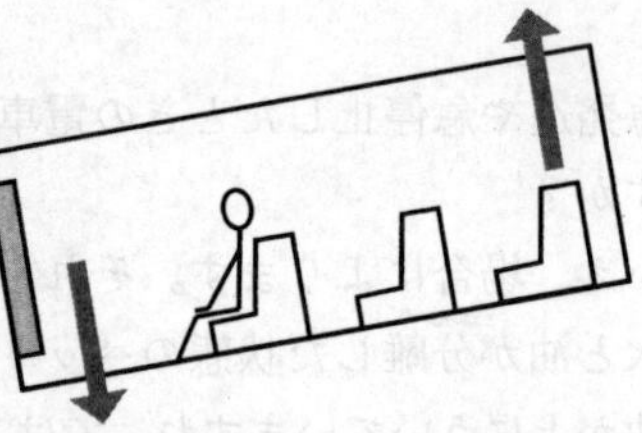
イ 部屋を前方にかたむける

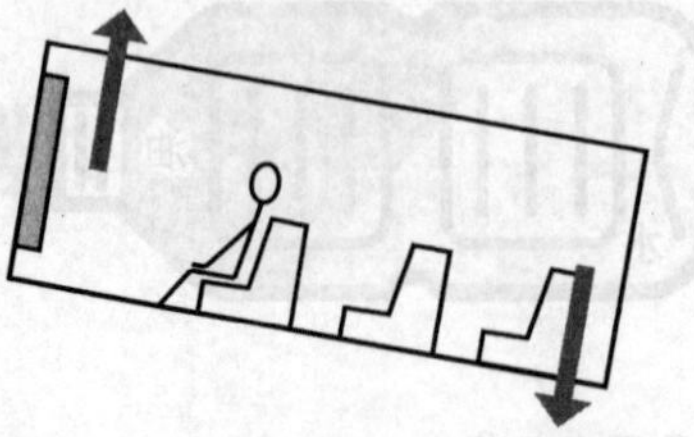
ウ 部屋を後方にかたむける

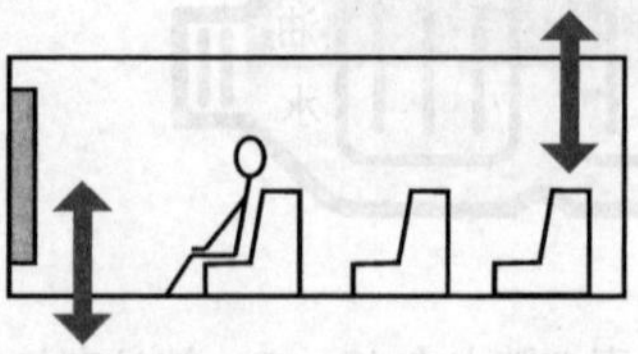
エ 部屋を上下にゆさぶる

3　次の文章を読んで、あとの各問いに答えなさい。

お父さん：数也、今日は新しい計算の記号を考えてみたから、その話をしよう。次の△の記号はある法則を表しているんだけど、どんな法則かわかる？

2△2＝4	2△3＝8	2△4＝16	2△8＝256
3△2＝9	4△2＝16	7△2＝49	8△2＝64

数也くん：2×2＝4　だからかけ算だと思ったけど、2×3＝6　だからちがうな。わからないよ。どんな法則なの？

お父さん：これはね、△の前の数を、後ろの数の回数だけかけ算するという法則だよ。

2△2　は2を2回かけるから　2×2＝4

2△3　は2を3回かけるから　2×2×2＝8

3△2　は3を2回かけるから　3×3＝9

だね。ほかの例もこれでわかったかい？

数也くん：なるほど！　そういう法則があったのか。2×2＝4　が合っていたのはたまたまだったんだね。例えば　7△2　は、7を2回かけるから　7×7＝49　だ！

お父さん：よくわかったね。

〔問題１〕　5△［（ア）］＝625　の［（ア）］に当てはまる数を答えなさい。

数也くん：お父さん、2△4　と　4△2　は両方とも16になっているけど、△の前と後ろの数を入れかえても、計算結果って同じになるのかな？

お父さん：面白いことに気づいたね。でもよく見てごらん。2△3　と　3△2　や、2△8　と　8△2　は計算結果がちがうよね。

数也くん：本当だ。でもなんで同じになったのかな？

お父さん：4△2　は、どういう計算をするんだったっけ？

数也くん：4を2回かけるから、4×4＝16　だよ。

お父さん：そうだね。そして、4は　2×2　だから……？

数也くん：そうか！　4×4　は（2×2）×（2×2）とも書き表せるから、2を4回かける　2△4　と同じになるんだね！

お父さん：そうだね。ちがう式でも同じ計算結果になるものが他にもありそうだね。

〔問題２〕　9△3＝［（イ）］△［（ウ）］の［（イ）］、［（ウ）］にそれぞれ当てはまる整数を2組答えなさい。また、その考え方を、会話文を参考にして説明しなさい。

数也くん：じゃあお父さん、（２△５）×（２△３）のようなかけ算もできるの？

お父さん：できるよ。これは　２△８　と同じだね。

数也くん：えっ、２△８　と同じ？　どういうこと？

お父さん：この計算を、２が何回かけられているかに注目して考えてごらん。

数也くん：２△５　は2が5回、２△３　は2が3回かけられていて……わかった！　全部合わせると2が8回かけられているから、２△８　と同じなのか！

お父さん：そうだね、２△８　は最初の例にあるから256だね。

数也くん：かけ算なのに足し算するんだね。面白い！

〔問題３〕　（４△３）×（２△５）＝２△ **（エ）** の **（エ）** に当てはまる数を答えなさい。

お父さん：実はこの記号を使った魔方陣（まほうじん）を考えてみたんだ。この間、学校の授業でも魔方陣をやっていたよね？

数也くん：うん、やったよ。縦横ななめ、どの１列の３つの数を足しても同じ数になるって決まりがあるんだよね。この間はこんな魔方陣だったかな **（図１）**。どの列を足しても15になっているね。

（図１）

6	1	8
7	5	3
2	9	4

お父さん：そうそう。お父さんが作った魔方陣はこれだよ **（図２）**。

（図２）

8△2		
2△7		
	（オ）	4△2

数也くん：……えっ、なにこれ？

お父さん：数の代わりに、今日勉強した△の記号を使った式で作った魔方陣だよ。しかもこの魔方陣は、縦横ななめの足し算の結果が同じ数になる魔方陣ではなく、縦横ななめのかけ算の結果が同じ数になるお父さん特製の魔方陣さ！

数也くん：えっ、足し算じゃなくてかけ算なの？　なんだか急に難しくなった気がするな……。

〔問題４〕　**（図２）** の魔方陣の **（オ）** に入る△を使った式を１つ答えなさい。

〔問一〕 文章1 の傍線部①「『悩む』ことと『考える』ことを別にして」とありますが、ここでの「悩む」ことと「考える」ことは、どう違うのでしょうか。九〇字以内で説明しなさい。

〔問二〕 文章2 の傍線部②「点と点をつなげる」とはどういうことですか。文章2 全体をふまえて、八〇字以内で説明しなさい。

〔問三〕 文章1 と 文章2 の内容をふまえて、「学ぶことの意義」について、あなたはどのように考えますか。自分の経験や具体例を入れて、三五〇字以上四〇〇字以内で書きなさい。なお、次の〔きまり〕に従いなさい。

〔きまり〕
- 題名は書きません。
- 最初の行から書き始めます。
- 段落をかえたときの残りのます目は、字数として数えます。
- 最後の段落の残りのます目は、字数として数えません。

もっとも、すべてがよかったというわけではありません。寮には居られなくなったため、夜は友達の部屋の床に寝泊りさせてもらってたし、コーラ瓶を集めてはお店に返し、小銭をもらって食費の足しにしました。日曜日の夜は10キロ近く歩いて遠くのヒンズー教寺院へ行き、無料で提供される食事にありつきました。これが私の楽しみでした。こうした、自分の興味と直感に従うだけの体験があとになってかけがえのない財産に変わったのです。ひとつ具体的な話をしましょう。

リード大学には、当時おそらく国内でも最高のカリグラフィ※1の講座がありました。見渡せば、キャンパスにはポスターから戸棚に貼るラベルまで、美しい手書きのカリグラフィがあふれていました。私は退学したので通常の講義を受ける必要がありませんでした。そこでカリグラフィの授業を受けて、その手法を学ぶことにしたのです。私はそこでさまざまな書体のフォント※2や、文字と文字の間隔の調整の仕方や、美しい文字をつくるとはどういうことか、について学びました。カリグラフィは美しくも伝統があり、科学では説明ができない繊細な芸術であることに私は魅了されました。

この経験がのちの人生で何かに役立つかもしれないとは、当時は全く思っていませんでした。しかし、それから10年経って最初のマッキントッシュ・コンピュータを設計する時にその知識が役に立ったのです。マックの設計に私の持っていた知識のすべてを組み込んだのです。こうして美しいフォントを持つコンピュータが初めて誕生したのです。もし私が大学であのコースを寄り道していなかったら、いまのマックにはさまざまな字体の字間調整された美しいフォントが入ることもなかったでしょうし、そもそもウィンドウズはマックの単なるマネに過ぎないので、世の中のどのパソコンにもおそらくこんな機能が加わることはなかったでしょう。もし私が大学を退学していなかったら、あのカリグラフィの授業に寄り道することはなかったわけですから、いまのどのパソコンにも美しいフォント機能は備わっていないことになります。

もちろん大学にいた頃の私には、未来を見据えて点と点をつなげることはできませんでした。しかし10年後に振り返ると、とてもハッキリ見えるのです。

もう一度言います。未来に先回りして点と点をつなげることはできません。皆さんにできることは、過去を振り返ってつなげることだけです。そのためには点と点はいつか何らかの形でつながるんだ、と強く思うことです。自分の直感、運命、生き方、定めなど、何でもいいのです。とにかく正しいと思い、行動するのです。歩んでいく道のどこかで点と点がつながると信じれば、自信を持って歩んでいくことができます。たとえ自分が思ってもみなかった道であっても、信じることが全てを変えてくれるのです。……〈以下省略〉

（スティーブ・ジョブズ『ハングリーであれ！愚かであれ！』より）

※注　1　カリグラフィ………美しく装飾されたアルファベット、あるいはアルファベットを美しく書くための手法。
　　　2　フォント………コンピュータの画面に表示させるときの文字のデザイン。

文章2

iPhoneやiPadなどで知られるアップルの共同創業者の一人、スティーブ・ジョブズは、二〇〇五年六月十二日、アメリカのスタンフォード大学の卒業式に招かれ、卒業生に向けたスピーチを行った。次の文はその冒頭部分の日本語訳である。

本日は、世界でも有数の大学のひとつとされる大学を卒業する皆さんとご一緒することができ、光栄に思います。本当のことを言えば、私は大学を出ていません。ですから、今日は私にとっては大学卒業に最も近づいた日となります。今日、皆さんにお伝えしたいのは、私の人生に基づく三つの話です。それだけです。たった三つの話です。

最初の話のテーマは、②点と点をつなげることについてです。

私はリード大学を最初の六ヶ月で退学しましたが、それから実際に大学を去るまで、十八ヶ月ほど大学に居座って、授業を聴講していました。それでは、なぜ私は大学をやめたのでしょう。

私が生まれる前に話はさかのぼります。私を生んでくれた母は若い未婚の大学院生でした。初めから私を養子に出すことを決めており、引き取る相手はせめて大学を出ている人に、と考えていたようです。私が生まれたときには、すでにある弁護士の夫婦が私を養子として引き取ることになっていました。ところが、その夫妻は私が生まれる直前に、本当に欲しいのは女の子だと言い出しました。そういういきさつで、突然順番が回ってきたのが今の両親だったのです。夜中に突然電話がかかってきて、「引き取り手のいない男の子がいるのですが、希望されますか？」と聞かれたのです。「もちろん」と二人は答え、私の育ての親となったというわけです。

しかし、後で分かったのですが、私を引き取った母親は大学を出ておらず、父親は高校も出ていませんでした。そこで私を生んだ母親は話が違う、と養子縁組の書類へのサインを拒みました。しかし、何ヶ月か経って今の両親が将来私を大学に行かせると約束してくれたので、気持ちが整理できたようです。そしてこれが私の人生の出発点になったのです。

十七年後、私は両親の望んだとおりに大学に入学しましたが、あまり深く考えずにスタンフォード並みに学費の高い大学を選んでしまったのです。そのため、親の収入のほとんどが私の学費に使われていました。半年もすると、私はそこに何の価値も見出せなくなっていたのです。人生でやりたいことも見つからず、大学に行くことがそれを見つけるのに役立つとも思えなかったからです。そのまま大学に居続ければ親が生涯かけて貯めた金を使い果たしてしまう。だから退学を決めたのです。それで全てがうまく行くとそのときは信じていました。もちろん不安はありました。ただ、いま振り返ると、これが人生で最良の決断だったと思えるのです。というのも、退学してしまえばつまらない授業には出なくてもよくなり、自分にとって面白そうな授業にだけこっそり参加できたのです。

正しいと言う人がいて、それは間違っているという人が現れるのです。数学の授業では考えられなかったことです。でも、学校を出たら、たったひとつの分かりやすい「正解」はなくなるのです。

けれど、小学校から、いや人によって幼稚園や保育園から高校卒業まで、15年ほど、ずっと「正解」を求め、あっていたら○を貰い、間違っていたら×とされる生き方をしてくると、人生の問題もどこかに「正解」があるような気がしてくるのです。そして、自分は頭が悪いから、そこにたどり着けないと思ってしまうのです。

この時、いくつになっても親の判断に従っていたら、それが「正解」となります。親の言う通りにしたら○、逆らったら×です。

でも、だんだん、それも納得できなくなってくるはずです。でも、どこかに正解があって、自分はそれが分からないから「私、頭悪いから」と言うようになるのです。

けれど、何度も繰り返しますが、人生に唯一の正解なんかないのです。

何をしても、文句を言う人がいて、ほめる人がいて、反対する人がいて、賛成する人がいるのです。

①「悩む」ことと「考える」ことを別にして、ちゃんと考えると、とりあえず、やるべきことが浮かびます。でも、それが唯一の正解かどうかは、誰にも分からないのです。

(鴻上尚史『幸福のヒント』より)

※注　オートマチック……自動的に。反射的に。

人を責めるのではありません。責めると責任が生まれます。「あなたが傘を買おうなんて言うから買ったのに、晴れたじゃないの。傘代、どうしてくれるの？」と責めれば「じゃあ、あなたはあの時、どうしたらいいと思ったの？」と聞き返されます。ですから、責めません。

ただ、「傘、買うんじゃなかったね……」と文句を言うだけです。

それでも、「どうする？」と聞かれて、一生懸命（けんめい）考えて「傘、買おうか」と提案した人は傷つきます。そして、「自分で決断しない人」とは距離（きょり）を置こうとし始めるのです。

「人に聞く前に考える」——当たり前のことを言うなと思っていますか？

でも、「自分の頭で考えないで、ただ人に聞きながら生きてきた人」は、日本人は意外に多いと僕は思っています。

特に、親の言うことを真面目に守ってきた人に多いのです。

こういう人は、「私、頭悪いから」という言葉をよく使います。「だから、賢（かしこ）い人に聞いた方がいいから」と言葉は続きます。けれど、「頭が悪い」と人に向かって宣言することは、「自分を守る」こと以外、意味はないでしょう。

「私は頭が悪いから、私に聞かないで下さいね。もし私に聞いたら、間違った答えを出すかもしれません。でも、先に頭が悪いと言いましたからね。私を責めてはダメですよ。私は自分が頭が悪いと言ったんですからね」という言い訳の意味しかないのです。

だって、言われた方が「そうかあ。頭が悪いのか。自分から正直に言うなんて、なんて素敵な人なんだ。頭が悪いんだな。だから、この人に聞いたらダメなんだな。分かった、分かった。全部、私が判断して、的確な答えを出そう」なんて思うはずがないのです。

「私、頭悪いから」と言われたら、多くの人は、「えっ？　だからなに？　自分に頼るなってこと？　あたしが判断しろってこと？　あたしが頭いいって思ってるの？　あたしが考えろってこと？　あなたはどうするの？　何もしないの？　私に責任を押（お）しつけるってこと？　私、どうしたらいいの？」と思うだけなのです。

「私、頭が悪いから」と言う人は、「どこかに正解があるんだけど、私は頭が悪いからそれが分からないの。でも、賢い人はその正解を知っているんでしょう。だから、教えて」と思っているのだと思います。

けれど、人生のほとんどの問題には、分かりやすい正解なんてありません。小学校から高校まで、最後は大学入試まで、「正解」というものと私たちはつきあいます。どこかに「正解」があって、それを求めて頑張（がんば）ります。

だから、残りの人生も、どこかに「正解」があると思い込みがちです。でも、高校を卒業した時点で、または大学に入った時点で、「正解」はなくなります。

何をしても、誰かに何か言われます。

二〇二二年度 宝仙学園中学校共学部理数インター

【適性検査Ⅰ】〈公立一貫入試対応試験〉(四五分)〈満点：四〇点〉

【注意事項】設問に字数制限がある場合には、句読点も字数に数えます。

一 次の 文章1 ・ 文章2 を読み、後の問いに答えなさい。

文章1

渋谷を歩いていた時のことです。急に雨がポツポツと降ってきました。前を歩いていた二十代の女性の集団(5人ほどでした)のうちの一人が、突然、「あ、雨だ。ね、どうする？ どうする？」と言い出しました。

彼女の「どうする？」は、100％周りに頼りきった質問でした。自分も「どうするか」考えながら聞いているのではなく、誰かに聞けば誰かが答えてくれるだろうと信じ込んでいる口調でした。

僕はその言葉を聞きながら、「この人は将来、苦労するだろうなあ」と思いました。

道を歩いていて、突然、ポツポツと雨が降って来た時に、「正しい」判断ができる人間なんているはずがありません。このポツポツはすぐに止むポツポツなのか、これから激しくなるポツポツか、気象庁の人だって間違った予報をよく出しているのです。

雨宿りのためにどこかのお店に立ち寄るのか、ちゃんと避けるためにカフェに入るのか、傘を買うのか、たいしたことがないから濡れるにまかせるのか、選択肢はいくつかありますが、ポツポツと来たその瞬間に出せるものではありません。

なのに、その瞬間にオートマチック※に「どうする？」と人に聞けるということは、この人は「自分で考えるという習慣」を持たないまま、大きくなったんだなあと思いました。

将来、苦労するというのは、周りがだんだんと困り、避けるようになる、ということです。

こういう人は、判断を完全に人に任せますから、他人の判断が間違った時に簡単にそれに文句を言えます。自分の頭で判断することの困難さをイメージできないからです。

2022年度 宝仙学園中学校共学部理数インター ▶解　答

※　編集上の都合により，公立一貫入試対応試験の解説は省略させていただきました。

適性検査Ⅰ　(45分)＜満点：40点＞

解　答

一　**問1**　(例)「悩む」とは，「正解」があると思い込み，人に判断を任せようとすることなのに対し，「考える」とは，そもそも正解があるかわからない中で，よりよい選択を自分の頭で決断することである。

問2　(例)　そのときは人生でどう役立つかわからなかった経験を，後になって活用して何らかの成果を生むことで，それまで無関係と思われた過去の経験の因果関係を理解すること。

問3　右記の作文例を参照のこと。

問3　(例)

文章1には、高校や大学を出たらたったひとつのわかりやすい「正解」はなくなると書かれている。そうだとすると、学校で学ぶことの意義は、自分で考えて物事を決めたり進めたりする力を養うことだと思う。

社会の時間に都道府県ごとの特産品や歴史をカードで勉強したとき、福島県のカードに「桃・野口英世」とあった。覚えることが多くて大変だったが、その後、家族で福島県を旅行する機会があった。親に「行きたいところはあるか」と聞かれ、学んだことを思い出し、野口英世記念館に行きたいと答えた。

このように、学ぶことで知っている世界が広がり何かを考えるときの選択肢が増える。もちろん文章2にあるように、学んだことや身につけたことが将来の何に役立つのか、そのときはわからないことも多いだろう。しかし、自分で考えて行動できる人間になりたいと思っていれば、学んだことが役に立つ機会は多いのではないかと考える。

適性検査Ⅱ　(45分)＜満点：50点＞

解　答

1　**問題1**　イ　　**問題2**　(例)　鉄道や地下鉄の沿線しか移動できない。／目的地まで直接行くことができない。　　**問題3**　(例)　ア／車での買い物であれば，郊外のスーパーマーケットまで直接行くことができ，電車などで買い物に行くよりも大量に商品を購入することができるため。(イ／カーシェアの利用によって，今まで車を持っておらずガソリンスタンドを使用しなかった人も，車の燃料であるガソリンが必要となりガソリンの需要が増えるため。)(ウ／車の購入費や維持費を考えて，車を持つことを検討していなかった人でも，カーシェアであれば手軽に車に乗れるので，自動車教習所に通い自動車免許を取得しようと考える人が増えるため。)　**問題**

4　(例)　ドライバー不足／１人の運転手が数台のトラックを同時に運行する方法(自動車の追従制御技術)を使って，有人の先頭車両を追いかけるシステムを利用する。(再配達の増加／コンビニ受け取りの利便性向上や宅配ボックスを住宅に加えて駅などにも整備する。)

2　**問題１**　イ　**問題２**　**向き**…左(向き)　**理由**…(例)　電車内の空気は電車がブレーキをかけている間も，慣性によって電車がブレーキをかける前の速さで動き続けようとする。風船の中のヘリウムガスは電車内の空気より軽いため慣性の影響が少なく，電車内の空気に押し出されて左に移動する。　**問題３**　**記号**…ウ　**理由**…(例)　実際に急発進した場合，慣性により体が止まり続けようとして，座席に押し付けられる。部屋を後方にかたむけた場合も，同じように体が座席に押し付けられるから。

3　**問題１**　4　**問題２**　**(イ，ウ)**…(27，2)，(3，6)，(729，1)／**考え方**…(例)　9△3＝9×9×9＝3×3×3×3×3×3となるので，3を3つずつ区切ると，(3×3×3)×(3×3×3)＝27×27＝27△2になり，3が6回かけられているとみると，3△6である。
問題３　11　**問題４**　2△9(または，8△3，512△1)

Memo

Memo

出題ベスト10シリーズ

①国語読解ベスト10

②漢字合格の2790題

③計算合格の820題

④図形問題ベスト10

■過去の入試問題から出題例の多い問題を選んで編集・構成。受験関係者の間でも好評です！

有名中学入試問題集

●男子校編

●女子校編

■中学入試の全容をさぐる!!
■首都圏の中学を中心に、全国有名中学の最新入試問題を収録!!

※表紙は昨年度のものです。

算数の過去問25年分

■筑波大学附属駒場
■麻布
■開成

○名門３校に絶対合格したいという気持ちに応えるため過去問実績No.1の声の教育社が出した答えです。

都立中高一貫校 適性検査問題集

■都立一貫校と同じ検査形式で学べる！

●自己採点のしにくい作文には「採点ガイド」を掲載。
●保護者向けのページも充実。
●私立中学の適性検査型・思考力試験対策にもおすすめ！

スーパー過去問の **解説執筆・解答作成スタッフ（在宅）募集！** ※募集要項の詳細は、10月に弊社ホームページ上に掲載します。

2025年度用
中学スーパー過去問

■編集人 声の教育社・編集部
■発行所 株式会社 声の教育社
〒162-0814 東京都新宿区新小川町8-15
☎03-5261-5061(代) FAX03-5261-5062
https://www.koenokyoikusha.co.jp

※本書の内容についての一切の責任は当社にあります。内容・解説・解答・その他は当社ホームページよりお問い合わせ下さい。

カコを追いかけ
ミライをつかめ
「今の説明、もう一回」を何度でも
web過去問
ストリーミング配信による入試問題の解説動画
もっと古いカコモンないの?
カコ過去問
「さらにカコの」過去問をHPに掲載(DL)
声の教育社
詳しくはこちらから

ストリーミング配信による入試問題の解説動画

2025年度用web過去問　ラインナップ

■ 男子・女子・共学（全動画） 見放題
36,080円（税込）

■ 男子・共学 見放題
29,480円（税込）

■ 女子・共学 見放題
28,490円（税込）

● 中学受験「声教web過去問（過去問プラス・過去問ライブ）」（算数・社会・理科・国語）

3〜5年間 **24校**

過去問プラス

麻布中学校	桜蔭中学校	開成中学校	慶應義塾中等部	渋谷教育学園渋谷中学校
女子学院中学校	筑波大学附属駒場中学校	豊島岡女子学園中学校	広尾学園中学校	三田国際学園中学校
早稲田中学校	浅野中学校	慶應義塾普通部	聖光学院中学校	市川中学校
渋谷教育学園幕張中学校	栄東中学校			

過去問ライブ

栄光学園中学校	サレジオ学院中学校	中央大学附属横浜中学校	桐蔭学園中等教育学校	東京都市大学付属中学校
フェリス女学院中学校	法政大学第二中学校			

● 中学受験「オンライン過去問塾」（算数・社会・理科）

3〜5年間 **50校以上**

東京	青山学院中等部	東京	国学院大学久我山中学校	東京	明治大学付属明治中学校	千葉	芝浦工業大学柏中学校	埼玉	栄東中学校
	麻布中学校		渋谷教育学園渋谷中学校		早稲田中学校		渋谷教育学園幕張中学校		淑徳与野中学校
	跡見学園中学校		城北中学校		都立中高一貫校 共同作成問題		昭和学院秀英中学校		西武学園文理中学校
	江戸川女子中学校		女子学院中学校		都立大泉高校附属中学校		専修大学松戸中学校		獨協埼玉中学校
	桜蔭中学校		巣鴨中学校		都立白鷗高校附属中学校		東邦大学付属東邦中学校		立教新座中学校
	鷗友学園女子中学校		桐朋中学校		都立両国高校附属中学校		千葉日本大学第一中学校	茨城	江戸川学園取手中学校
	大妻中学校		豊島岡女子学園中学校	神奈川	神奈川大学附属中学校		東海大学付属浦安中等部		土浦日本大学中等教育学校
	海城中学校		日本大学第三中学校		桐光学園中学校		麗澤中学校		茗渓学園中学校
	開成中学校		雙葉中学校		県立相模原・平塚中等教育学校		県立千葉・東葛飾中学校		
	開智日本橋中学校		本郷中学校		市立南高校附属中学校		市立稲毛国際中等教育学校		
	吉祥女子中学校		三輪田学園中学校	千葉	市川中学校	埼玉	浦和明の星女子中学校		
	共立女子中学校		武蔵中学校		国府台女子学院中学部		開智中学校		

web過去問 Q&A

過去問が動画化！
声の教育社の編集者や中高受験のプロ講師など、
過去問を知りつくしたスタッフが動画で解説します。

Q どこで購入できますか？
A 声の教育社のHPでお買い求めいただけます。

Q 受講にあたり、テキストは必要ですか？
A 基本的には過去問題集がお手元にあることを前提としたコンテンツとなっております。

Q 全問解説ですか？
A 「オンライン過去問塾」シリーズは基本的に全問解説ですが、国語の解説はございません。「声教web過去問」シリーズは合格のカギとなる問題をピックアップして解説するもので、全問解説ではございません。なお、「声教web過去問」と「オンライン過去問塾」のいずれでも取り上げられている学校がありますが、授業は別の講師によるもので、同一のコンテンツではございません。

Q 動画はいつまで視聴できますか？
A ご購入年度２月末までご視聴いただけます。
複数年視聴するためには年度が変わるたびに購入が必要となります。

よくある解答用紙のご質問

01

実物のサイズにできない

拡大率にしたがってコピーすると，「解答欄」が実物大になります。配点などを含むため，用紙は実物よりも大きくなることがあります。

02

A3用紙に収まらない

拡大率164％以上の解答用紙は実物のサイズ（「出題傾向＆対策」をご覧ください）が大きいために，A 3に収まらない場合があります。

03

拡大率が書かれていない

複数ページにわたる解答用紙は，いずれかのページに拡大率を記載しています。どこにも表記がない場合は，正確な拡大率が不明です。

04

1ページに2つある

1ページに2つ解答用紙が掲載されている場合は，正確な拡大率が不明です。ほかの試験回の同じ教科をご参考になさってください。

宝仙学園中学校 共学部理数インター

【別冊】入試問題解答用紙編

禁無断転載

解答用紙は本体からていねいに抜きとり、別冊としてご使用ください。

※ 実際の解答欄の大きさで練習するには、指定の倍率で拡大コピーしてください。なお、ページの上下に小社作成の見出しや配点を記載しているため、コピー後の用紙サイズが実物の解答用紙と異なる場合があります。

●入試結果表

— は非公表

年度	回	項目	国語	算数	社会	理科	2科合計	4科合計	2科合格	4科合格
2024	2月1日午前	配点(満点)	100	100	50	50	200	300	最高点	最高点
		合格者平均点	—	—	—	—	—	—	—	—
		受験者平均点	—	—	—	—	—	—	最低点	最低点
		キミの得点							—	—
	回	項目	適性Ⅰ	適性Ⅱ	調査書			合計		合格者
	公立一貫入試対応	配点(満点)	40	50	10			100		最高点
		合格者平均点	—	—	—			—		—
		受験者平均点	—	—	—			—		最低点
		キミの得点								
年度	回	項目	国語	算数	社会	理科	2科合計	4科合計	2科合格	4科合格
2023	2月1日午前	配点(満点)	100	100	50	50	200	300	最高点	最高点
		合格者平均点	—	—	—	—	—	—	—	—
		受験者平均点	—	—	—	—	—	—	最低点	最低点
		キミの得点							100	135
	回	項目	適性Ⅰ	適性Ⅱ	調査書			合計		合格者
	公立一貫入試対応	配点(満点)	40	50	10			100		最高点
		合格者平均点	—	—	—			—		—
		受験者平均点	—	—	—			—		最低点
		キミの得点								39
年　度	回	項目	国語	算数	社会	理科	2科合計	4科合計	2科合格	4科合格
2022	2月1日午前	配点(満点)	100	100	50	50	200	300	最高点	最高点
		合格者平均点	61.1	38.4	29.1	23.5	99.5	152.1	127	191
		受験者平均点	52.9	32.3	25.2	20.0	85.2	130.4	最低点	最低点
		キミの得点							112	131
	回	項目	適性Ⅰ	適性Ⅱ	調査書			合計		合格者
	公立一貫入試対応	配点(満点)	40	50	10			100		最高点
		合格者平均点	23.1	34.0	7.3			64.4		90
		受験者平均点	20.5	29.8	6.5			56.8		最低点
		キミの得点								53

※ 表中のデータは学校公表のものです。ただし、4科合計・合計は各教科の平均点を合計したものなので、目安としてご覧ください。

声の教育社

２０２４年度　宝仙学園中学校共学部理数インター　２月１日午前

算数解答用紙

番号		氏名	

評点	／100

1

(1)		(2)		(3)	
(4)		(5)		(6)	

2

(1)		(2)	度	(3)	個
(4)	歳	(5)	人	(6)	m
(7)	円	(8)	人	(9)	g

3

(1)	cm^2	(2)	cm^2	(3)	cm^2

（注）この解答用紙は実物を縮小してあります。Ｂ５→Ｂ４（141%）に拡大コピーすると、ほぼ実物大の解答欄になります。

〔算　数〕100点（学校配点）

1　各６点×６　2　(1)～(6)　各５点×６　(7)～(9)　各６点×３　3　(1)，(2)　各５点×２　(3)　６点

２０２４年度　宝仙学園中学校共学部理数インター　２月１日午前

社会解答用紙

番号		氏名		評点	／50

1

問1	
問2	（45字の解答欄：15・30・45）
問3		問4	
問5		問6	
問7		問8	
問9		問10	
問11	

2

問1		問2		問3	
問4		問5	
問6		問7	
問8	（45字の解答欄：15・30・45）
問9		問10	
問11	X	Y	

（注）この解答用紙は実物を縮小してあります。Ｂ５→Ｂ４（141％）に拡大コピーすると、ほぼ実物大の解答欄になります。

〔社　会〕50点（学校配点）

1 問１　２点　問２　４点　問３～問11　各２点×９　2 問１～問７　各２点×７　問８　４点　問９～問11　各２点×４

２０２４年度　宝仙学園中学校共学部理数インター　２月１日午前

理科解答用紙

番号		氏名		評点	／50

1

問1		問2		問3		問4	
問5	記号						
	理由						

2

問1		問2	固体Ｂ	気体Ｙ
問3		問4		

3

問1	㋐	㋑	㋒	㋓
問2		問3		
問4	(1)	(2) から。		
問5				

4

問1		問2	秒速　km	問3	秒
問4		問5	km	問6	

（注）この解答用紙は実物を縮小してあります。Ｂ５→Ｂ４（141%）に拡大コピーすると、ほぼ実物大の解答欄になります。

〔理　科〕50点(学校配点)

1　問１～問４　各２点×４　問５　記号…各１点×２，理由…２点　2　問１　３点　問２　各２点×２　問３，問４　各３点×２＜問３は完答＞　3　問１　各１点×４　問２　２点　問３　各１点×２　問４　(1)　１点　(2)　２点　問５　２点　4　各２点×６

2024年度　宝仙学園中学校共学部理数インター　二月一日午前

国語解答用紙　番号　氏名　評点 /100

一　問一 A B C　問二　問三 (20, 40, 50)　問四　問五　問六 (1) (10) (2) (20, 40, 50)

二　問一　問二　問三　問四 (20, 40, 50)　問五 (20, 40, 60, 70)　問六　問七

三　① ② ③ ④ ⑤しい

四　① ② ③ ④む ⑤ちに

五　① ② ③ ④ ⑤

（注）この解答用紙は実物を縮小してあります。179%拡大コピーをすると、ほぼ実物大の解答欄になります。

〔国　語〕100点(学校配点)

一　問1　各3点×3　問2　4点　問3　7点　問4，問5　各4点×2　問6　(1)　5点　(2)　7点　二　問1，問2　各4点×2　問3　5点　問4，問5　各7点×2　問6　5点　問7　各4点×2　三～五　各1点×20

2024年度　宝仙学園中学校共学部理数インター　公立一貫入試対応

適性検査Ⅱ解答用紙　No.1

番号		氏名		評点	／50

1

問題1	
問題2	
問題3	
問題4	
問題5	

適性検査Ⅱ解答用紙　No.２

2

問題１	
問題２	
問題３	
問題４	

適性検査Ⅱ解答用紙　No.３

3

問題１	〔959〕		〔601〕	
問題２				
問題３	①		②	
	③			
問題４				

（注）この解答用紙は実物を縮小してあります。Ｂ５→Ｂ４（141%）に拡大コピーすると、ほぼ実物大の解答欄になります。

〔適性検査Ⅱ〕50点（学校配点）

1 問題１，問題２　各３点×２　問題３　４点　問題４　３点　問題５　４点　2　各４点×４　3　問題１　各２点×２　問題２　３点　問題３　①　１点　②　２点　③　４点　問題４　３点

2024年度　宝仙学園中学校共学部理数インター　公立一貫入試対応

適性検査Ⅰ解答用紙

番号

氏名

評点　／40

一

問一

問二

問三

(注) この解答用紙は実物を縮小してあります。B5→A3(163%)に拡大コピーすると、ほぼ実物大の解答欄になります。

〔適性検査Ⅰ〕40点(学校配点)

一　問1，問2　各10点×2　問3　20点

2023年度　宝仙学園中学校共学部理数インター　2月1日午前

算数解答用紙

番号		氏名	

評点	／100

1

(1)		(2)		(3)	
(4)		(5)		(6)	

2

(1)		(2)	度	(3)	時速　km
(4)	g	(5)	歳	(6)	人
(7)	円	(8)	人	(9)	円

3

(1)	倍	(2)	倍	(3)	倍

（注）この解答用紙は実物を縮小してあります。Ｂ５→Ｂ４(141%)に拡大コピーすると、ほぼ実物大の解答欄になります。

〔算　数〕100点(学校配点)

1　各５点×６　2　各６点×９　3　(1)，(2)　各５点×２　(3)　６点

２０２３年度　宝仙学園中学校共学部理数インター　２月１日午前

社会解答用紙

番号		氏名		評点	／50

1

問1　15　30　45

問2		問3		問4	次産業化
問5		問6			
問7	(1)	(2)	m	(3)	
問8		問9			

2

問1					
問2	(1)	(2)			
問3	X	Y			
問4		問5	(1)	(2)	
問6	(1)	(2) 年		問7	

問8　15　30　45　60

（注）この解答用紙は実物を縮小してあります。Ｂ５→Ｂ４（141％）に拡大コピーすると、ほぼ実物大の解答欄になります。

〔社　会〕50点（学校配点）

1　問１　４点　問２～問９　各２点×10　2　問１～問７　各２点×11　問８　４点

２０２３年度　宝仙学園中学校共学部理数インター　２月１日午前

理科解答用紙

番号		氏名		評点	／50

1

問1		問2	g	問3	(1) (2)
問3	(3)				

2

問1				
問2	(1) g	(2) g	(3)	(4) g

3

問1				
問2	「成長して種子」になる部分	「成長して果実」になる部分	問3	問4
問5	(1)①	②	③	④
	(2)			

4

問1

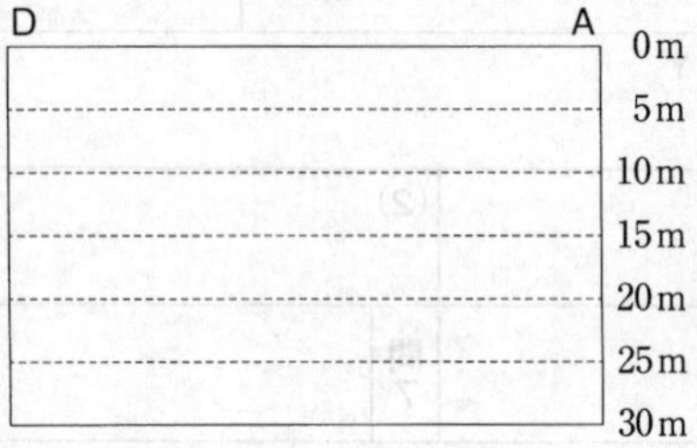

問2		問3	(1)
問3	(2)		

（注）この解答用紙は実物を縮小してあります。Ｂ５→Ｂ４（141%）に拡大コピーすると，ほぼ実物大の解答欄になります。

〔理　科〕50点(学校配点)

1　問1　3点　問2　2点　問3　(1)　3点　(2)　2点　(3)　3点　2　問1　各3点×2　問2　(1)　2点　(2)　1点　(3)　2点　(4)　1点　3　問1　2点　問2　「成長して種子」になる部分…2点，「成長して果実」になる部分…1点　問3～問5　各2点×4<問5の(1)は完答>　4　問1　3点　問2　2点　問3　(1)　4点　(2)　3点

二〇二三年度　宝仙学園中学校共学部理数インター　二月一日午前

国語解答用紙

番号　　氏名　　評点　／100

一

問一

問二

問三　　問四

問五　X　Y　　問六

問七

二

問一

問二　　問三　　問四

問五

問六

三

①　②　③　④　⑤う　ける

四

①　②　③　④　⑤す

五

①　②　③　④　⑤

（注）この解答用紙は実物を縮小してあります。169％拡大コピーをすると、ほぼ実物大の解答欄になります。

〔国　語〕100点（学校配点）

一 問１　４点　問２　６点　問３～問６　各４点×５　問７　10点　二 問１～問４　各６点×４　問５　10点　問６　６点　三，四 各１点×10　五 各２点×５

2023年度　宝仙学園中学校共学部理数インター　公立一貫入試対応

適性検査Ⅱ解答用紙　No.1

番号		氏名		評点	／50

1

問題1	
問題2	
問題3	
問題4	

２０２３年度 宝仙学園中学校共学部理数インター 公立一貫入試対応

適性検査Ⅱ解答用紙 No. 2

2

問題１	
問題２	
問題３	

２０２３年度　宝仙学園中学校共学部理数インター　公立一貫入試対応

適性検査Ⅱ解答用紙　No.３

3

問題１

問題２

ア	イ	ウ	エ
オ	カ	キ	ク
ケ	コ	サ	シ
ス	セ	ソ	タ

（　　　　）と（　　　　）

問題３

ア	イ	ウ	エ
オ	カ	キ	ク
ケ	コ	サ	シ
ス	セ	ソ	タ

（　　　　）→（　　　　）→（　　　　）→（　　　　）

問題４

（注）この解答用紙は実物を縮小してあります。Ｂ５→Ｂ４（141%）に拡大コピーすると，ほぼ実物大の解答欄になります。

〔適性検査Ⅱ〕50点(学校配点)

1　問題１　３点　問題２　５点　問題３　４点　問題４　５点　2　問題１，問題２　各５点×２　問題３　６点　3　問題１，問題２　各３点×２＜問題２は完答＞　問題３　５点＜完答＞　問題４　６点

二〇二三年度　宝仙学園中学校共学部理数インター　公立一貫入試対応

適性検査Ⅰ解答用紙

番号　　　氏名　　　評点　／40

一

問一（20字×4行　80字）

問二（20字×4行　80字）

問三（20字×20行　350～400字）

（注）この解答用紙は実物を縮小してあります。Ｂ５→Ａ３（163%）に拡大コピーすると、ほぼ実物大の解答欄になります。

〔適性検査Ⅰ〕40点(学校配点)

一　問1，問2　各10点×2　問3　20点

２０２２年度　宝仙学園中学校共学部理数インター　２月１日午前

算数解答用紙

番号		氏名		評点	／100

1

(1)		(2)		(3)	
(4)		(5)			

2

(1)		(2)	％引き	(3)	m
(4)	回	(5)	本目	(6)	cm

3

(1)	cm^2	(2)	cm^2	(3)	cm^2

4

(1)	m	(2)	秒後	(3)	秒後

（注）この解答用紙は実物を縮小してあります。Ｂ５→Ｂ４（141％）に拡大コピーすると、ほぼ実物大の解答欄になります。

〔算　数〕100点（学校配点）

1，2　各６点×11　3　(1)，(2)　各５点×２　(3)　７点　4　(1)，(2)　各５点×２　(3)　７点

２０２２年度　宝仙学園中学校共学部理数インター　２月１日午前

社会解答用紙

番号		氏名		評点	／50

1

問1		問2			
問3		問4		問5	
問6		問7		問8	(1) m
問8	(2)	問9			
問10	X			Y	

2

問1		問2	(1)
問2	(2) A		B
問3		問4	(1)
問4	(2)	問5	(1)
問5 (2)	15 / 30 / 45 / 60		
問6	(1)		(2)

（注）この解答用紙は実物を縮小してあります。Ｂ５→Ｂ４（141%）に拡大コピーすると、ほぼ実物大の解答欄になります。

〔社　会〕50点（学校配点）

1　問１，問２　各２点×２　問３　３点　問４～問10　各２点×９　2　問１～問３　各２点×５　問４　(1)　２点　(2)　３点　問５　(1)　２点　(2)　４点　問６　各２点×２

2022年度　宝仙学園中学校共学部理数インター　2月1日午前

理科解答用紙

番号		氏名		評点	／50

1

問1	(1)	(2) cm	(3) 明 → → 暗
問2	(1) ℃	(2) エ　オ	
	(2) 理由		

2

問1		問2	
問3	(1) g	(2) g	(3) g

3

問1	名前	はたらき	問2
問3	(1)A	B	C
	(2)B	C	
	(3)		
問4		問5	似ているもの
問5	説明		

4

問1		問2			
問3	①	②	③	問4	

（注）この解答用紙は実物を縮小してあります。Ｂ５→Ｂ４（141%）に拡大コピーすると、ほぼ実物大の解答欄になります。

〔理　科〕50点(学校配点)

1 問１　各２点×3＜(3)は完答＞　問２　(1)　３点　(2)　記号…１点，理由…２点　2 問１，問２　各２点×2　問３　各３点×3　3 問１，問２　各１点×3　問３　(1)，(2)　各１点×5＜(2)は各々完答＞　(3)　２点　問４，問５　各１点×3　4 各２点×6

二〇二二年度　宝仙学園中学校共学部理数インター　二月一日午前

国語解答用紙

番号　　氏名　　評点　／100

一

問一

問二　問三

問四　問五

問六　ある事物に関心を持ち、言葉で表そうとするものの、（20）（40）とき。

問七

二

問一

問二　A　B　C　D

問三　（20）という予想。

問四　問五

問六　(1)　(2)　X　Y　Z（15）

三

①　②　③　④　ける　⑤　む

四

①　②　③　④　いる　⑤　け

五

①　②　③　④　⑤

（注）この解答用紙は実物を縮小してあります。169%拡大コピーをすると、ほぼ実物大の解答欄になります。

〔国　語〕100点(学校配点)

一　問1～問5　各5点×6　問6　6点　問7　4点　二　問1，問2　各3点×5　問3　4点　問4，問5　各3点×2　問6　(1)　3点＜完答＞　(2)　各4点×3　三，四　各1点×10　五　各2点×5

2022年度　宝仙学園中学校共学部理数インター　公立一貫入試対応

適性検査Ⅱ解答用紙　No.1

番号		氏名		評点	／50

1

問題1	
問題2	
問題3	〔記号〕
	〔説明〕
問題4	〔課題〕
	〔取り組み〕

2022年度　宝仙学園中学校共学部理数インター　公立一貫入試対応

適性検査Ⅱ解答用紙　No.2

2

問題1		
問題2	〔向き〕	
	〔理由〕	
問題3	〔記号〕	
	〔理由〕	

2022年度　宝仙学園中学校共学部理数インター　公立一貫入試対応

適性検査Ⅱ解答用紙　No.3

3

問題1				
問題2	イ	ウ	イ	ウ
	〔考え方〕			
問題3				
問題4	△			

〔適性検査Ⅱ〕50点(学校配点)

1 問題1　4点　問題2　4点　問題3　4点　問題4　5点　2 問題1　3点　問題2　向き…2点，理由…4点　問題3　記号…3点，理由…4点　3 問題1　3点　問題2　組…各2点×2，考え方…3点　問題3　3点　問題4　4点

二〇二三年度　宝仙学園中学校共学部理数インター　公立一貫入試対応

適性検査Ⅰ解答用紙

番号		氏名		評点	／40

一

問一

問二

問三

（注）この解答用紙は実物を縮小してあります。Ｂ５→Ａ３（163%）に拡大コピーすると、ほぼ実物大の解答欄になります。

〔適性検査Ⅰ〕40点(学校配点)

一　問1，問2　各10点×2　問3　20点

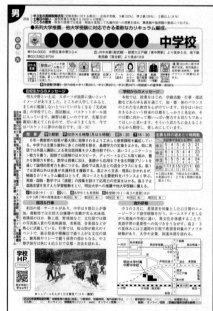

中学後見返し